KB070321

안전교육 앱을 활용한

아동
안전관리

SAFETY EDUCATION
FOR CHILDREN

| 성미영 · 정현심 공저 |

학지사

머리말

　최근 들어 일상생활에서 재난으로 인한 안전사고가 빈번하게 발생하고 있다. 어제는 호우주의보가 발령되고, 오늘은 폭염주의보가 발령되는 등 일상이 재난의 연속이 되었다. 영유아를 포함한 아동은 위험한 상황에서의 대처 능력이 성인보다 뒤떨어지므로 안전한 환경을 제공함과 동시에 안전교육을 실시할 필요가 있다. 저자들은 예비보육교사 및 대학원생, 보육교사 및 원장, 그리고 부모에게 안전의 중요성을 일깨우고, 안전교육의 내용을 체계적으로 제공하기 위해 이 책을 집필하였다. 이러한 필요성에 근거하여 이 책은 영유아 안전교육의 필요성, 안전사고 현황 분석, 안전 관련 법령에서 출발하여 안전교육의 내용, 교육활동의 실제와 평가에 이르기까지 영유아 안전의 전반적인 내용을 체계적으로 구성하였다. 특히 이번 교재에서는 안전교육 앱을 활용하여 안전교육을 실시하도록 안전교육 주제별 〈안전교육 앱〉을 장별로 제시하였다. 또한 〈안전교육 그림책〉과 〈안전교육 교재교구〉를 제공함으로써 다양한 안전교육 교수법을 활용하여 영유아에게 안전교육을 실시하는 데 도움이 되고자 하였다.

　이 책의 제1부는 영유아 안전교육의 기초에 해당하는 부분으로 영유아 안전의 이해, 영유아 발달과 안전, 표준보육과정과 누리과정의 영유아 안전교육으로 구성하였다. 제2부에서는 영유아 안전교육의 내용을 시설 및 놀이안전, 교통안전, 화재안전, 재난안전, 대인관계안전, 보건위생안전으로 구분하였고, 제3부에서는 제4차 표준보육과정과 2019 개정 누리과정에 따라 영유아 안전교육활동의 목표, 계획, 실행, 평가의 과정을 제시하였다. 마지막으로 제4부는 영유아 안전사고의 사전예방과 안전사고 발생 시 대처 방법에 대해 살펴보았다.

    끝으로 이 책이 출판되기까지 많은 도움을 주신 학지사 김진환 사장님과 편집부 박나리 선생님께 감사드린다.

2023년 9월

저자 일동

차례

제3부 **영유아 안전교육활동**

제1부 영유아 안전교육의 기초

제1장

영유아 안전의 이해

안전은 모든 영유아가 누려야 할 기본적인 권리이며, 영유아가 안전하게 성장하고 생활할 수 있도록 보호하는 것은 사회와 성인의 의무이다. 이 장에서는 영유아 안전교육의 중요성, 영유아 안전사고의 발생 원인과 안전사고 현황에 대해 알아본다. 그리고 영유아 안전 관련 법령 및 정책에 대해 살펴본다.

1. 영유아 안전교육의 중요성

인간은 재난이나 사고로부터 안전한 삶을 누리고자 하는 욕구를 지니고 있으나 안전사고 발생은 여전히 지속되고 있다. 안전의 사전적 의미는 '편안하고 온전함', '조금도 탈이나 위험이 없는 상태'이다. 즉, 안전한 상태란 단지 재난이나 사고가 발생하지 않고 있는 상태만을 의미하는 것이 아니라, 안전에 대한 위험 요인이 존재하더라도 인간이 상해를 입지 않도록 대책이 마련되어 있는 상태를 의미한다. 따라서 환경 조건에 따른 잠재적 위험의 발생 가능성은 항상 존재하고 있으므로, 안전사고를 예방하거나 동일한 안전사고가 다시 발생하지 않도록 하기 위해서는 인적 환경이나 물리적 환경에 잠재하는 위험 요인을 사전에 발견하여 제거함으로써 사고나 재난을 예방하는 안전관리가 반드시 필요하다.

영유아는 성인에 비해 안전사고에 더 취약한 존재이다. 영유아는 발달 특성상 주변의 사물이나 환경에 대한 호기심이 왕성하고 이를 탐색하려는 충동심이 강한 반면, 신체 기능의 미성숙으로 균형을 유지하는 능력이나 운동 기능이 충분히 발달되어 있지 않은 상태이다. 특히 안전사고가 발생할 수 있는 위험한 상황에 대한 지식과 상황을 판단하는 능력, 그리고 위험한 상황의 결과를 예측할 수 있는 능력이 부족하여 언제나 안전사고의 발생 가능성을 안고 있다. 성인과 달리 영유아의 안전사고는 매우 치명적이어서 심각한 장애나 사망에 쉽게 이르게 되는데, 안전사고의 결과가 치명적이지 않더라도 이로 인한 후유증은 이후 영유아의 건강과 생활에 지속적인 타격을 준다.

영유아 대상 안전사고는 불가항력적인 것이 아니라 사전의 조치나 교육을 통하여 충분히 예방할 수 있다. 대부분의 영유아 안전사고는 영유아만의 문제이기보다는 영유아를 둘러싼 주변의 물리적 환경과 성인의 소홀한 안전관리로 인해 발생하는 경우가 대부분이다. 따라서 영유아 안전사고를 줄이기 위해서는 우선적으로 영유아의 발달 특성이 고려된 안전한 물리적 환경과 놀이 환경을 조성하거나, 부모나 교사 등 성인에 의한 보호를 통해 안전사고를 예방하기 위한 노력이 필요하다. 영유아가 안전하게 살아가기 위해서는 안전한 물리적 환경을 제공해 주어야 할 뿐만 아니라 안전이 위협받는 다양한 상황에서 영유아 스스로가 가능한 안전하게 대처하는 능력을 기르도록 도와야 한다. 즉, 영유아에게 위협이 되는 환경적 요인을 모두 제거하는 것은 불가능하므로, 영유아가 안전에 관한 지식을 알고 안전한 태도를 익혀 실천할 수 있도록 도와야 한다. 따라서 생애 초기인 영유아기부터 지속적이고 체계적인 안전교육이 제공되어야 한다.

「국민 안전교육 진흥 기본법」 제2조에 따르면 '안전교육'이란 국민이 안전에 대한 중요성을 인식하고 각종 재난 및 안전사고 발생 시 이에 효과적으로 대처할 수 있도록 안전에 대한 지식이나 기능을 습득하는 교육을 말한다. 이에 근거해 볼 때 영유아 안전교육이란 영유아가 스스로 위험으로부터 자신을 보호할 수 있도록 안전에 대한 지식, 기술과 태도를 배움으로써 안전의식을 내면화하여 건강하고 안전한 생활을 영위할 수 있도록 도와주는 교육을 의미한다. 영유아 안전교육은 궁극적으로는 자신에 대한 보호뿐만 아니라 타인의 생명을 존중하는 인간의 존엄성을 배우는 전인 교

표 1-1 영유아 안전교육 내용

교육 내용	개념
안전지식	안전지식은 안전한 상황에 대한 이해로서 기본적인 안전규칙과 안전한 상황의 특징 및 잠재적 위험성에 대해 아는 것이다. 예를 들면, 교통안전 표지판을 이해하거나 교통안전규칙을 아는 것이다.
안전기술	안전기술은 안전 능력의 배양으로 안전한 상황의 정보를 적절히 인지하고 처리할 수 있는 능력 및 그에 따른 운동 능력을 기르는 것이다. 예를 들면, 길을 건널 때 횡단보도 앞에 멈춰서 좌우를 살핀 후 건너거나, 달려오는 차가 있을 경우 차가 지나간 다음 차가 오지 않는 것을 확인한 후에 길을 건너는 것이다.
안전태도	안전태도는 자기 통제력이며, 자기 통제력 익히기는 기본적인 지식과 기술을 바탕으로 안전하게 행동할 수 있는 능력 및 그에 따른 운동 능력을 기르며 습관화하여 몸에 배게 하는 것이다. 예를 들면, 찻길이나 도로와 인접한 곳에서 놀지 않는 태도를 가지거나, 교통기관을 안전하게 이용하는 습관을 가지는 것이다.

육이다. 즉, 적절한 자기방어 및 대처 방법, 문제 해결 능력을 기를 수 있는 안전지식교육, 위험 요소를 예측함으로써 안전사고를 예방하고 신중하게 행동할 수 있도록 하는 안전태도교육, 그리고 안전하게 행동할 수 있게 하는 안전기술교육이 함께 이루어져야 한다. 안전교육의 내용에는 시설 및 놀이안전, 교통안전, 화재안전, 재난안전, 대인관계안전, 보건위생안전 등이 포함된다.

2. 영유아 안전사고의 발생 원인

영유아 안전사고는 다양한 원인에 의해 발생하는데, 영유아 안전사고의 발생 원인은 물리적 요인, 인적 요인, 사회적 요인으로 구분할 수 있다.

1) 물리적 요인

물리적 요인으로 인한 안전사고는 영유아가 주로 생활하는 가정과 영유아 교육기관, 지역사회의 실내외 시설설비, 놀이기구 및 구조물, 도구, 화재, 교통사고 등과 관련되어 있다.

표 1-2 물리적 요인에 의한 영유아 안전사고

물리적 요인	사례
실내외 시설설비에 의한 사고	시설물의 고장·파손 상태의 방치, 영유아의 위험한 장소 출입, 영유아가 사용하기에 부적절한 설비 등에 의해 발생하는 사고
놀이기구 및 구조물에 의한 사고	고정 놀이기구의 파손 및 고정 부분의 결함, 날카롭거나 깨지기 쉬운 놀이기구 등의 문제로 발생하는 사고
도구에 의한 사고	가위, 칼, 펀치, 글루건 등의 부주의한 보관 및 사용으로 발생하는 사고
화재로 인한 사고	영유아의 불장난, 가스 폭발, 전기용품 과열 등으로 발생하는 사고
교통사고	영유아의 등하원 시 차량 안전사고와 바퀴 달린 놀이기구의 충돌로 발생하는 사고

2) 인적 요인

인적 요인으로 인한 안전사고는 영유아의 행동 문제, 또래 놀이 상황, 성인 보호자
의 부주의 등과 관련되어 있다.

 표 1-3 인적 요인에 의한 영유아 안전사고

인적 요인	사례
영유아의 행동 문제로 인한 사고	쉽게 흥분하거나 충동적인 행동, 규칙 무시 행동, 주의가 산만하고 정서적으로 불안한 행동을 보일 경우 발생하는 사고
또래 놀이에서 발생하는 사고	놀이 중 심한 장난, 싸움, 미숙한 놀이 참여 등으로 발생하는 사고
교직원 부주의로 인한 사고	위험물 보관 소홀, 부주의한 영유아 관찰, 교사의 경솔한 행동, 안전교육 실시 및 안전규칙 설명 소홀로 발생하는 사고

3) 사회적 요인

표 1-4 사회적 요인에 의한 영유아 안전사고

사회적 요인	사례
영유아 제품, 시설의 안전기준 미비로 인한 사고	영유아 시설물의 각종 안전 표시 부착 및 안전장치 설치 의무화, 영유아 안전을 위한 보호장구 착용 및 설치 의무화 미비로 인한 사고
영유아 보호구역 지정 미비로 인한 사고	어린이집, 유치원, 초등학교 인근 어린이 보호구역 지정과 규정 미비로 인한 사고
안전교육 인프라 부족으로 인한 사고	영유아, 보육교직원, 부모 대상 안전교육 전문기관 및 안전교육 프로그램 부족으로 인한 사고
영유아 안전 관련 법체계 미비로 인한 사고	「도로교통법」「식품위생법」「환경보건법」「어린이놀이시설 안전관리법」 등 영유아 안전사고 예방 및 조치를 위한 법체계 미비로 인한 사고

물리적 요인과 인적 요인뿐만 아니라 사회적 차원에서의 요인도 영유아 안전사고 발생에 영향을 줄 수 있다. 지역사회나 국가가 영유아 안전에 친화적인 환경이 되도록 사회적 차원에서 영유아 안전을 보장하기 위한 법과 제도를 마련하고 이를 실천할 필요가 있다.

3. 영유아 안전사고의 현황

1) 영유아 안전사고 현황

통계청 자료에 따르면 2015년 이후 2021년까지 영유아 안전사고 사망자 수는 전반적으로 감소하는 경향을 보이고 있고, 영유아 안전사고 사망 원인으로는 매년 교통사고가 가장 높은 비중을 차지하고 있다. 2021년 영유아 안전사고 사망자 수는 183명으로 전년보다 38명 감소하였는데, 이를 사망원인별로 살펴보면 교통사고 81명에서 64명으로, 익사 36명에서 26명으로, 화재 16명에서 8명으로, 중독 4명에서 1명으로, 기타 60명에서 56명으로 감소하였다.

영유아 안전사고 사망자 수는 2005년 962명에서 2021년 183명으로 감소하였고, 아동 10만 명당 안전사고 사망자 수는 2005년 8.56명에서 2021년 2.41명으로 대폭 감소하였다. 2003년 어린이 안전 원년 선포 후 범정부적으로 추진한 '어린이 안전 종합대책'으로 인해 아동 안전사고 사망자 수가 감소하는 추세를 보인 것으로 해석해 볼 수 있다.

표 1-5 아동 안전사고 사망자 수(2015~2021년)   (단위: 명)

	2015	2016	2017	2018	2019	2020	2021
18세미만 인구(천 명)	9,063	8,838	8,597	8,318	8,042	7,810	7,589
아동 안전사고 사망자 수	311	281	283	229	221	221	183
아동 10만 명당 안전사고 사망자 수	3.4	3.2	3.3	2.8	2.8	2.8	2.4

출처: 통계청 인구동향과, 『사망원인통계, 국가승인통계 제10154호』

 표 1-6 아동 안전사고 사망원인별 현황(2015~2021년)   (단위: 명)

	2015	2016	2017	2018	2019	2020	2021
계	311	281	283	229	221	221	183
교통사고	168	148	138	107	82	81	64
익사	30	23	31	32	32	36	26
추락	38	38	34	22	34	24	28
화재	11	8	10	11	4	16	8
중독	0	1	4	5	2	4	1
기타	64	63	66	52	67	60	56

출처: 통계청 인구동향과, 『사망원인통계, 국가승인통계 제10154호』

　한편, 한국소비자원이 소비자위해감시시스템(CISS)을 통해 수집한 아동 안전사고 현황 자료에 따르면(한국소비자원, 2023), 코로나19 엔데믹(감염병의 풍토병화) 전환에 따른 야외활동 증가로 2022년 어린이 안전사고가 급증한 것으로 나타났다. 2022년 소비자위해감시시스템(CISS)에 접수된 어린이 안전사고 건수는 2만 1,642건으로 2021년 대비 36.4% 증가했다. 어린이 안전사고는 코로나19 발생 이전인 2019년 2만 4,971건에서 코로나19가 발생한 2020년 1만 8,494건, 2021년 1만 5,871건으로 급감했다가 2022년 다시 증가하는 추세를 보였다.

어린이 안전사고 발생 장소는 어린이가 머무는 시간이 많은 주택이 매년 65% 이상을 차지하였는데, 2022년에도 전체 어린이 안전사고의 65.7%가 주택에서 발생하였다. 이처럼 가장 안전한 공간으로 여겨지는 가정에서 아동 안전사고가 가장 많이 발생하므로 안전사고 예방을 위해 가정 내 환경 개선 및 보호자의 주의가 요구된다. 어린이 안전사고 건수를 발달 단계별로 살펴보면 걸음마기(1~3세)가 8,235건(38.1%)으로 가장 많았고, 학령기(7~14세) 6,196건(28.6%), 유아기(4~6세) 4,822건(22.3%), 영아기(0세) 2,389건(11.0%) 순으로 많게 나타났다. 특히 영아기부터 유아기까지 취학 전 아동에게 발생한 안전사고가 전체 안전사고에서 71.4%를 차지하였다. 어린이 안전사고를 사고 유형별로 살펴보면 미끄러짐·넘어짐·부딪힘(8,017건·37%)과 추락 사고(5,274건·23.4%)가 전체 안전사고의 60%를 차지하였는데, 이러한 사고 유형은 모두 걸음마기·유아기에 가장 빈번하게 발생하였다. 이물 삼킴·흡입 사고와 눌림·끼임 사고는 각각 2,091건(9.7%), 1,168건(5.4%)이었는데, 이러한 사고 유형 또한 걸음마기·유아기 때 발생빈도가 가장 높았다. 이러한 어린이 안전사고 현황을 통해 볼 때 발달 단계 및 사고 유형별로 적절한 안전교육을 실시할 필요성을 확인할 수 있다.

표 1-7 소비자위해감시시스템에 접수된 어린이 안전사고 현황(2018~2022년)

(단위: 건, %)

구분	2018	2019	2020	2021	2022
전체 안전사고 건수	72,013	73,007	70,022	74,000	78,596
어린이 안전사고 건수	24,097	24,971	18,494	15,871	21,642
전년 대비 증감률	△6.2	3.6	△25.9	△14.2	36.4
어린이 안전사고 비율*	33.5	34.2	26.4	21.4	27.5

* 전체 안전사고 중에서 어린이 안전사고가 차지하는 비율

2) 어린이집 영유아 안전사고 현황

보건복지부의 '2017~2021년 어린이집 안전사고 현황'에 따르면, 어린이집 영유아의 사망·부상 사고는 2017년 8,467건에서 2021년에 9,234건으로 증가하였으나, 2017~2021년 동안 감소 및 증가를 반복하는 경향을 보였다. 2021년 어린이집에서 안전사고를 당한 영유아는 9,234명으로 하루 평균 영유아 25명이 안전사고 피해를 경험하였다. 이러한 수치는 2020년 어린이집 안전사고 영유아 5,833명과 비교할 때 58.3% 증가한 것이다. 2020년은 코로나19로 인해 어린이집이 휴원한 경우가 많아 다른 해보다 안전사고 아동 수가 현저히 적었다. 따라서 2021년 어린이집 영유아 안전사고 현황을 2017년 및 2018년과 비교해 보면 2021년은 안전사고 아동 수가 현저히 증가하였음을 알 수 있다. 2017~2021년 발생한 어린이집 안전사고를 발생유형별로 살펴보면, '부딪힘·넘어짐·끼임·떨어짐' 사고가 매년 70% 정도 발생하여 전체 어린이집 영유아 안전사고의 절반 이상을 차지하였다. 2020년에는 '부딪힘·넘어짐·끼임·떨어짐' 사고로 사망자도 1명 발생하였다. '돌연사 증후군 및 (원인미상) 질식사, 기도폐쇄 등'의 사고를 당한 영유아의 비율도 지속적으로 20% 내외의 비중을 차지하였고, 사망 아동도 6명이나 발생하였다.

4. 영유아 안전 관련 법령 및 정책

영유아 안전교육 내용은 「재난 및 안전관리 기본법」과 「국민 안전교육 진흥 기본법」에 근거하여 「제2차 국민 안전교육 기본계획(2023~2027년)」과 「제4차 중장기 보육 기본계획(2023~2027년)」에 포함되어 있다. 또한 「아동복지법」과 「영유아보육법」에 안전교육의 기준과 교육대상을 명확히 제시하고 있으며, 「어린이제품 안전 특별법」에 근거하여 「제3차 어린이제품 안전관리 기본계획(2022~2024년)」을 수립하여 법률적 차원에서 영유아 안전사고 예방을 보장하고 있다. 구체적으로 안전 관련 법

표 1-8 사고 유형별 어린이집 안전사고 현황(2017~2021년)

구분		계	사고 유형					
			부딪힘/넘어짐/ 끼임/떨어짐	이물질 삽입	화상	식중독/ 급식	통학버스/ 교통사고	원인미상/ 기타
2017	부상	8,465	6,458 (76.3%)	156 (1.8%)	141 (1.7%)	9 (0.1%)	48 (0.6%)	1,653 (19.5%)
	사망	2	–	1 (50%)	–	–	–	1 (50%)
	계	8,467	6,458 (76.5%)	157 (1.9%)	141 (1.7%)	9 (0.1%)	48 (0.6%)	1,654 (19.5%)
2018	부상	7,734	5,685 (73.5%)	138 (1.8%)	144 (1.9%)	14 (0.2%)	109 (1.4%)	1,644 (21.3%)
	사망	5	–	1 (50%)	–	–	1 (20%)	3 (60%)
	계	7,739	5,685 (73.5%)	139 (1.8%)	144 (1.9%)	14 (0.2%)	110 (1.4%)	1,647 (21.3%)
2019	부상	8,424	5,812 (69%)	164 (1.9%)	90 (1.1%)	10 (0.1%)	88 (1%)	1,853 (22%)
	사망	2	–	–	–	–	1 (50%)	1 (50%)
	계	8,426	5,812 (69%)	164 (1.9%)	90 (1.1%)	10 (0.1%)	89 (1%)	1,854 (22%)
2020	부상	5,832	4,111 (71%)	112 (2%)	93 (1.5%)	62 (1%)	28 (0.5%)	1,426 (24%)
	사망	1	1	–	–	–	–	–
	계	5,833	4,112 (71%)	112 (2%)	93 (1.5%)	62 (1%)	28 (0.5%)	1,426 (24%)
2021	부상	9,233	6,557 (71.0%)	163 (1.8%)	133 (1.5%)	16 (0.15%)	35 (0.3%)	2,329 (25.3%)
	사망	1	–	–	–	–	–	1
	계	9,234	6,557 (71.0%)	163 (1.8%)	133 (1.5%)	16 (0.15%)	35 (0.3%)	2,330 (25.3%)

* 자료출처: 보건복지부, 지자체 취합(매년 1월, 전년도 발생현황 조사)
* 통학버스/ 교통사고: 통학버스 내부 및 외부, 승하차 간 발생하는 사고 등
* 원인미상: 돌연사 증후군 및 (원인미상) 질식사, 기도폐쇄 등
* 기타: 얼굴 긁힘, 베임, 탈구, 가시찔림, 깨물림 등

령 및 정책에 대해 살펴보면 다음과 같다.

1) 재난 및 안전관리 기본법

2004년 3월 11일 법률 제7188호로 제정된「재난 및 안전관리 기본법」은 재난의 예방·대비·대응·복구와 그 밖에 재난 및 안전관리에 필요한 사항을 규정한 법률이다. 국가와 지방자치단체의 재난 및 안전관리 체제를 확립하여 각종 재난에서 국토를 보존하고 국민의 생명·신체 및 재산을 보호함을 목적으로 한다. 이 법에서 사용하는 '재난'이란 국민의 생명·신체·재산과 국가에 피해를 주거나 줄 수 있는 것으로서 '자연재난'은 태풍, 홍수, 호우, 강풍, 풍랑, 해일, 대설, 한파, 낙뢰, 가뭄, 폭염, 지진, 황사, 조류 대발생, 조수, 화산활동, 소행성·유성체 등 자연우주물체의 추락·충돌, 그 밖에 이에 준하는 자연현상으로 인하여 발생하는 재해를 말한다. '사회재난'은 화재·붕괴·폭발·교통사고(항공사고 및 해상사고 포함)·화생방사고·환경오염사고 등으로 인하여 발생하는 대통령령으로 정하는 규모 이상의 피해와 국가핵심기반의 마비,「감염병의 예방 및 관리에 관한 법률」에 따른 감염병 또는「가축전염병예방법」에 따른 가축전염병의 확산,「미세먼지 저감 및 관리에 관한 특별법」에 따른 미세먼지 등으로 인한 피해를 의미한다(제3조). 국가와 지방자치단체는 재난이나 그 밖의 각종 사고로부터 국민의 생명·신체 및 재산을 보호할 책무를 지고, 재난이나 그 밖의 각종 사고를 예방하고 피해를 줄이기 위하여 노력하여야 하며, 발생한 피해를 신속히 대응·복구하여 일상으로 회복할 수 있도록 지원하기 위한 계획을 수립·시행하여야 한다(제4조).

더 알아보기

국민재난안전포털

국민재난안전포털은 재난예방대비, 민방위, 풍수해 · 시민안전보험, 재난심리상담, 재난현황 등을 포괄적으로 다루고 있는 우리나라 재난안전포털로 전국적인 재난안전 상황정보를 실시간으로 제공하고 있다. 또한 국민재난안전포털에서는 비상시 최소 3일 동안 자립적으로 생존하기에 충분한 생필품을 가정에 비치해 두어야 한다고 안내하고 있다. 가구별로 15일~30일분 정도의 식량을 마련하고, 라면과 통조림 등의 가공식품 및 비상용 백(Go Bag)을 마련해 손전등, 건전지, 성냥, 라이터, 휴대용 라디오, 비상 의류, 속옷, 구급용품, 버너와 부탄가스 등의 간단한 취사도구를 구비해 두어 위급 상황 시 쉽게 가져갈 수 있도록 준비해야 한다.

 그림 1-1 국민재난안전포털 홈페이지

출처: 대한민국 정책브리핑(2023. 6. 12.).
국민재난안전포털 홈페이지(https://www.safekorea.go.kr/idsiSFK/neo/main/main.html).

2) 국민 안전교육 진흥 기본법

2017년 5월 29일부터 시행된 「국민 안전교육 진흥 기본법」은 「재난 및 안전관리 기본법」과 함께 각종 재난으로부터 안전한 사회를 만들기 위한 우리나라의 대표적인 안전 관련 법령이다. 그동안 개별 법령에 근거하여 부분적으로 이루어지던 우리나라 국민의 안전교육을 체계적으로 실시하기 위해 제정한 법률로 국가 안전교육 추진계획의 수립 절차와 시기, 안전교육 전문 인력의 자격 기준, 그리고 안전교육기관의 지정 기준, 이용자를 대상으로 안전교육을 실시해야 하는 다중이용시설 등에 관한 내용을 구체적으로 규정하고 있다.

특히 안전교육의 경우 유치원과 학교에서뿐만 아니라 공연장, 영화관 등의 다중이용시설, 장애인·아동·노인 복지시설과 병원 등에서도 시설관리자가 시설 이용자에 대해 의무적으로 실시하도록 하였다. 또한 국민을 대상으로 강의를 하거나 안전교육 관련 연구를 수행할 수 있는 안전교육 전문 인력의 자격 기준을 안전 관련 분야 국가 기술자격, 학력 또는 경력 등으로 구체화하였으며, 교육교재와 프로그램을 보유하고, 안전교육 전문 인력 등을 확보하고 있는 기관을 안전교육기관으로 지정하여 활용할 수 있는 근거도 마련하였다는 점에서 「국민 안전교육 진흥 기본법」의 제정 및 시행의 의의를 찾아볼 수 있다.

3) 제2차 국민 안전교육 기본계획(2023~2027년)

행정안전부는 관계부처와 협업으로 국민이 체감하는 안전교육을 본격적으로 추진하기 위해 제2차 국민 안전교육 기본계획(2023~2027년)을 수립하였다. 이러한 기본계획의 수립은 「국민 안전교육 진흥 기본법」 제5조에 근거한다. 제2차 기본계획은 '국민의 일상이 안전한 사회 구현'을 비전으로 제시하고, 안전교육 추진체계 강화, 안전교육 활성화, 체험 위주의 안전교육 확대, 콘텐츠 및 프로그램 개발·보급, 안전교육기관 및 전문인력 육성, 사회 안전교육 지원의 6개 분야 14개 추진과제로 구성되어 있다. 구체적인 내용은 먼저 안전교육 추진체계를 강화하여 생애주기별로 갖추어야 할 개인의 안전역량을 맞춤형으로 제시하는 지침서인 '생애주기별 안전교육 지도'를 개편하는 등 보완이 필요한 법·제도를 정비한다. 안전교육 콘텐츠·교재, 안전체험관 현황 등 안전교육 정보를 이용자에게 통합 제공하기 위하여 '국민안전교육 플랫폼' 시스템을 구축하여 2023년도부터 운영한다. 특히 각종 사고에 취약한 어린이·장애인·노인 등 안전취약계층을 위한 '찾아가는 안전교육' 등 맞춤형 교육을 확대하여 실시한다.

표 1-9 제2차 국민 안전교육 기본계획의 안전교육 분야 및 영역

6대 안전분야	23개 안전영역	68개 세부영역
생활안전	시설안전, 화재안전, 전기·가스안전, 작업안전, 여가활동안전	18개
교통안전	보행안전, 이륜차안전, 자동차안전, 대중교통안전	9개
자연재난안전	재난대응, 기후성재난, 지질성재난	13개
사회기반체계안전	환경·생물·방사능안전, 에너지·정보통신안전	5개
범죄안전	폭력안전, 유괴·미아방지, 성폭력안전, 사기범죄안전	11개
보건안전	식품안전, 중독안전, 감염안전, 응급처치, 자살예방	12개

행정안전부	보도자료		
배포일	2022. 10. 11.	담당부서	안전정책실 안전문화교육과

행안부, 관계부처 협업으로 국민이 체감하는 안전교육 본격 추진

• 관계부처 합동, 제2차 국민 안전교육 기본계획('23~'27년) 수립

더 알아보기

국민안전교육플랫폼

2023년 2월 22일 개편한 국민안전교육플랫폼은 범정부 국가안전시스템 개편 종합 대책 일환으로 마련됐다. 기존의 국민안전교육 포털에서 개편된 국민안전교육플랫폼에서 눈에 띄는 것은 그동안 기관별로 흩어져 있던 생애주기별 안전교육 콘텐츠를 한데 모아 맞춤형 안전정보와 체험이 가능해졌다는 점이다. 특히 안전교육 통합자료, 안전체험관, 안전교육 전문인력 등 누구나 원하는 콘텐츠를 손쉽게 찾아볼 수 있도록 하였다.

그림 1-2 국민안전교육플랫폼 홈페이지

출처: 대한민국 정책브리핑(2023. 3. 13.).
국민안전교육플랫폼 홈페이지(https://kasem.safekorea.go.kr/).

4) 아동복지법

어린이집에서는 「아동복지법」의 안전교육 기준에 따라 매년 안전교육계획을 수립하여 교육을 실시하고, 계획 및 교육 실시 결과를 관할 시장·군수·구청장에게 매년 3월 31일까지 보고해야 한다(보건복지부, 2023). 2022년 1월 28일 보건복지부에서는 「아동복지법」 시행령 및 시행규칙 개정안 입법예고를 실시하고, 당초 아동의 안전을 위해 통합 실시하던 성폭력 예방교육과 아동학대 예방교육을 분리하였다(보건복지부, 2022). 따라서 어린이집에서는 영유아를 대상으로 성폭력 예방교육, 아동학대 예방교육, 실종·유괴의 예방·방지교육, 감염병 및 약물의 오용·남용 예방 등 보건위생관리교육, 재난대비 안전교육, 교통안전교육 등 총 6개 영역의 안전교육을 실시해야 한다. 영유아 대상 안전교육은 놀이, 역할극, 현장학습 등 다양한 방식으로 실시 가능하다.

5) 영유아보육법

「영유아보육법」 제3조에 보육은 영유아가 안전하고 쾌적한 환경에서 건강하게 성장할 수 있도록 하여야 한다고 명시되어 있고, 어린이집 차량안전관리(제33조의2), 등·하원 시 영유아 안전관리(제33조의3)에 대해 규정하고 있다. 시행규칙 [별표 8] 어린이집의 운영기준에는 통합안전점검표 작성을 포함한 어린이집에서의 전반적인 안전관리, 차량운행 시작 전 안전벨트 착용을 포함한 차량안전관리, 보육교직원 대상 안전교육을 포함한 등·하원 시 영유아 안전관리의 구체적인 내용을 제시하고 있다.

표 1-10 영유아 안전교육 기준(「아동복지법」제31조 및 같은 법 시행령 제28조)

구분	성폭력 예방 교육	아동학대 예방 교육	실종·유괴의 예방·방지 교육	감염병 및 약물의 오용·남용 예방 등 보건위생관리 교육	재난대비 안전교육	교통안전 교육
실시 주기 (총 시간)	6개월에 1회 이상 (연간 4시간 이상)	6개월에 1회 이상 (연간 4시간 이상)	3개월에 1회 이상 (연간 10시간 이상)	3개월에 1회 이상 (연간 10시간 이상)	6개월에 1회 이상 (연간 6시간 이상)	2개월에 1회 이상 (연간 10시간 이상)
교육 내용	1. 내 몸의 소중함 2. 내 몸의 정확한 명칭 3. 좋은 느낌과 싫은 느낌 4. 성폭력 예방법과 대처법 5. 성폭력의 개념 및 성폭력의 주체에 대한 교육	1. 나의 권리 찾기 (소중한 나) 2. 아동학대 및 아동학대 행위자 개념 3. 자기감정 표현하기 및 도움 요청하기 4. 신고 이후 도움받는 방법	1. 길을 잃을 수 있는 상황 이해하기 2. 미아 및 유괴 발생 시 대처 방법 3. 유괴범에 대한 개념 4. 유인·유괴 행동에 대한 이해 및 유괴 예방법	1. 감염병 예방을 위한 개인위생 실천 습관 2. 예방접종의 이해 3. 몸에 해로운 약물 위험성 알기 4. 생활 주변의 해로운 약물·화학제품 그림으로 구별하기 5. 모르면 먼저 어른에게 물어보기	1. 화재의 원인과 예방법 2. 뜨거운 물건 이해하기 3. 옷에 불이 붙었을 때 대처법 4. 화재 시 대처법 5. 자연재난의 개념과 안전한 행동 알기	1. 차도, 보도 및 신호등의 의미 알기 2. 안전한 도로 횡단법 3. 안전한 통학버스 이용법 4. 바퀴 달린 탈것의 안전한 이용법 5. 날씨와 보행 안전 6. 어른과 손잡고 걷기
교육 방법	1. 전문가 또는 담당자 강의 2. 장소·상황별 역할극 실시 3. 시청각 교육 4. 사례 분석	1. 전문가 또는 담당자 강의 2. 장소·상황별 역할극 실시 3. 시청각 교육 4. 사례 분석	1. 전문가 또는 담당자 강의 2. 장소·상황별 역할극 실시 3. 시청각 교육 4. 사례 분석	1. 전문가 또는 담당자 강의 2. 시청각 교육 3. 사례 분석	1. 전문가 또는 담당자 강의 2. 시청각 교육 3. 실습교육 또는 현장학습 4. 사례 분석	1. 전문가 또는 담당자 강의 2. 시청각 교육 3. 실습교육 또는 현장학습 4. 일상생활을 통한 반복 지도 및 부모 교육

6) 제4차 중장기 보육 기본계획(2023∼2027년)

보건복지부는 제4차 중장기 보육 기본계획(2023∼2027년)을 수립하고, 영유아의 건강한 성장·발달 지원 및 권리 존중 확산을 위해 어린이집 안전관리 강화를 강조하였다. 특히 보육교직원 안전교육플랫폼 운영을 통해 보육교직원 안전교육 의무화 및 안전교육 운영과정 확대를 추진한다. 안전교육플랫폼에「영유아보육법」및 타 법에 따른 안전 관련 의무교육 정보를 일원화하여 이용의 편의성을 제고하고, 어린이 통학버스 사고방지를 위한 예방 활동을 강화한다. 2022년 의무화된 안전운행 기록 장치 장착 여부를 지속적으로 모니터링하여 장착률을 제고하고 어린이통학버스 운행관리를 강화한다.

보건복지부	보도자료		
배포일	2022. 12. 13.	담당부서	보육정책관 보육정책과

보육·양육서비스의 질적 도약으로
모든 영유아의 행복한 성장을 뒷받침하겠습니다

•「제4차 중장기 보육 기본계획(2023∼2027)」발표(12. 13.)

7) 어린이안전관리에 관한 법률

2020년 5월 26일 제정되어 2020년 11월 27일 시행된「어린이안전관리에 관한 법률」은 어린이의 생명과 신체에 대한 위험을 예방하고 어린이안전을 확보하기 위한 사항을 규정함으로써 어린이가 행복하고 건강한 삶을 누릴 수 있는 환경을 조성하는 것을 목적으로 한다. 이 법에서 사용하는 '어린이이용시설'이란「영유아보육법」에 따

른 어린이집, 「유아교육법」에 따른 유치원, 「초·중등교육법」에 따른 초등학교 및 특
수학교, 「학원의 설립·운영 및 과외교습에 관한 법률」에 따른 학원, 「아동복지법」에
따른 아동복지시설, 「실종아동등의 보호 및 지원에 관한 법률」 제9조의3 제2항의 적
용을 받는 시설·장소 중 대규모점포, 유원시설, 전문체육시설, 공연장, 박물관 및
미술관, 그 밖에 영업의 통상적인 방법에 의하여 어린이가 빈번하게 왕래하는 시설
로서 대통령령으로 정하는 시설을 말한다. 또한 이 법은 어린이안전 정책의 수립 및
추진체계, 어린이안전을 위한 조사, 어린이안전을 위한 조치의무, 어린이안전을 위
한 교육 등의 내용을 담고 있다.

8) 제1차 어린이안전 종합계획(2022~2026년)

행정안전부는 교육부 등 중앙행정기관 14곳, 지방자치단체 17곳과 함께 범정부 차
원의 '2023년 어린이안전 시행계획'을 수립했다. 이 시행계획은 「어린이안전관리에
관한 법률」에 따라 2022년 관계부처 합동으로 수립한 최초 법정계획인 '제1차 어린
이안전 종합계획'(2022~2026년)에 근거하여 마련됐다. 「어린이안전관리에 관한 법
률」에는 행정안전부장관이 5년마다 어린이안전 종합계획을 수립하고, 관계 중앙행
정기관의 장 및 지방자치단체의 장이 종합계획에 따라 매년 어린이안전 시행계획을
수립·시행하도록 되어 있다. 제1차 종합계획의 주요 내용으로 어린이 교통사고 사
망자 제로화, 빈틈없는 어린이제품 안전관리, 믿고 먹을 수 있는 어린이식품 안전관
리, 어린이 환경유해인자 노출 최소화, 원칙을 지키는 어린이이용시설 안전관리, 국
민 모두 함께하는 어린이 안전문화 정착을 제시하였다.

표 1-11 제1차 어린이안전관리 종합계획 분야별 정책과제

어린이교통 안전관리	1. 어린이 통학로 안전인프라 확충 2. 어린이 교통안전 위반행위 저감 3. 어린이 교통안전 문화 조성
어린이제품 안전관리	1. 어린이제품 안전기준 정비 2. 불법 · 불량 어린이제품 감시 · 관리 3. 안전한 어린이제품 인프라 조성
어린이식품 안전관리	1. 어린이 식생활 안전관리 강화 2. 어린이 식중독 저감화 지속 추진, 스마트한 급식관리 3. 어린이 활동공간 주변 식품안전관리
어린이환경 안전관리	1. 어린이용품 환경유해인자 안전관리 2. 어린이활동공간 안전관리기준 적용 및 실내공기질 관리 3. 환경유해인자 사전예방 관리체계 마련
어린이이용시설 안전관리	1. 학교안전사고 예방 · 관리체계 확립 2. 유원시설 등 어린이이용시설 안전관리 강화 3. 어린이이용시설 종사자 인식개선
어린이 안전교육	1. 체험형 어린이 안전교육 활성화 2. 어린이 안전사고 유형별 교육 강화

출처: 행정안전부(2022).

행정안전부	보도자료		
배포일	2022. 8. 12.	담당부서	행정안전부 안전개선과

정부, 어린이안전을 위한 교통 · 식품 등 6대 역점 분야 발표

• 최초 법정계획으로「어린이안전 종합계획(2022~2026)」수립

9) 어린이제품 안전 특별법

「어린이제품 안전 특별법」은 어린이가 사용하는 제품의 안전을 확보하여 어린이에게 안전한 환경을 조성하기 위한 기본적인 사항을 규정함으로써 제품으로 인한 어린이 사고를 예방하고, 어린이 건강의 유지 · 증진에 기여함을 목적으로 한다. '어린이제품'이란 만 13세 이하의 어린이가 사용하거나 만 13세 이하의 어린이를 위하여 사용되는 물품 또는 그 부분품이나 부속품을 말하고, '어린이제품안전관리'란 어린이의 생명 · 신체에 대한 위해 또는 재산상 피해를 방지하기 위하여 어린이제품의 제조 또는 유통 등을 관리하는 활동을 말한다. 「어린이제품 안전 특별법」제5조에 따르면 3년마다 어린이제품안전관리에 관한 기본계획을 수립하여야 한다. 「어린이제품 안전 특별법」 시행규칙 [별표 기에는 안전인증표시의 기준과 방법이 제시되어 있는데 안전인증표시는 알아보기 쉽도록 해당 어린이제품의 표면에 붙이거나, 인쇄하거나 새기는 방법 등으로 표시하고, 쉽게 지워지거나 떨어지지 않도록 해야 한다.

 그림 1-3 어린이제품 안전인증 KC마크

출처: 산업통상자원부(http://www.motie.go.kr).

10) 제3차 어린이제품 안전관리 기본계획(2022~2024년)

정부는 「어린이제품 안전 특별법」 제5조에 근거하여 '불법·불량 어린이제품 퇴출을 통한 어린이 안전사고 저감'을 목표로 「제3차 어린이제품 안전관리 기본계획 (2022~2024)」을 수립하였다. 2015년 6월 「어린이제품 안전 특별법」 시행 이후 안전기준 확립과 적극적인 사후관리로 부적합 제품 비율이 2019년 10.9%에서 2021년 5.7%로 감소하였으나, 물리적 요인 등에 의한 안전사고와 유통구조 변화에 따른 사각지대가 발생하고 있어 이와 관련된 대책을 제3차 기본계획에 포함하였다. 먼저 사고 저감을 위해 안전기준을 정비하고 유통 관리체계를 확립하기 위해 어린이·성인 공용제품(소파 등) 안전기준을 어린이제품 수준으로 높였고, 안전한 제품 유통이 활성화되도록 민관 온라인 협의체를 확대하고 위해상품을 식별·추적하는 상품분류체계를 도입하기로 하였다.

교육부		보도자료	
배포일	2022. 1. 20.	담당부서	산업통상자원부 생활어린이제품안전과

제3차 어린이제품 안전관리 기본계획(2022~2024) 발표

• 빈틈없는 전주기 안전관리로 안심할 수 있는 생활환경 구현

11) 어린이놀이시설 안전관리법

2007년 1월 26일 제정된 「어린이놀이시설 안전관리법」은 어린이들이 안전하고 편안하게 놀이기구를 사용할 수 있도록 어린이놀이시설의 설치·유지 및 보수 등에 관한 기본적인 사항을 정하고 어린이놀이시설을 담당하는 행정기관의 역할과 책무를 정하여 어린이놀이시설의 효율적인 안전관리 체계를 구축함으로써 어린이놀이시설 이용에 따른 어린이의 안전사고를 미연에 방지함을 목적으로 한다. '어린이놀이기구'란 어린이가 놀이를 위하여 사용할 수 있도록 제조된 그네, 미끄럼틀, 공중놀이기구, 회전놀이기구 등으로서 「어린이제품 안전 특별법」 제2조 제9호에 따른 안전인증 대상어린이제품을 말하고, '어린이놀이시설'이란 어린이놀이기구가 설치된 실내 또는 실외의 놀이터로서 대통령령으로 정하는 것을 말한다.

행정안전부장관은 어린이 놀이시설의 안전성을 확보하기 위해 설치검사·정기시설검사 또는 안전진단을 행하는 기관을 지정할 수 있다(제4조). 관리주체는 어린이 놀이시설의 기능 및 안전성이 지속적으로 유지되도록 이 법에서 정하는 바에 따라 당해 어린이 놀이시설에 대한 유지관리를 실시해야 하고(제14조), 대통령령이 정하는 주기·방법 및 절차 등에 따라 당해 어린이 놀이시설에 대한 안전점검을 실시해야 한다(제15조). 관리주체 및 안전검사기관은 어린이 놀이시설의 사고로 인하여 어린이의 생명·신체 또는 재산상의 손해를 발생하게 하는 경우 그 손해에 대한 배상을 보장하기 위하여 보험에 가입해야 한다(제22조).

더 알아보기

학교 안전교육 7대 표준안(교육부, 2015년)

교육부에서는 2015년 유 · 초 · 중 · 고 발달단계별 '학교 안전교육 7대 영역 표준안'을 발표하였다. 7대 표준안에는 생활, 교통, 폭력·신변, 약물 · 사이버, 재난, 직업, 응급처치가 포함되어 있으며, 체험 · 실습 중심으로 편성되었다. 재난안전을 포함한 7대 안전교육에 대한 영역별, 학교급별 교사용 지도안을 마련하여 각급 학교에 제공하였으며, 학교 안전교육 7대 표준안의 교사용 지도안은 교육활동, 참고자료, 사후활동으로 구성되어 있다.

교육부			보도자료
배포일	2015. 2. 26.	담당부서	학교안전총괄과

유 · 초 · 중 · 고 발달단계별 '학교 안전교육 7대 영역 표준안' 발표

• 생활, 교통, 재난안전에서 응급처치까지, 체험 · 실습 중심으로 편성

참고문헌

국가지표체계(2017). http://www.index.go.kr

법제처 국가법령정보센터(2023). http://www.law.go.kr

보건복지부(2022). 2017~2021년 어린이집 안전사고 현황.

보건복지부, 어린이집안전공제회, 중앙육아종합지원센터(2017). 2017 어린이집 보육교직원 안
　　　전교육.

어린이집안전공제회(2014). 어린이집안전공제회 통계자료집.

중앙보육정보센터(2008). 보육시설 안전 매뉴얼 연구.

한국소비자원(2023). 어린이 안전사고 동향 분석.

행정안전부 보도자료(2022). 정부, 어린이안전을 위한 교통 · 식품 등 6대 역점 분야 발표-최
　　　초 법정계획으로「어린이안전 종합계획(2022~2026)」수립-.

대한민국 정책브리핑(2023. 3. 13.). 더 쉽고 편해진 국민안전교육플랫폼.

대한민국 정책브리핑(2023. 6. 12.). 재난 상황에 필요한 안전 정보들 미리 확인해요!

국민안전교육플랫폼 https://kasem.safekorea.go.kr/

국민재난안전포털 https://www.safekorea.go.kr/idsiSFK/neo/main/main.html

산업통상자원부 http://www.motie.go.kr

제2장

영유아 발달과 안전

영유아는 연령에 따라 발달 차이가 크기 때문에 영유아를 사고로부터 보호하고 안전사고를 예방하기 위해서는 각 발달 단계에 따른 영유아의 발달 특성을 이해해야 한다. 이 장에서는 영유아의 연령에 따라 신체, 인지, 언어, 사회성 및 정서 영역에서의 발달 특성을 알아보고, 어린이집에서 발생하는 영유아 안전사고 유형과 사례, 그리고 예방수칙에 대해 살펴본다.

1. 영유아 발달 특성과 안전

1) 0~1세 영아의 발달 특성과 안전

(1) 0~1세 영아의 발달 특성

① 0세 영아의 발달 특성

0세 영아는 출생에서 12개월까지의 시기를 뜻하며, 신체, 인지, 언어, 사회성 및 정서 영역에서 발달이 급격히 이루어진다. 이 시기에는 누워만 있던 영아가 일어나 앉고, 기어 다니는 등 몸을 조절하기 시작하며 새로운 시도를 다양하게 할 수 있게 된다. 신체적인 발달 외에도 애착, 신뢰감 등 사회성 및 정서 발달이 이루어지고, 울음, 미소, 몸짓 등을 이용해 다른 사람과 의사소통을 하는 인지 및 언어 발달이 활발히 이루어지기 시작한다(어린이집안전공제회, 2017).

표 2-1 0세 영아의 발달 특성

발달영역	발달 특성
신체발달	• 0~3개월까지는 대체로 기는 반사와 같은 불수의적인 반사행동으로 앞으로 기어 나갈 수 있고 뒤집기를 할 수 있다. • 4~6개월까지는 구르기, 손으로 발을 잡고 놀기, 배밀이, 물건을 잡고 앉기 등을 할 수 있다. • 6개월경 손 전체를 이용해 작은 크기(약 5cm)의 블록 장난감을 잡는다. • 신체 이동 능력이 증가하여 주변 환경을 보다 적극적으로 탐색하게 된다. • 8개월경 배밀이를 통해 몸을 이동시킬 수 있으며, 혼자 앉기 시작한다. • 12개월경에는 혼자 일어설 수 있고, 어른이 붙잡아 주면 걸을 수 있다. • 일어서거나 잡고 돌아다니는 등 움직임의 범위가 커지지만 아직 균형감각이 부족한 시기이다. • 계단을 기어서 오른다. • 혼자서 영아용 과자나 크래커를 먹을 수 있다.

인지발달	• 눈과 귀, 손, 발, 입의 감각기관을 통해 환경을 적극적으로 탐색하기 시작한다. • 생후 3개월간 영아의 자기 조절 능력이 향상되고, 3개월 이후에 환경을 탐색하는 외부와의 상호작용이 활발해진다. • 4개월 이후에 의도적으로 어떤 행동을 시도하는 목적성을 갖게 된다. • 흥미 있는 결과를 기대하며 반복하여 행동하기를 즐긴다. • 6~8개월경에 의도적으로 어떠한 행동을 시도하거나, 흥미 있는 결과를 기대하며 반복하여 행동하기를 즐긴다. 즉, 행동이 목표 지향적이 된다. • 대상영속성이 발달한다. • 그릇과 그릇에 담긴 것과의 관계에 관심이 있으며, 벽장, 서랍, 용기에 담긴 것을 쏟아 버리기를 좋아한다. • 사물을 부딪쳐 큰 소리 내기, 넣어 보기, 깨물기, 던져 보기, 열고 닫기, 밀거나 당기기, 쏟고 채우기, 질질 끌고 다니기 등을 시도한다. • 열고 닫기, 밀고 당기기 등 간단한 장치를 작동하는 것을 좋아하고 그 결과를 관찰한다.
언어발달	• 울음으로 시작된 신생아의 의사표현은 차츰 쿠잉과 옹알이와 같은 좀 더 적극적인 시도로 변화된다. • 1개월경 소리를 내기 시작한다. • 6개월경에는 마, 다, 나와 유사한 발성을 한다. • '안 돼'라는 어조에 반응한다. • 9~10개월경 의도적으로 다른 소리를 모방한다. • 10개월경 자신을 부르는 이름이나 별명을 알아듣는다. • 언어로 지시하면 사물을 바라본다.
사회성· 정서발달	• 즐거운 감정이 나타난다. • 생후 3개월부터 주양육자와 밀접한 심리적 유대감을 형성하게 된다. • 6개월이 되면 새로운 사람에 대해 전보다 두려움을 나타낸다. • 주의 끌기와 사람과의 접촉을 추구하기 시작한다. • 자신의 감정을 차츰 구체적으로 표현하게 된다. • 성인이나 다른 사람을 지켜보고 모방할 때도 있다. • 간단한 사회적 놀이(예: 까꿍놀이)를 즐긴다. • 다른 영아에 대한 호기심과 관심이 더욱 증가한다.

출처: 어린이집안전공제회(2019a).

② 1세 영아의 발달 특성

표 2-2 1세 영아의 발달 특성

발달영역	발달 특성
신체발달	• 다른 사람의 도움 없이 혼자 걸을 수 있다. • 계단을 오르고 내리는 것을 좋아한다. • 공을 던질 수 있다. • 잘 달릴 수 있고 달리다가 멈출 수 있다. • 바닥에서 두 발을 모으고 껑충 뛸 수 있다. • 질질 끌고 다니기, 뒤집어 비우기, 끌어당기기, 쌓기, 부수기, 비우고 채우기를 좋아한다. • 물건을 잡기 위해 의자 위로 기어오르려고 한다. • 관심의 대상이 확대되고, 손과 팔의 협응력이 발달한다.
인지발달	• 문제를 해결하기 위해 새로운 행동을 시도하고 시행착오를 겪게 된다. • 움직일 수 있는 놀잇감을 좋아한다. • 어떠한 것이 일어나는 원인을 인식하게 된다. • 대상영속성 개념이 완전히 발달한다. • 과거 사건을 모방하고 내적 표상에 의해서 생각을 기억하고 후에 그것을 재생산한다.
언어발달	• 말할 수 있는 단어의 수가 증가하고, 간단한 명령을 이행할 수 있다. • 그림책을 보고 듣는 것과 동요를 좋아한다. • 두세 단어로 된 문장을 사용할 수 있다.
사회성 · 정서발달	• 분노, 부끄러움, 공포를 느끼지만, 아직은 그 표현이 세분화되지 못하여 대개 화를 내거나 짜증을 부리거나 우는 것으로 표현하는 경우가 많다. • 떼쓰기가 나타난다. • 성인에게 애정을 표시한다. • 성취감을 통해 긍정적인 자존감을 발달시킨다. • '싫어'라는 부정적인 태도를 자주 표현한다. • 가장 애착을 갖는 사람을 안전의 근거로 이용하여 환경을 탐색한다. • 다른 영아들과 함께 놀이를 하나 상호작용이 많지 않고, 놀잇감이나 물건을 다른 사람과 나누기가 어렵다.

출처: 어린이집안전공제회(2019a).

1세 영아는 걷기가 시작되어 신체 움직임과 놀이를 즐기는 시기로 움직임과 호기심이 많아 새로운 행동을 많이 시도한다. 또한 다른 사람과 관계 형성, 협력 등 사회성이 형성되지 않은 자기중심적인 시기로 다른 사람의 입장을 고려하거나 자신의 감정을 조절하면서 다른 사람과 함께 하는 놀이가 불가능하다(어린이집안전공제회, 2017).

(2) 0~1세 영아의 발달 특성과 안전사고

0~1세 영아의 발달 특성으로 인해 넘어짐, 미끄러짐, 부딪힘, 화상, 이물질 삼킴 및 흡입, 추락, 익수사고 등의 안전사고에 노출될 수 있다. 이 시기 안전사고와 관련된 0~1세 영아의 발달 특성은 다음과 같다(어린이집안전공제회, 2017).

- 신체적으로도 작고 조절 능력도 미성숙해 시야가 좁고 낮아 성인을 기준으로 만들어진 주변 환경이나 가구 등 물리적 환경에 의해 스스로 안전을 인식하고 행동하는 데 제한이 많다.
- 호기심이 매우 강하고 새로운 것을 시도하고자 하는 욕구가 크며, 운동능력이 급속히 발달하는 과정에서 이동에 대한 욕구가 강하게 나타나 자신의 신체 능력을 실험하기 원하므로 위험에 노출되기 쉽다.
- 충동적이고 끊임없이 움직이며 환경을 탐색하려는 특성이 있는 반면, 눈앞의 위험 상황을 예측하거나 방어하는 인지적 능력이 결여되어 있다.
- 원근에 대한 식별이나 소리 방향에 대한 구별이 아직은 완성되지 않았기 때문에 위험에 대한 식별이 미흡하다.
- 감각운동 단계에 해당되는 시기로 주변 환경과의 상호작용을 오감을 이용하여 시도하는 특성이 있다. 예를 들어, 눈에 보이는 것은 모두 입으로 가져가려고 하는 특성이나, 보이는 물건을 모두 만져 보고 손에 쥐어 보고자 하는 의도가 많아 위험에 노출되기 쉽다.
- 자아가 형성되면서 '내 것', '내가'라는 개념은 형성된 반면, 다른 사람의 관점이

나 생각을 이해하지 못하기 때문에 자신의 것을 빼앗기거나 자신이 의도한 대로 하는 것을 제재당하면 폭발적인 정서표현을 하게 되고 때로는 자신, 자신의 것을 지키기 위한 공격성을 표현하기도 한다.

더 알아보기

영아돌연사 증후군

건강했던 영아가 특별한 원인 없이 자다가 사망하는 질환으로 1개월에서 1년 사이의 영아에게서 주로 발생한다. 아직 정확한 원인이 밝혀져 있지 않지만, 엎드려 재우면 영아돌연사의 위험이 18배나 증가한다고 한다. 영아돌연사 증후군 예방을 위해서 영아를 재울 때는 두 돌 전, 특히 한 살 이하의 영아는 엎드려 눕히거나 옆으로 눕히지 말고 꼭 바로 누워 자게 한다. 자는 동안 영아의 얼굴과 머리가 이불에 덮이지 않도록 주의하고, 아래만 덮어 주어야 하며 잘 때 주위에 장난감, 인형, 베개 등 다른 것이 없도록 한다. 방 안의 온도는 너무 덥지 않게 조절하며 담배 연기에 노출되지 않도록 한다. 영아가 자라면서 목 근육이 강화되고, 엎드려 놀게 되는데 이때 영아가 깨어 있는 상태에서만 엎드려 놀게 하고 바닥은 단단해야 한다.

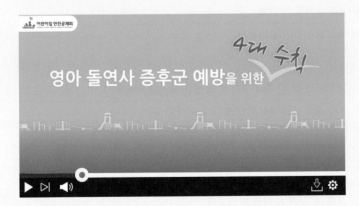

출처: 어린이집안전공제회(2019a).

2) 2세 영아의 발달 특성과 안전

(1) 2세 영아의 발달 특성

2세 영아는 운동 기능이 발달하면서 시야가 넓어지고, 관심의 대상이 늘어난다. 이 시기는 자기중심적인 단계임에도 다른 사람에게 관심을 갖기 시작하나 사회성 발달이 미흡하여 친구와의 관계에서 갈등을 보이기도 한다.

표 2-3 2세 영아의 발달 특성

발달영역	발달 특성
신체발달	• 한 발로 서기, 뛰기, 뛰다 멈추기, 뛰어넘기, 오르내리기 등의 운동 기능이 발달한다. • 발 바꿔 계단 오르내리기를 할 수 있다. • 빨리 뛰면서도 균형을 유지한다. • 소근육의 발달로 숟가락, 빨대를 효과적으로 사용할 수 있다. • 문손잡이나 핸들을 돌릴 수 있다. • 단추를 채우고 지퍼 잠그는 것을 시도한다.
인지발달	• 가상놀이가 나타난다. • 지연 모방을 나타낸다. • 주변을 탐색하기 위해 관찰, 질문, 조작, 분류, 측정을 사용한다.
언어발달	• 의사소통 능력이 증가한다. • 질문하고 질문에 답할 수 있다. • 어휘가 급격하게 증가한다. • 극 놀이를 통해 사회적 맥락에 적절한 언어를 연습한다.
사회성·정서발달	• 도움의 필요성을 깨닫지만 보다 독립적이 되어 간다. • 성인에게서 볼 수 있는 거의 모든 정서로 자신의 감정을 표현한다. • 자신의 감정을 다른 사람이 알아주기를 원하며, 다른 사람의 관심을 얻으려고 한다. • 소유하려는 행동을 나타낸다. • 내 것과 네 것의 차이를 인지한다. • 남을 도울 수 있다. • 순서 지키기를 할 수 있다. • 병행놀이, 연합놀이가 나타난다.

출처: 어린이집안전공제회(2019a).

(2) 2세 영아의 발달 특성과 안전사고

2세 영아의 발달 특성으로 인해 넘어짐, 미끄러짐, 부딪힘, 이물질 삼킴 및 흡입, 끼임, 눌림, 화상, 추락, 놀이사고, 교통사고, 익사 등의 안전사고에 노출될 수 있다. 이 시기 안전사고와 관련된 2세 영아의 발달 특성은 다음과 같다(어린이집안전공제회, 2017).

- 소근육과 신체기술이 숙달되어 새로운 행동의 시도를 활발하게 한다.
- 달리고 높은 곳을 기어오르거나 뛰어오르기, 공 던지기, 세발자전거 타기 등 대근육 활동을 숙련되게 할 수 있지만 속도, 방향 등의 조절능력이 완성되지 않았다.
- 옷장, 세탁기 등 문이 달린 독립된 공간에 흥미를 가지지만 공간에 대한 판단이 정확하지 않다.
- 사물에 대한 정보가 부족하고 단편적 정보를 가지므로 사물 간의 관계를 충분히 인식하지 못한다.
- 자기중심적 사고 시기이며 호기심이 많아 새로운 시도를 많이 한다.
- 자기 것에 대한 소유의 개념이 발달된 영아는 차례를 기다리기 어렵다.
- 자기중심적이어서 혼자서 놀이하는 것을 좋아하고, 병행놀이를 시도하며 다른 사람과 의견 교환이나 놀이의 협조가 안 된다.
- 친구와의 놀이를 하려고 시도하지만 다른 친구와의 놀이는 지속시간이 짧으며 아직은 장난감이나 환경에 관심이 많다.
- 타인을 이해하고 배려하는 사회성 발달이 아직은 미흡하여 친구 간의 갈등이 많다.
- 정서조절이 아직은 완전하지 않아서 감정의 노출이 격렬하고 신체적인 싸움이 많이 일어난다.
- 자신의 의견을 자랑하고 고집이 늘어나며 자신의 행동을 방해받으면 화를 내고 울음을 정서표현의 주요 수단으로 사용한다.
- 환상과 실제를 구별하지 못하여 이야기 주인공처럼 자신이 다치지 않을 것으로 착각하기도 한다.

3) 3~5세 유아의 발달 특성과 안전

(1) 3~5세 유아의 발달 특성

 **표 2-4 3~5세 유아의 발달 특성**

발달영역	발달 특성
신체발달	• 대근육 사용을 즐기며 몸의 균형이 증가된다. • 친구와 공을 주고받을 수 있다. • 운동의 속도나 정확도가 증가한다. • 가위질이 능숙해진다. • 경기에서 효과적으로 출발, 회전, 멈추기를 한다. • 옷 입고 벗기, 벨트 풀기, 단추 끼우기, 지퍼 올리고 내리기, 양말 신고 벗기 등 자조능력이 증가한다.
인지발달	• 지능의 대부분이 형성된다. • 모든 것에 이유나 목적이 있다고 생각하여 끊임없이 질문을 되풀이한다. • 가능한 것과 불가능한 것의 구분이 더 많아진다. • 기준에 따라 사물을 분류할 수 있다. • 점차 논리적이 되어 간다. • 알고자 하는 것들에 적극적으로 질문하고, 궁리하고, 해결하려는 탐구력이 증가한다.
언어발달	• 성인과 같은 언어를 사용하게 되며 언어발달이 가속화된다. • 언어적인 공격을 사용한다. • 복수형과 과거시제를 사용한다. • 자신의 의사를 말로 정확하게 표현한다. • 친구들과 이야기를 나누고 수수께끼나 동화를 즐겨 듣는다. • 점차 문법규칙이 숙달되며 구어를 완전히 습득한다.
사회성·정서발달	• 질투가 심해진다. • 자기주장이 강해진다. • 독립성이 길러지고 점차 주체성이 확립된다. • 인내심이 적고 기다리지 못한다. • 상당한 시간 동안 집단 활동이 가능해진다. • 협동적 놀이가 증가되어 협동심과 책임감을 갖게 된다.

출처: 보건복지가족부(2008).

3~5세 유아는 영아기보다 신체의 양적인 성장은 느려지나, 운동 기술은 보다 섬세해지고 향상된다. 또한 추상적인 사고력을 바탕으로 인지적 성장이 극대화되고, 관심이 또래로 확장되면서 다양한 사회적 기술을 획득하게 된다. 언어로 대부분의 의사소통이 가능하게 되나 또래 간 갈등이 빈번하게 발생하는 시기이다(보건복지가족부, 2008).

(2) 3~5세 유아의 발달 특성과 안전사고

3~5세 유아의 발달 특성으로 인해 넘어짐, 미끄러짐, 부딪힘, 끼임, 눌림, 이물질 삼킴 및 흡입, 화상, 추락, 놀이사고, 교통사고, 익사 등의 안전사고에 노출될 수 있다. 이 시기 안전사고와 관련된 3~5세 유아의 발달 특성은 다음과 같다(조경자, 이현숙, 2019).

- 균형감각과 협응능력이 발달하면서 활동적인 대근육 놀이를 즐긴다.
- 영아에 비해 행동반경이 넓어져 주변을 탐색하는 과정에서 사고가 일어날 가능성이 있다.
- 성취나 경쟁적인 욕구가 충족된 일에 만족하는 경향이 있어 모험적인 놀이에 도전한다.
- 도구 사용 기술을 습득하기 시작해 이로 인한 사고가 발생하기 쉽다.
- 성인의 행동을 모방하려는 경향이 있는데, 필요한 기술이 없는 경우에도 이러한 놀이나 행동을 시도한다.
- 상상놀이를 많이 해 위험한 놀이가 이루어질 수 있다.
- 자신에게 의미 있고 관심 있는 것에 집중하는 경향이 있어 주변의 사물이나 사람을 고려하지 못한다.

2. 영유아 안전사고와 예방수칙

여기에서는 어린이집에서 빈번하게 발생하는 넘어짐, 부딪침, 미끄러짐, 끼임, 눌림, 추락, 화상, 이물질 삼킴 및 흡입 등 여덟 가지 유형의 안전사고(어린이집안전공제회, 2019b)와 예방수칙에 대해 알아본다. 이 외에 놀이사고, 교통사고, 중독 등에 대해서는 시설 및 놀이안전, 교통안전, 보건위생안전 등 각 안전교육 장에서 살펴보겠다.

1) 넘어짐

넘어짐은 보행능력이 충분히 발달되지 않은 영아에게 빈번한 안전사고이다. 어릴수록 상대적으로 머리가 무겁고 신체조절능력, 균형감각이 미숙하기 때문이다. 넘어짐 사고는 영유아가 넘어지면서 바닥이나 주변 사물 등에 부딪쳐 2차 사고가 일어날 수 있다. 무게중심이 상체 윗부분에 있기 때문에 먼저 부딪치는 얼굴에 주로 상처가 많이 나고, 치아를 다치기도 한다. 또 중심을 잡고 딛다가 손목이나 무릎 등이 골절되는 경우도 있다. 넘어짐 사고를 예방하고 넘어질 때 상해 정도를 최소화하기 위해 다각적인 환경 관리와 예방적 지도가 필요하다.

(1) 0~1세 영아
자조기술이 부족한 영아는 자신의 긴 옷자락이나 큰 신발에 걸려 넘어지는 일이 많다. 편안한 옷차림과 신고 벗기 편한 신발을 착용하도록 지도해야 한다.

넘어짐 사고 사례

하원시간에 선생님의 손을 잡고 현관 앞에 앉아 신발을 신었다. 그런데 윤아는 빨리 집에 가고 싶은 마음에 신발을 대충 신고 급히 일어나 현관문을 향해 뛰어가다가 아직 완전히 신지 못한 신발에 걸려 넘어졌고, 계단 모서리에 얼굴을 부딪쳐 눈 옆 부분이 찢어지는 상처가 났다.

출처: 어린이집안전공제회(2019b).

(2) 2세 영아

바닥에 놓인 물건을 무심코 밟고 넘어지는 사고는 매우 빈번하게 일어난다. 정리가 덜 된 교실 바닥은 안전사고를 일으킬 가능성이 높으므로 장난감을 가지고 놀이한 뒤에는 깨끗이 정리할 수 있도록 지도해야 한다.

넘어짐 사고 사례

정리시간에 다른 아이들보다 정리를 먼저 마친 희수는 신이 나서 선생님에게 뛰어가다가 아직 정리되지 않은 장난감을 미처 보지 못하고 밟았다. 미끄러져 넘어진 희수는 바닥에 입술을 부딪쳤고 치아도 부러지고 말았다.

출처: 어린이집안전공제회(2019b).

(3) 3~5세 유아

유아는 현장학습과 같은 익숙하지 않은 길을 갈 때 주변을 탐색하느라 넘어지는 일이 종종 발생한다. 유아는 신체 움직임이 더욱 안정되어 운동능력이 향상되고 활동범위가 넓어지지만 위험상황을 쉽게 인지하지 못하므로 혼자서 위험한 상황이나 환경에 놓이지 않도록 해야 한다. 또한 유아는 관심이 가는 곳에만 집중하는 경향이 있어 실외나들이 시 사전에 주의할 내용을 알려 주고 교사가 맨 앞과 맨 뒤에서 위험요인을 사전에 제거해야 한다.

넘어짐 사고 사례

어린이집 근처 작은 뒷산에 나들이를 가기로 했다. 아이들은 짝은 지어 산을 오르며 주변 식물을 관찰하는 시간을 가졌다. 그때 첫째 줄에 앞장서던 도윤이가 바닥에 작게 팬 웅덩이를 미처 확인하지 못한 채 발을 헛디뎌 갑자기 균형을 잃으며 넘어졌다. 넘어진 곳에는 크고 작은 돌이 박혀 있고, 나뭇가지도 많아 무릎과 손바닥, 그리고 얼굴에 상처를 입었다.

출처: 어린이집안전공제회(2019b).

넘어짐 사고 예방수칙

- 영유아의 움직임이 많은 유희실, 실내놀이실에 완충재를 설치한다.
- 어린이집 내의 기둥, 벽면, 모서리에도 안전장치를 설치한다.
- 화장실, 현관, 복도, 계단 등에는 난간 손잡이를 설치한다.
- 보육실이나 복도 바닥에 물건이 놓여 있지 않도록 수시로 정리한다.
- 전자제품의 전선을 정리한 뒤 벽 쪽으로 지나게 하여 영유아가 걸려 넘어지지 않도록 한다.
- 영유아가 장난감 등을 입에 물고 다니지 않도록 한다.
- 스포츠장비 이용 시 안전모, 무릎 · 팔꿈치 보호대 등 보호장구를 꼭 착용하도록 한다.

출처: 어린이집안전공제회(2019b); 한국소비자원(2023).

2) 부딪침

영유아는 호기심은 많으나 물체의 속성과 자신의 움직임과의 관계에 대한 물리적인 지식은 부족하다. 따라서 한 공간에서 여러 명이 함께 지낼 때 안전사고가 자주 발생하게 된다. 어린이집의 시설물이나 교구 등 딱딱하고 예리한 물체에 부딪혀 열상, 찰과상, 타박상, 골절 등의 외상이 생길 수 있다. 또한 자기중심성이 강하고 상대방의 입장에서 사물과 상황을 인식하는 능력이 부족하므로 서로 부딪히고 밟히고 눌리는 사고가 자주 발생한다.

(1) 0~1세 영아

걸음걸이가 서툰 시기이므로 물체나 사람에 부딪히는 사고가 자주 발생한다. 따라서 영아와 함께 사용하는 공간에 있는 가구는 모든 모서리 부분에 안전장치를 해 두어야 한다. 또한 여닫이문보다 미닫이문, 커튼 등을 활용하면 좀 더 안전성을 확보할 수 있다.

👆 부딪침 사고 사례

낮잠시간 후 교사는 이불정리를 하고 있다. 낮잠을 푹 자 기분이 상쾌해진 재민이는 선생님 주변을 맴돌다 제자리에서 두 발을 모아 폴짝폴짝 뛰었다. 그러다가 열려 있던 수납장 모서리에 머리를 찧고 말았다. 놀란 선생님은 곧바로 재민이를 일으켰고 머리를 살펴보니 피가 많이 나고 있어 병원으로 급히 옮겼다.

출처: 어린이집안전공제회(2019b).

(2) 2세 영아

영아는 영아 간 상호작용 시 다치는 일이 빈번하므로 항상 영아의 곁에서 관찰하고 위험한 행동이나 움직임을 즉각적으로 중지시켜야 한다. 영아는 조망수용능력이 미숙하므로 항상 안전한 위치와 장소에서 놀이하도록 안내할 필요가 있다. 또한 몸의 균형을 잡는 것이 상대적으로 어려운 영아에게는 일정한 간격을 확보해 활동할 수 있도록 주의가 필요하다.

🎈 부딪침 사고 사례

미술영역에서 다양한 색깔의 종이를 원하는 모양으로 접어 보는 시간을 가졌다. 차례로 자신의 종이접기 결과물을 설명하였는데, 소망이는 자신의 종이비행기를 자랑하고 싶어 높이 날리려고 방향을 틀어 힘껏 팔을 휘두르려는 순간, 뒤에 있던 찬영이의 얼굴을 팔꿈치로 세게 치고 말았다. 입 부분을 부딪친 찬영이는 입술에서 피가 조금 나고 앞니가 흔들리는 부상을 당했다.

출처: 어린이집안전공제회(2019b).

(3) 3~5세 유아

유아는 대근육 발달로 신체움직임은 활발해지는 반면, 자기중심적인 상황판단이나 좁은 시야가 지속되어 부딪침 사고가 자주 발생한다. 특히 좁은 공간에서 유아들이 함께 모여 앉을 때 주변을 살피지 못하다가 발생하는 안전사고가 많다. 이를 예방하기 위해 개별 자리를 지정해 두어 무리해서 앉지 않도록 하고 옆 친구에게 불편을 주는 행동을 하지 않도록 지도해야 한다.

부딪침 사고 사례

특별활동시간에 피아노 연주에 맞춰 아이들이 율동과 함께 노래를 부르고 있다. 그때 화장실에 갔다 온 현수가 바닥에 풀썩 다리를 뻗고 주저앉다가 마침 팔을 뒤로 뻗고 있던 지영이의 팔과 부딪히고 말았다. 지영이는 깜짝 놀라 울음을 터뜨렸고, 부딪힌 손목이 점점 부어올라 선생님과 병원에 갔다.

출처: 어린이집안전공제회(2019b).

⊙ **부딪침 사고 예방수칙**

- 영유아의 동선과 움직임, 키 높이 등을 고려해 가구, 벽면, 기둥, 놀이기구 등의 모서리를 포함한 위험한 곳에 완충재를 부착하고 위험표시를 한다.
- 모서리가 둥근 가구를 사용하고, 각이 진 가구의 모서리에는 보호덮개를 붙인다.
- 줄을 서서 차례를 기다릴 때, 실외활동을 할 때 영유아 간 일정한 간격을 확보한다.
- 놀이터 등에서 놀이기구 사용법과 안전 수칙에 따라 이용하도록 안내한다.
- 킥보드, 자전거 등을 탈 때 사전에 브레이크 작동 여부를 확인하고 브레이크 사용 방법을 알려 준다.
- 영유아에게 사고예방을 위한 안전행동규칙 및 약속을 반복적으로 지도한다.

출처: 어린이집안전공제회(2019b); 한국소비자원(2023).

3) 미끄러짐

미끄러짐 사고는 바닥의 물기나 빗물, 얼음 등 여러 가지 요인으로 노면의 마찰력이 감소하여 중심을 잃고 넘어지거나 쓰러지게 되는 사고를 의미한다. 영유아는 신체조절능력이 미숙하여 성인보다 상대적으로 쉽게 미끄러진다. 실내에서도 양말을 신고 다니다가 곧잘 미끄러져 넘어지곤 하는데, 미끄러지면서 중심을 잃고 신체의

한 부위에 힘을 무리하게 주거나, 딱딱한 물건에 부딪히면서 2차적으로 사고가 발생하기도 한다. 따라서 미끄러질 원인을 제거하는 것이 가장 중요하다.

(1) 0~1세 영아

영아는 행동범위나 움직임이 상대적으로 제한적이고 신체조절능력이 능숙하지 못해 미끄러짐 사고가 빈번하게 발생한다. 특히 낮잠시간에는 교실이 어두울 수 있고, 바닥에 이불이 깔려 있어 영아가 혼자서 돌아다니지 않도록 지도해야 한다. 또한 물건이 제대로 정리되어 있지 않으면 미끄러져 2차 사고가 발생할 수 있으므로 제자리에 잘 정리되어 있는지 확인이 필요하다.

미끄러짐 사고 사례

낮잠시간 아직 졸리지 않았던 우영이는 일어나 장난을 치고 싶어졌다. 살짝 일어나 친구들에게 가려고 돌아다니다가 바닥에 깔린 이불을 밟고 미끄러지고 말았다. 우영이는 뒤로 넘어지면서 미처 정리하지 못한 장난감 블록에 머리를 부딪혀 찢어지게 되었다.

출처: 어린이집안전공제회(2019b).

(2) 2세 영아

이 시기 영아는 신체 균형감각이 완전하지 않지만, 자유로운 보행이 가능해 미끄러지는 사고가 많이 발생한다. 특히 화장실 앞이나 세면대 등과 같이 물을 다루는 곳의 바닥 부분에는 사고의 위험이 있으므로, 움직이지 않도록 미끄럼방지 처리가 된 매트나 수건을 놓아두어야 한다. 또한 미끄럼방지 매트가 발에 걸리지 않도록 수시로 점검해야 한다.

미끄러짐 사고 사례

윤호가 화장실에 가고 싶다고 하자 선생님이 윤호를 화장실에 데려다 주었다. 윤호는 곧 실외활동을 나갈 생각에 마음이 급해졌다. 볼일을 다 본 후 급하게 화장실 문을 열고 나오던 윤호는 바닥에 있던 발수건을 밟고 미끄러져 넘어지고 말았다. 뒤로 넘어진 윤호는 뒤통수를 바닥에 부딪쳤고, 그로 인해 윤호의 머리는 두피가 찢어져 피가 났다.

출처: 어린이집안전공제회(2019b).

(3) 3~5세 유아

물기가 많은 바닥에서 미끄러짐 사고가 자주 일어난다. 따라서 비오는 날은 현관에서의 등하원지도에 주의를 더 기울일 필요가 있다. 현관 바닥에도 미끄럼방지를 위한 깔개를 설치하고, 수시로 마른 걸레로 닦아 물기가 없도록 관리해야 한다. 또한 놀이시설에서도 미끄러짐 사고가 많이 발생하므로 유아가 안전규칙을 준수할 수 있도록 알려 주어야 한다.

 미끄러짐 사고 사례

아침부터 비가 와 운동화가 젖은 채로 어린이집에 도착한 채원이는 물기가 남아 있던 현관에서 미끄러지고 말았다. 넘어지면서 현관 바닥에 무릎을 세게 부딪힌 채원이는 너무 아파 울음을 터뜨렸다. 선생님은 다리가 붓고 잘 걷지 못하는 채원이를 데리고 정형외과에 간 결과, 무릎에 금이 간 것을 확인할 수 있었다.

출처: 어린이집안전공제회(2019b).

🎯 **미끄러짐 사고 예방수칙**

- 현관 앞은 비가 오는 날 마른걸레로 수시로 닦는다.
- 화장실, 세면대 등도 건조하게 유지한다.
- 미끄러운 곳에는 미끄럼방지 바닥재, 매트, 스티커 등을 사용한다.
- 보육실 바닥에는 영유아가 밟고 미끄러질 만한 바퀴 달린 장난감 등이 없도록 정리한다.
- 수영장 등 시설물의 표면이 미끄러운 곳에서는 영유아가 이동 중 장난을 치거나 뛰지 않도록 지도한다.
- 겨울철에는 노면이 미끄러우므로 실외활동 시 양지로 이동하여 걷도록 한다.

출처: 어린이집안전공제회(2019b); 한국소비자원(2023).

4) 끼임

끼임 사고는 단단한 물체 사이에 손과 발 등이 끼어 열상, 찰과상, 골절, 타박상 등의 외상이 발생하는 것이다. 손가락, 손등 등 팔이 가장 많이 끼이고, 발가락, 발등 등 다리 순으로 끼임 사고가 발생한다. 현관문, 방문, 가구문의 틈에 손이나 발이 끼어 골절이나 열상을 입는 사고가 빈번하게 발생하고, 엘리베이터, 자동문, 자동차문에 끼어 골절, 타박상 등의 사고가 발생한다. 끼임 사고의 경우 교사의 예방적 환경 관리가 가장 중요하므로 영유아의 손, 발 등이 들어갈 수 있는 작은 틈새 공간은 모두 막아 두어야 한다.

(1) 0~1세 영아

보육실에서 영아가 혼자 보행기를 타는 것은 매우 위험하다. 다른 영아와 충돌할 수도 있고 보행기를 타면 시야 확보가 되지 않기 때문에 가구 등에 걸려 전복될 수도 있다. 따라서 영아를 보행기에 태울 때는 70cm 반경 이내에서 성인이 감독해야 한다. 또한 보행기의 날카로운 부분이나 끼일 수 있는 부분 등을 점검하는 안전관리가 필요하다.

끼임 사고 사례

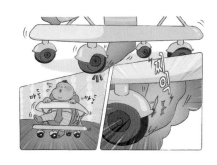

0세 혜린이는 얼마 전부터 보행기를 타기 시작했다. 그런데 신나게 잘 놀던 혜린이가 갑자기 "으앙~" 하며 울기 시작했다. 힘차게 밀던 바퀴에 양말이 말려 들어갔고 당황한 혜린이는 발버둥 치기 시작했다. 혜린이가 거세게 움직일수록 날카로운 바퀴 커버에 긁혀 발등 상처는 더욱 깊어졌다.

출처: 어린이집안전공제회(2019b).

(2) 2세 영아

영아는 주변 사물을 가지고 놀이하다가도 물리적 경험이 부족해 틈새에 쉽게 끼이는 사고가 발생한다. 따라서 놀이 중 가구가 위로 들리면서 가구 밑에 손이나 발이 끼이는 사고가 일어나지 않도록 교구장이나 역할놀이 가구 등은 벽면에 잘 고정하여 설치하고 흔들거리거나 쉽게 들리지 않는지 점검해야 한다.

 끼임 사고 사례

점심식사를 친구들보다 빨리 마친 윤서는 기다리는 시간이 조금 지루했다. 역할놀이 영역으로 이동해서 주방기구 장난감을 가지고 놀이하기로 했다. 싱크대 문을 열어 그릇을 꺼내는데 주방기구 전체가 살짝 들리면서 윤서의 발이 싱크대 밑에 끼이게 되었다. 윤서는 발톱에 멍이 들고 발가락이 점점 부어오르기 시작했다.

출처: 어린이집안전공제회(2019b).

(3) 3~5세 유아

현관은 유아가 드나드는 과정에서 사고가 많이 발생하는 공간으로, 현관에서 함께 신발을 신고 벗을 수 있는 인원을 정해서 진입하도록 지도하는 것이 좋다. 특히 실외활동 전후에는 많은 아이가 드나들므로 자동문의 경우 수동으로 해 두고 중간에 닫히지 않도록 하며, 출입의 처음과 끝은 교사가 함께하도록 한다.

💡 **끼임 사고 사례**

산책을 마치고 어린이집으로 들어가기 위해 현관에서 다함께 신발을 벗고 있었다. 경민이는 신발이 잘 안 벗겨지자 바닥에 앉아 신발을 벗으려다 중심을 잃고 뒤뚱거리면서 손으로 현관문 안쪽 바닥을 짚었다. 그때 열려있던 자동문이 다시 닫히면서 경민이의 오른손이 문에 스쳤고 4개의 손가락을 다치게 되었다.

출처: 어린이집안전공제회(2019b).

🎯 **끼임 사고 예방수칙**

- 현관문은 천천히 닫히도록 속도를 조절하는 장치를 설치한다.
- 보육실 문에는 손가락끼임 방지장치를 설치한다.
- 문틈 아래에는 끼일 수 있는 공간이 없도록 관리한다.
- 가구의 서랍이나 문에는 잠금장치를 한다.
- 계단 난간에는 영유아의 몸이 끼이지 않도록 기준에 맞추어 설비를 한다.
- 자전거 등을 탈 때 바퀴나 체인에 끼이지 않도록 페달에 발을 정확히 올리도록 지도한다.
- 엘리베이터 탑승 시 영유아가 문에 손을 대거나 몸을 기대지 않도록 지도한다.
- 에스컬레이터 사용 시에는 걷거나 뛰지 않도록 주의하며, 안전선 안에 서서 손잡이를 잡을 수 있도록 한다.

출처: 어린이집안전공제회(2019b); 한국소비자원(2023).

5) 눌림

영유아는 대근육 발달과 함께 신체 움직임이 활발해지면서 위험을 인지하지 못하고 사물과 사람에게 눌림으로 인한 부상이 증가하게 된다. 사물과 사람에 대한 탐색적 욕구가 강해 힘을 사용해 매달리거나 움직이다가 추락하는 물건 등에 압박되어 다치게 된다. 눌림으로 인한 압박사고는 골절, 탈구, 염좌 등 근골격계에 상해를 주는 경우가 많다.

(1) 0~1세 영아

교사가 사용하는 도구는 위험하므로 영아의 손이 닿지 않는 곳에 놓고 관리해야 한다. 보육활동 중 이러한 도구를 사용하는 경우 안전사고가 발생할 수 있어 영유아와 함께 있는 시간에는 보육에 집중하고 영유아를 안전하게 보호해야 한다.

눌림 사고 사례

낮잠시간에 선생님이 잠든 아이들 곁에서 수업 재료를 만들고 있다. 뒤척이다 잠에서 깬 연아는 일어나 선생님 곁으로 갔다. 선생님은 시직스의 롤러를 돌리느라 연아를 보지 못했고, 연아는 기계 안으로 들어가는 색종이를 잡으려 손가락을 집어넣었다. 그때 연아의 손가락이 롤러에 끼었고 손톱판이 으깨지는 사고가 일어났다.

출처: 어린이집안전공제회(2019b).

(2) 2세 영아

영아는 한 가지에만 집중하는 특성이 있어 주변을 잘 살피지 못해 안전사고가 종종 발생한다. 특히 공놀이를 할 때는 공만 집중해서 따라다니다 넘어진 친구의 손과 발을 보지 못하고 밟아서 사고가 일어나곤 한다. 우레탄 구장이나 잔디가 깔린 곳 등에서 놀이할 수 있도록 하는 것이 좋다.

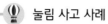 눌림 사고 사례

아이들이 놀이터에서 공놀이를 하고 있다. 한웅이가 공을 쫓아가다가 중심을 잃고 바닥에 넘어졌다. 한웅이가 미처 자리에서 일어나기도 전에 공을 잡기 위해 뒤따라오던 세준이가 넘어져 있던 한웅이의 손을 밟고 지나가게 되었다. 한웅이는 계속 통증을 호소하였고 검사 결과 손등에 미세한 골절이 있었다.

출처: 어린이집안전공제회(2019b).

(3) 3~5세 유아

서랍장이 잘 열리지 않아서 생기는 안전사고는 빈번하게 발생한다. 유아가 사용하는 경우 서랍이 끝까지 빠지지 않도록 안전장치를 해 두어야 한다. 잘 열리지 않는 레일 서랍장은 세게 당기다가 사고의 위험이 있으므로 열린 서랍장을 사용하도록 한다.

 눌림 사고 사례

미술수업이 끝나고 완성한 미술작품을 넣어 두기 위해 서랍장으로 갔다. 그런데 그날따라 우희의 서랍장이 잘 열리지 않았다. 친구들이 모두 자신의 서랍장에 작품을 넣고 자리로 돌아가자 마음이 급해진 우희는 서랍장을 열기 위해 힘껏 손잡이를 잡아당겼다. 그런데 서랍장이 그대로 쑥 빠져 우희의 앞으로 쏟아지면서 발톱 위에 떨어졌다. 우희는 발톱이 살짝 들리고 피가 났다.

출처: 어린이집안전공제회(2019b).

◎ **눌림 사고 예방수칙**

- 가구, 설비 등이 쏠리거나 넘어지지 않도록 고정해 두거나 붙박이로 설치한다.
- 영유아가 서랍장을 열지 못하도록 서랍장에 잠금장치를 설치한다.
- 무거운 물건은 낮은 칸에 둔다.
- 실외놀이터 이용 시 영유아의 개별 신체능력에 따라 놀이기구를 이용할 수 있도록 지도한다.

출처: 어린이집안전공제회(2019b); 한국소비자원(2023).

6) 추락

영유아는 머리가 상대적으로 무겁기 때문에 몸의 무게중심이 배꼽보다 높은 가슴 쪽에 있다. 따라서 상대적으로 몸의 균형을 잡기가 어려워 추락하기 쉽다. 또한 영유아는 호기심이 많고 올라가려는 욕구가 있으며, 시야가 넓게 보이는 곳에서 놀이하는 것을 좋아한다. 안전에 대한 의식이 부족하여 부주의하게 움직이다가 추락사고가 많이 발생한다.

(1) 0~1세 영아

이 시기에는 침대나 의자 등 가구에서 추락하여 골절이나 타박상을 입는 사례가 많다. 순식간에 사고가 발생할 수 있으므로 낮잠시간 등에 영아를 두고 자리를 비우는 일이 없도록 해야 한다. 영아는 쉽게 골절이 일어나도 통증을 언어로 호소하지 못하기 때문에 어느 정도 다쳤는지 확인하기 쉽지 않으므로 골절이 의심되는 상황이라면 반드시 병원에서 확인을 받는 것이 좋다.

추락 사고 사례

다른 아이들이 모두 잠이 든 낮잠시간에 인영이는 뒤척이고 있었다. 그때 어린이집 초인종이 울렸고, 선생님은 현관문을 열기 위해 잠시 자리를 비웠다. 인영이는 슬쩍 일어나 교실을 두리번거리다 책상 위에 놓인 인형을 발견했다. 책상에 기어올라가 인형을 집고 내려오던 중 잠이 덜 깬 인영이는 몸의 균형을 잃어 무릎을 구부린 채 바닥에 떨어졌다. 무릎이 멍들거나 부어오르지는 않았지만 정밀검사 결과 마세하게 골절되었다는 진단을 받았다.

출처: 어린이집안전공제회(2019b).

(2) 2세 영아

환경조망능력이 아직 덜 발달한 영아의 성급한 행동은 사고로 이어지기 쉬우므로 교사는 영아가 서두르지 않고 천천히 이동할 수 있도록 지도해야 한다. 특히 계단에서는 추락·낙상 사고의 위험이 있으므로 계단, 창문 등의 근처에서는 항상 영아를 지켜볼 필요가 있다. 또한 유모차, 보행기, 자전거 등 바퀴가 달려 있는 제품은 계단 근처에서 이용하지 않도록 해야 한다.

추락 사고 사례

상진이는 오후시간 볼풀장에서 다양한 놀이기구를 이용해 자유로운 시간을 보냈다. 하원시간이 다가오자 선생님이 "자, 이제 모두 정리하고 선생님 앞으로 모이세요."라고 말했다. 빨리 줄을 서기 위해 마음이 급했던 상진이는 허겁지겁 볼풀장에서 나오던 중 계단에서 발을 헛디뎌 엉덩이가 바닥에 떨어지고 머리도 부딪혀 상처가 났다.

출처: 어린이집안전공제회(2019b).

(3) 3~5세 유아

추락 사고는 실외활동 시 활발하게 놀이하는 유아에게 흔히 일어나는 것으로, 그물망이나 난간에 유아의 몸이 빠질 수 있으므로 위험한 놀이기구에는 접근하지 않도록 해야 한다. 또한 놀이 전후 놀이기구를 타고 내릴 때 완전히 정지한 후에 내리는 등 안전에 관한 약속을 반복하여 지도하는 것이 필요하다.

 추락 사고 사례

5세반 아이들이 놀이터에서 자유롭게 실외활동을 하고 있었다. 원하는 놀이기구에서 놀던 중 민준이는 흔들다리를 빠르게 건너 보고 싶었다. 다리 위를 뛰어가던 민준이는 중간에서 균형을 잃고 비틀거렸다. 결국 다리 사이의 난간 사이로 추락한 민준이는 바닥에 엉덩이를 세게 부딪쳤다. 흔들다리는 바닥에서 1m 정도 높이였는데 우레탄 소재의 푹신한 바닥이 깔려 있어 검사 결과 큰 이상은 없었다.

출처: 어린이집안전공제회(2019b).

◎ 추락 사고 예방수칙

- 바닥에 떨어져도 다치지 않도록 완충재를 설치한다.
- 창문에는 추락방지용 안전창과 추락방지 기구를 설치한다.
- 창문 가까이에는 영유아가 딛고 올라갈 수 있는 물건을 두지 않는다.
- 계단을 오르내리거나 복도를 지날 때 손잡이를 잡고 천천히 이동하도록 지도한다.
- 그네, 시소 등을 타고 내릴 때는 완전히 정지한 후에 타고 내리도록 지도한다.
- 미끄럼틀 위에서 다른 사람을 밀거나 당기지 않도록 지도한다.
- 실외 미끄럼틀 하단 바닥을 정기적으로 모래나 톱밥으로 보완한다.

출처: 어린이집안전공제회(2019b); 한국소비자원(2023).

7) 화상

영유아는 음식의 변화를 가까이에서 보고 싶어 하는 욕구가 있어 급간식 조리를 위한 밥솥, 주전자 등의 전열기구, 갓 조리된 국이나 밥, 뜨거운 물에 의한 화상이 자주 발생한다. 또한 욕실의 뜨거운 온수, 교사를 위해 끓인 커피, 교구 제작에 사용하던 글루건, 보육실 정리를 위한 스팀 청소기 등도 영유아에게 화상을 입힐 수 있다. 화상 사고는 영유아의 접근을 막는 것이 가장 중요한 예방법이므로 교사의 주의가 필요하다.

(1) 0~1세 영아

예측 불가능한 행동이 빈번하고 호기심이 많은 1세 이하 영아에게 화상사고가 많이 발생하는데, 영아의 피부는 매우 약해서 화상사고에 아주 취약하다. 특히 뜨거운 물에 의한 화상사고는 세면대에 온수조절장치를 하거나 세면대 아래 밸브를 통해 온수 온도와 유입량을 조절해 이로 인한 화상사고가 일어나지 않도록 유의해야 한다.

🎈 화상 사고 사례

간식을 먹은 후 세수를 시키기 위해 선생님은 민혁이를 안고 화장실로 갔다. 선생님이 물을 틀자 민혁이는 씻기 싫다고 발버둥을 치면서 소리를 질렀다. 선생님이 자세를 바꾸는 순간 민혁이가 발로 수도꼭지를 차 버렸다. 미지근한 물이 나오던 수도꼭지에서 갑자기 뜨거운 물이 쏟아져 나오면서 민혁이는 팔과 다리에 화상을 입게 되었다.

출처: 어린이집안전공제회(2019b).

(2) 2세 영아

교사가 사용하는 도구들은 영아에게 위험요인이 될 수 있으므로 영아의 손에 닿지 않도록 주의해야 한다. 어린이집 행사준비나 환경정리를 하기 위해 글루건과 같은 도구를 사용하게 되는데, 가능하면 영아와 함께 있는 시간에는 이러한 도구를 사용하지 않는 것이 좋다. 또한 고온제품의 위험에 대해 지속적으로 알려 주는 것이 필요하다.

🎈 화상 사고 사례

선생님이 어린이집 현관 입구에 환경을 구성하고 있었다. 글루건을 예열시키기 위해 전원을 켜 놓은 채로 교구장 위에 잠시 올려놓았다. 그때 지나가던 소희가 다가왔다. 그러다 옆에 놓여 있던 글루건에 호기심이 생겨 뜨거운 글루건 심을 손으로 만졌고, 손가락에 화상을 입어 큰 물집이 생겼다.

출처: 어린이집안전공제회(2019b).

(3) 3~5세 유아

유아는 성인보다 피부가 약해 뜨거운 음식이나 전열제품에 쉽게 화상을 입기 때문에 더욱 주의가 필요하다. 따라서 뜨거운 물이나 증기뿐만 아니라 화상의 위험이 있는 가전은 유아의 손이 닿지 않는 곳에 두어야 한다. 특히 불을 사용하는 활동은 가

화상 사고 사례

특별활동 시간에 허브향초 만들기를 하였다. 활동을 마무리하려는데 호준이가 녹색 향초도 만들기를 원했다. 선생님이 다시 젤 왁스를 냄비에 넣고 녹이는데, 갑자기 버너에서 불꽃이 튀어 황급히 불을 껐다. 아이들에게 뜨거우니 조심하라는 주의를 한 번 더 준 후 다시 시작하려는 순간, 냄비 바로 옆에 앉아 있던 호준이 다리에 부글부글 끓던 왁스 용액이 튀면서 화상을 입게 되었다.

출처: 어린이집안전공제회(2019b).

화상 사고 예방수칙

- 영유아가 주방에 출입할 수 없도록 분리한다.
- 뜨거운 증기가 나오는 제품은 영유아의 손이 닿지 않는 곳에서 사용한다.
- 정수기 고온 부분에는 잠금장치를 한다.
- 전열기를 사용하는 요리활동은 가급적 하지 않는다.
- 교사가 사용하는 글루건, 전기주전자 등의 제품은 영아가 당길 수 없도록 전선을 짧게 하여 사용하고, 사용 후에는 즉시 정리한다.
- 영아를 안은 채로 뜨거운 음식이나 음료를 마시지 않는다.
- 영유아가 음식이 있는 식판이나 그릇을 들고 다니지 않도록 한다.

출처: 어린이집안전공제회(2019b); 한국소비자원(2023).

급적 제한하여야 한다. 꼭 필요하다면 유아들은 불과 일정 간격을 두어 활동하도록 해야 하며 가열 시 약한 불을 사용해야 한다. 가열하는 동안에는 내용물이 밖으로 튀지 않도록 내열유리로 된 뚜껑을 사용하는 것이 좋다.

8) 이물질 삼킴 및 흡입

영유아는 호기심이 많아 무의식적인 행동으로 코, 귀, 입속에 이물질을 스스로 넣는 경우가 빈번하다. 물건을 탐색하며 코로 냄새를 맡다가 콧구멍으로 넣어 보기도 하고, 입에 넣어 물어보거나 삼키기도 한다. 기도가 막혀 생명이 위험해질 수도 있고, 무엇을 삼켰는지 모르고 지나가는 경우도 있다.

(1) 0~1세 영아

영아가 작은 물체를 삼키는 일은 빈번하게 발생한다. 일반적으로 직경 3.5cm 이하 작은 크기의 교재교구는 0~1세 영아가 삼킬 위험이 있으므로 제공해서는 안 되고 접근하지 못하도록 잘 관리해야 한다. 이 시기 영아는 동전, 장난감 등 작은 물체

이물질 삼킴 및 흡입 사고 사례

자유놀이시간 선생님과 손을 잡고 복도를 왔다 갔다 걸으며 놀고 있던 슬기는 갑자기 배가 아프다고 인상을 찌푸렸다. 아파하는 모습이 평소와 다르다고 느낀 선생님은 슬기를 데리고 병원에 갔다. 진료 결과 배 속에 이물질이 있음을 확인하였고 며칠 후 수술을 통해 이물질을 제거하였다. 그 이물질은 작은 놀이 블록이었는데, 놀랍게도 슬기네 어린이집 교구와 같은 것임이 확인되었다.

출처: 어린이집안전공제회(2019b).

나 세제, 의약품 등을 삼킬 우려가 있으므로 이물질 삼킴 및 흡입 사고 예방을 위해서는 스티커, 단추형 건전지, 동전 등은 영아가 쉽게 열 수 없는 보관함에 정리하고, 의료용품이나 세제류 등은 영아의 시야에 들지 않는 곳에 보관해야 한다.

(2) 2세 영아

영아는 입뿐만 아니라 코나 귓속에도 무언가를 넣고 싶어 한다. 이들의 호기심은 어른들의 상상을 초월해 장난감뿐만 아니라 자신의 옷에 달린 장식용 구슬 등 다양한 물건을 넣으므로 주의가 필요하다. 특히 영아가 혼자 무엇인가에 몰두해 있을 때 이러한 사고가 발생하기 쉬우니 상황을 잘 관찰해 사고를 예방할 수 있도록 해야 한다.

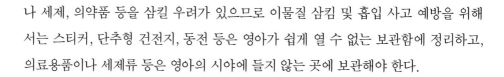

이물질 삼킴 및 흡입 사고 사례

대부분 아이가 하원하고 어린이집에는 선생님과 혜원이만 남았다. 동화책도 다 읽고 심심해진 혜원이는 자신이 입고 온 옷을 살펴보기 시작했다. 원피스 상의에 붙은 진주알을 계속 만져 보는데 '똑' 하고 떨어졌다. 호기심 많은 혜원이는 진주알을 콧속에 넣어 보고 싶었다. 그러다가 콧속 깊은 곳까지 쑥 들어간 진주알은 나오지 않았다. 놀란 혜원이는 콧속을 가리키며 울기 시작했고, 선생님과 곧바로 이비인후과로 이동했다.

출처: 어린이집안전공제회(2019b).

(3) 3~5세 유아

3세 이상 유아기에는 창의력과 상상력이 풍부하고 모험심도 많아, 교구 등 주변 환경의 물건을 삼키거나 삽입하는 등 다양하게 탐색하는 경우가 많다. 주로 교구 삼킴(예: 역할놀이 관련 음식재료 교구재 등)이나 동전 또는 건전지 등의 삼킴 및 흡입, 음식물 섭취로 인한 사례가 발생한다. 특히 자석은 유아가 놀이하는 놀잇감으로 이를 입에 넣는 일이 자주 있다. 그러나 자석 및 장난감 작동에 사용되는 코인 건전지는 유아가 삼키면 장기에 손상을 입는 등 매우 위험하므로 망가진 놀잇감은 바로 교사에게 가져오도록 하고, 입에 넣지 않도록 알려 주어야 한다. 교사는 삼킬 위험이 있는 놀잇감(동전, 코인 건전지, 음식물 놀잇감 등)에 대해서는 접근을 막고 놀잇감 상태를 수시로 확인해야 한다.

💡 이물질 삼킴 및 흡입 사고 사례

민석이는 자유놀이시간이면 자석블록을 가지고 모양 만들기 놀이를 즐겨 한다. 그런데 자석 하나가 잘 붙지 않아 민석이는 자석을 이리저리 살펴보았고, 블록이 파손되어 자석 일부가 바닥에 떨어진 것을 보았다. 민석이는 손으로 만지던 자석을 삼켜 버리고 말았다. 자석은 배출되지 않았고, 결국 수술로 자석을 제거해야만 했다.

출처: 어린이집안전공제회(2019b).

🎯 이물질 삼킴 및 흡입 사고 예방수칙

- 코, 귀, 입에 들어갈 만한 작은 크기(3.5cm 이하)의 물건, 장난감은 영아의 손이 닿지 않는 곳에 둔다.
- 자석, 건전지 등의 제품은 어린이 보호 포장 제품을 사용하거나 영유아의 손이 닿지 않는 별도의 공간에 보관한다.
- 완구 구매 시 나이에 맞는 제품을 구매하고, 영유아가 삼킬 수 있는 작은 부품이 있는지 확인한다.
- 세제, 화장품 등의 화학제품이나 구슬, 스티커 등을 사용하게 될 경우 삼키거나 코, 귀 등에 넣지 않도록 지도한다.

출처: 어린이집안전공제회(2019b); 한국소비자원(2023).

안전교육 그림책

0~1세 영아 안전 그림책

 생활안전

깨물면 안 돼!
(마이클 달 지음, 아담 레코드 그림,
키즈엠, 2013)

 학대 및 성폭력 안전

코코코 해 보아요
(신용주 글, 이진아 그림,
사계절, 2006)

 실종유괴안전

동물원에 가면?
(파울린 아우드 글·그림,
키즈엠, 2013)

 재난안전

모모야 옷 입자!
(레인 판 뒤르머 글·그림,
키즈엠, 2014)

안전교육 그림책

2세 영아 안전 그림책

 생활안전

숟가락 들고 냠냠
(정은정 글, 신진주 그림,
비룡소, 2009)

 교통안전

빨간 공아 거기 서!: 개구쟁이 아치 10
(기요노 사치코 글 · 그림,
비룡소, 2010)

 실종유괴안전

엄마, 어디 있어요?
(크리스토프 르 만 지음, 마리알린
바뱅 그림, 시공주니어, 2008)

 재난안전

마법의 빨간 수레
(레나타 리우스카 글 · 그림,
천개의바람, 2012)

안전교육 그림책

3~5세 유아 안전 그림책

 감염안전

왜 나만 보면 피해요?
(에바 산타나 글,
카르멘 살다냐 그림,
키즈엠, 2021)

콜록콜록 감기에 걸렸어요:
신기한 스쿨버스 키즈 9
(조애너 콜 글, 브루스 디건 그림,
비룡소, 2018)

 실종유괴안전

아기 오리는 어디로 갔을까요?
(낸시 태퍼리 글 · 그림,
비룡소, 2008)

솜사탕을 든 아이
(김금향 글, 조태겸 그림,
키즈엠, 2017)

교통안전

수상한 신호등
(더 캐빈 컴퍼니 지음,
비룡소, 2020)

이럴 땐 어떻게?
(최미란 글, 계보경 그림,
키즈엠, 2017)

 재난안전

작은 구름 이야기:
태풍은 어떻게 만들어질까?
(조해나 워그스태프 글,
줄리 매클로플린 그림, 키즈엠, 2019)

바람 부는 날:
초등 2-2 국어교과서 수록
(정순희 글·그림, 비룡소, 1996)

참고문헌

보건복지가족부(2008). 보육프로그램 총론.
어린이집안전공제회(2017). 연령별로 알아보는 영아안전교육프로그램(개정판).
어린이집안전공제회(2019a). 그림책을 활용한 영아안전교육(부모용) 교수자료 개발 결과보고.
어린이집안전공제회(2019b). 어린이집 안전사고 사례집(3판).
조경자, 이현숙(2019). 영유아 안전관리와 교육. 서울: 학지사.
한국소비자원(2023). 어린이 안전사고 동향분석 관련 보도자료.

어린이집안전공제회-영아돌연사증후군예방 동영상 https://youtu.be/aYBr8uXOmU4

본문에 실린 그림책

깨물면 안 돼! 마이클 달 지음, 아담 레코드 그림, 키즈엠, 2013.
동물원에 가면? 파울린 아우드 글 · 그림, 키즈엠, 2013.
마법의 빨간 수레. 레나타 리우스카 글 · 그림, 천개의바람, 2012.
모모야 옷 입자! 레인 판 뒤르머 글 · 그림, 키즈엠, 2014.
바람 부는 날. 정순희 글 · 그림, 비룡소, 1996.
빨간 공아 거기 서!: 개구쟁이 아치 10. 기요노 사치코 글 · 그림, 비룡소, 2010.
솜사탕을 든 아이. 김금향 글, 조태겸 그림, 키즈엠, 2017.
수상한 신호등. 더 캐빈 컴퍼니 지음, 비룡소, 2020.
숟가락 들고 냠냠. 정은정 글, 신진주 그림, 비룡소, 2009.
아기 오리는 어디로 갔을까요? 낸시 태퍼리 글 · 그림, 비룡소, 2008.
엄마, 어디 있어요? 크리스토프 르 만 지음, 마리알린 바뱅 그림, 시공주니어, 2008.
왜 나만 보면 피해요? 에바 산타나 글, 카르멘 살다냐 그림, 키즈엠, 2021.
이럴 땐 어떻게? 최미란 글, 계보경 그림, 키즈엠, 2017.
작은 구름 이야기: 태풍은 어떻게 만들어질까? 조해나 워그스태프 글, 줄리 매클로플린 그림, 키
    즈엠, 2019.

코코코 해 보아요. 신용주 글, 이진아 그림, 사계절, 2006.

콜록콜록 감기에 걸렸어요: 신기한 스쿨버스 9. 조애너 콜 글, 브루스 디건 그림, 비룡소, 2018.

제3장

표준보육과정과 누리과정의 영유아 안전교육

어린이집 표준보육과정은 어린이집의 0~5세 영유아에게 국가수준에서 제공하는 보편적이고 공통적인 보육의 목표와 내용을 제시한 것으로, 그중 3~5세 보육과정은 어린이집과 유치원에서 공통적으로 적용되는 누리과정을 의미한다.

이 장에서는 제4차 어린이집 표준보육과정과 2019 개정 누리과정을 중심으로 영아, 유아의 안전교육 목표와 내용, 교사 지도법을 알아보고, 어린이집 평가제의 평가지표를 통해 안전관련 평가 내용을 살펴본다.

1. 표준보육과정과 누리과정의 안전교육 내용 변화

국가 수준 보육과정인 표준보육과정이 개발되기 이전에는 개별 어린이집의 상황에 따라 다양한 보육과정이 시행되었다. 이처럼 구체적인 보육 목표와 내용에 대한 국가적 수준의 포괄적인 합의가 제대로 이루어지지 못하다가 2004년 「영유아보육법」 전문개정으로 표준보육과정 개발의 법적 근거를 마련하였고, 2007년 표준보육과정 정부 고시 이후 세 차례의 개정을 거쳐 2020년 4월 제4차 어린이집 표준보육과정을 고시하였고 9월부터 시행하였다.

먼저 2007년 고시된 제1차 표준보육과정(2007년 여성가족부 고시, 담당부처 변경으로 2010년 보건복지부 재고시)에는 기본생활영역, 신체운동영역, 의사소통영역, 사회관계영역, 자연탐구영역, 예술경험영역의 6개 영역과 총 20개 내용범주가 포함되었다. 각 영역은 만 2세 미만 영아, 만 2세 영아, 만 3~5세 유아의 세 연령집단으로 구분되었고, 만 2세 미만은 다시 1·2·3수준, 만 2세는 1·2수준, 만 3~5세는 1·2·3수준으로 구분되었다. 6개 영역 중 안전과 관련된 내용은 기본생활영역에 포함되어 있고, '건강한 생활', '안전한 생활', '바른 생활'의 세 가지 내용범주 중 '안전

표 3-1 '표준보육과정의 구체적 보육내용 및 교사지침'의 안전교육 내용

내용범주	만 2세 미만	만 2세	만 3~5세
안전한 생활	• 놀잇감을 안전하게 사용하기 • 위험한 상황을 알기	• 놀이 규칙에 따라 안전하게 놀이하기 • 위험한 상황을 알고 조심하기 • 탈것의 위험을 알고 안전하게 다니기	• 안전하게 놀이하고 다른 사람의 안전을 배려하기 • 위험한 상황에 처했을 때 안전하게 행동하기 • 교통안전 실천하기 • 안전교육의 중요성을 알고 참여하기

한 생활' 내용범주에 연령별 안전 관련 내용이 구체적으로 제시되어 있다. 제1차 표준보육과정 '안전한 생활'의 연령별 구체적인 내용은 〈표 3-1〉과 같다.

다음으로 2012년 고시된 제2차 표준보육과정의 경우에도 제1차 표준보육과정과 영역 및 내용범주는 동일하게 구성되었으나, 5세 누리과정 시행으로 인해 보육과정의 대상에서 5세를 제외하고 0~4세만 보육과정 대상으로 포함하였다. 만 2세 미만 연령집단의 수준별 내용을 1·2·3수준에서 1·2·3·4수준으로 변경하였으며, 만 3~4세 연령집단은 1·2·3수준에서 만 5세가 누리과정으로 제외됨에 따라 1·2수준으로 변경하였다. 안전교육과 관련된 '안전한 생활' 내용범주에서 만 2세 미만의 경우 제1차 표준보육과정과 내용이 거의 유사한 데 반해, 만 2세의 경우 유괴, 성폭력 등의 내용이 명시적으로 포함되었다. 만 3~4세의 경우 다른 사람의 안전을 배려하기, 안전교육의 중요성을 알고 참여하기 등의 내용은 제외되었다. 제2차 표준보육과정 '안전한 생활'의 연령별 구체적인 내용은 〈표 3-2〉와 같다.

표 3-2 '제2차 표준보육과정의 구체적 보육내용 및 교사지침'의 안전교육 내용

내용범주	만 2세 미만	만 2세	만 3~4세
안전한 생활	• 놀잇감을 안전하게 사용하기 • 위험한 상황을 알기	• 안전하게 놀이하기 • 교통수단의 위험을 알고 조심하기 • 위험한 상황을 알고 조심하기	• 안전하게 놀이하기 • 교통안전규칙 지키기 • 비상시 적절히 대처하기

2012년 시행된 5세 누리과정이 2013년부터 '3~5세 연령별 누리과정'으로 확대 시행됨에 따라, '제3차 어린이집 표준과정'이 2013년 개정, 고시되었다. 제3차 어린이집 표준보육과정은 어린이집을 이용하는 모든 영유아를 대상으로 하여, '0~1세 보육과정', '2세 보육과정', '3~5세 보육과정(누리과정)'으로 누리과정을 포함하여 구성되었다. '3~5세 보육과정(누리과정)'은 어린이집과 유치원에서 공통적으로 적용되는 보육·교육과정으로, 초등학교 교육과정과 '0~1세 보육과정', '2세 보육과정'과

의 연계성을 고려하여 구성되었다. '0~1세 보육과정'과 '2세 보육과정'은 제1차 및 제2차 표준보육과정에서와 동일하게 기본생활, 신체운동, 의사소통, 사회관계, 예술경험, 자연탐구의 6개 영역으로 구성되었고, '3~5세 보육과정(누리과정)'은 신체운동·건강, 의사소통, 사회관계, 예술경험, 자연탐구의 5개 영역으로 구성되었다. 0~1세 보육과정과 2세 보육과정의 기본생활영역은 '건강하게 생활하기', '안전하게 생활하기'의 두 가지 내용범주로 구성되었고, 안전 관련 내용은 '안전하게 생활하기' 내용범주에 포함되었다. 3~5세 보육과정(누리과정)의 신체운동·건강영역은 '신체인식하기', '신체 조절과 기본 운동하기', '신체 활동에 참여하기', '건강하게 생활하기', '안전하게 생활하기'의 다섯 가지 내용범주로 구성되어 있고, 안전교육 내용은 0~1세 보육과정, 2세 보육과정과 동일하게 '안전하게 생활하기' 내용범주에 포함되었다. 제3차 표준보육과정 '안전한 생활'의 연령별 구체적인 내용은 〈표 3-3〉과 같다.

표 3-3 '제3차 어린이집 표준보육과정'의 안전교육 내용

내용범주	0~1세 보육과정	2세 보육과정	3~5세 보육과정 (누리과정)
	기본생활영역	기본생활영역	신체운동·건강영역
안전하게 생활하기	• 안전하게 지내기 • 위험한 상황에 반응하기	• 안전하게 놀이하기 • 교통안전 알기 • 위험한 상황 알기	• 안전하게 놀이하기 • 교통안전규칙 지키기 • 비상시 적절히 대처하기

2. 제4차 표준보육과정과 영아 안전교육

제4차 어린이집 표준보육과정 '0~1세 보육과정', '2세 보육과정'에서 안전교육 내용은 기본생활영역, 안전하게 생활하기 내용범주에 포함되어 있다.

1) 기본생활영역의 목표

(1) 0~1세

건강하고 안전한 일상생활을 경험한다.

1. 건강한 일상생활을 경험한다.

2. 안전한 일상생활을 경험한다.

(2) 2세

건강하고 안전한 생활습관의 기초를 형성한다.

1. 건강한 생활습관의 기초를 형성한다.

2. 안전한 생활습관의 기초를 형성한다.

2) 기본생활영역 중 안전하게 생활하기 내용범주의 내용

기본생활영역은 건강하게 생활하기, 안전하게 생활하기의 두 개의 내용범주로 구성되어 있고, 0~1세 보육과정과 2세 보육과정의 안전하게 생활하기 내용범주의 내용은 다음과 같다.

(1) 0~1세

0~1세의 경우, 안전하게 생활하기 내용범주는 '안전한 상황에서 놀이하고 생활한다', '안전한 상황에서 교통수단을 이용해 본다', '위험하다는 말에 주의한다'의 세 가지 내용으로 구성되어 있다(보건복지부, 2021).

① 안전한 상황에서 놀이하고 생활한다

내용 이해	• 0~1세 영아가 안전한 상황에서 놀이하고 생활하도록 하는 내용이다.
경험 실제	• 자동차를 타던 민우가 창가에 멈춰 서서 자동차를 밟고 올라선 다음 창밖을 내다본다. 교사가 "민우가 창밖이 보고 싶구나. 미끌미끌 바퀴가 있는 자동차 위에 올라가면 넘어질 수 있어. 여기 안전한 매트 위에 올라가서 창밖을 보자."라고 말하자 민우가 매트 위에 올라가 창밖을 본다.

출처: 보건복지부(2021).

② 안전한 상황에서 교통수단을 이용해 본다

내용 이해	• 0~1세 영아가 차량으로 이동할 경우 안전 장구를 착용하고 안전하게 이용하는 경험을 하도록 하는 내용이다.
경험 실제	• 민영이는 교사의 도움을 받아 카시트에 앉아 안전띠를 팔에 끼우려 하고 버클을 만지작거린다. "민영이가 카시트 버클 끼워 보고 싶구나. 엄마 차 봉 타고 올 때도 이렇게 카시트에 앉아서 버클 딸깍 채우고 왔지. (버클을 채우며) 차가 끽! 멈출 때 버클이 있어야 카시트가 민영이를 다치지 않게 지켜 주지." 민영이는 교사와 함께 카시트 버클을 끼웠다 풀었다 반복하며 놀이한다.

출처: 보건복지부(2021).

③ 위험하다는 말에 주의한다

내용 이해	• 0~1세 영아가 위험하다는 말을 듣고 이에 반응을 보이며 주의할 수 있도록 하는 내용이다.
경험 실제	• 누워서 자장자장 놀이를 하던 민영이가 옆에서 그림책을 보는 은영이를 보고 일어나 앉는다. 민영이가 그림책이 있는 책장으로 가서 기어오르려고 하자 교사가 "민영아, 위험해! 쿵 넘어질 수 있으니 내려오자."라고 말하니 민영이가 교사를 쳐다보고 기어오르는 행동을 멈춘다.

출처: 보건복지부(2021).

(2) 2세

2세의 경우, 안전하게 생활하기 내용범주는 '일상에서 안전하게 놀이하고 생활한다', '교통수단을 안전하게 이용해 본다', '위험한 상황에 대처하는 방법을 경험한다'의 세 가지 내용으로 구성되어 있다.

① 일상에서 안전하게 놀이하고 생활한다

내용 이해	• 2세 영아가 안전한 상황과 장소에서 놀이 및 일상생활을 하고 주변의 위험 요소에 주의를 기울이거나 이를 조심하여 안전하게 지내도록 하는 내용이다.
경험 실제	• 기범이가 손잡이 북으로 줄에 달린 풍선 치기 놀이를 한다. 이윽고 손잡이 북을 내려놓고 점프하며 손으로 풍선을 잡는다. "기범아, 손잡이 북이 바닥에 있네. 기범이가 점프하다가 북을 밟아서 넘어질 수 있겠네." 기범이가 북을 잡아 교구장에 가져다 둔다. "우아, 기범이가 북을 정리해 주었네. 이제 기범이 넘어지지 않고 신나게 놀이할 수 있겠다."

출처: 보건복지부(2021).

② 교통수단을 안전하게 이용해 본다

내용 이해	• 2세 영아가 교통수단을 안전하게 이용해 보는 경험을 통해 교통수단의 위험을 인식하고 사고 위험으로부터 자신을 보호하는 안전 습관의 기초를 형성하는 내용이다.
경험 실제	• 희수가 카시트에 팔을 끼우려고 한다. 교사는 희수의 카시트 착용을 도와준다. "희수 차에 타서 제일 먼저 카시트에 앉는구나. 카시트 했으니까 안전하게 갈 수 있겠다.", "선생님, 카시트가 지켜 주지요?", "그럼 쾅 사고 나도 카시트가 희수 지켜 주지. 카시트를 안 하면 많이 다칠 수 있지."

출처: 보건복지부(2021).

③ 위험한 상황에 대처하는 방법을 경험한다

내용 이해	• 2세 영아가 사고, 화재, 재난 등 위험한 상황에서 성인의 지시에 따라 대피하거나 대처하는 방법을 경험해 보도록 함으로써 비상시 대처 능력의 기초를 형성하는 내용이다.
경험 실제	• 예진이가 약 먹는 재희를 본다. "예진아, 재희가 뭐 하고 있어?", "약. 약 먹어.", "그렇지. 재희 선생님이랑 약 먹고 있지? 예진이도 지난번에 선생님이랑 감기약 먹었지.", "엄마랑도 감기약 먹었어.", "맞아. 약은 선생님, 엄마, 아빠랑 같이 먹는 거지."

출처: 보건복지부(2021).

3) 교사 지원

(1) 0～1세 영아를 위한 지원

• 영아의 행동에 즉각적으로 위험을 알려 영아가 위험을 인식할 수 있도록 한다.

• 영아가 생활하는 환경에 위험한 물건이 없도록 점검하고, 안전한 상황이 유지될 수 있도록 관리한다.

• 영아가 원하는 것에 공감해 주고, 위험한 이유를 구체적으로 말해 준 후, 안전하게 행동하는 대안을 제시한다.

• 부정어 대신 긍정어를 사용하고, 안전하게 행동한 영아를 격려해 주는 긍정적 지원 방법을 사용한다.

(2) 2세 영아를 위한 지원

• 영아가 스스로 안전하게 행동할 때 구체적인 언어로 표현하며 격려한다.

• 영아가 안전하게 신체활동을 할 수 있도록 보육실 내에 충분한 공간을 마련한다.

• 사용하지 않는 놀잇감이 바닥에 많이 나와 있는 경우 영아가 밟고 미끄러지거나 걸려 넘어지지 않도록 교구장에 정리한다.

• 위험할 수 있는 상황을 단계마다 예측하여 알려 줌으로써 영아가 주의할 수 있
   도록 지원한다.

3. 2019 개정 누리과정과 유아 안전교육

제4차 어린이집 표준보육과정과 2019 개정 누리과정에서 3∼5세 보육과정(누리과
정)의 안전교육 내용은 신체운동 · 건강, 의사소통, 사회관계, 예술경험, 자연탐구의
5개 영역 중 신체운동 · 건강영역에 포함되어 있다.

1) 3∼5세 보육과정(누리과정) 신체운동 · 건강영역의 목표

실내외에서 신체활동을 즐기고, 건강하고 안전한 생활을 한다.
1. 신체활동에 즐겁게 참여한다.
2. 건강한 생활습관을 기른다.
3. 안전한 생활습관을 기른다.

2) 신체운동 · 건강영역 중 안전하게 생활하기 내용범주의 내용

신체운동 · 건강영역은 신체활동 즐기기, 건강하게 생활하기, 안전하게 생활하기
의 내용범주로 구성되어 있다. 이 중 안전하게 생활하기 내용범주는 3~5세 구분 없
이 '일상에서 안전하게 놀이하고 생활한다.', 'TV, 컴퓨터, 스마트폰 등을 바르게 사
용한다.', '교통안전규칙을 지킨다.', '안전사고, 화재, 재난, 학대, 유괴 등에 대처하는
방법을 경험한다.'의 네 가지 내용으로 구성되어 있다. '안전하게 생활하기'는 유아
안전교육을 강조하고자 관련 법령 및 지침에 제시된 내용을 최대한 반영하고 있다.
구체적으로 유아가 안전하게 놀이하고 생활하며, 자주 접하는 TV, 컴퓨터, 스마트폰

을 바르게 사용하고, 안전하게 다닐 수 있도록 교통안전규칙을 지키며, 안전사고, 화
재, 재난, 학대, 유괴 등의 위험한 일이 발생하였을 때 도움을 요청하거나 대처할 수
있는 방법을 경험하는 내용이다(교육부, 보건복지부, 2019).

(1) 일상에서 안전하게 놀이하고 생활한다

내용 이해	• 유아가 일상에서 위험한 장소, 상황, 도구 등을 알고, 안전한 놀이 방법과 놀이규칙을 지키며 놀이하고 생활하는 내용이다.
경험 실제	• 한 유아가 미끄럼틀을 내려오려고 한다. 다른 유아가 미끄럼틀 아래서 바라보다가 올라가려고 한다. 이때, 미끄럼틀을 타고 내려오던 유아가 "야, 비켜, 다쳐!" 하고 큰 소리로 외친다. 이 모습을 지켜본 교사는 유아들에게 다가와 안전하게 미끄럼틀을 타기 위한 약속을 정하자고 제안한다.

출처: 교육부, 보건복지부(2019).

(2) TV, 컴퓨터, 스마트폰 등을 바르게 사용한다

내용 이해	• 유아가 일상에서 자주 접하는 TV, 컴퓨터, 스마트폰 등을 필요한 상황에서 적절하게 사용하며, 바른 자세로 이용하는 내용이다.
경험 실제	• 유아가 색종이를 반으로 접어 한 면에는 모니터를 그리고, 다른 한 면에는 컴퓨터 자판 모양처럼 그린다. 다른 유아들에게 "나는 지금 컴퓨터로 공룡에 대해서 찾아보고 있어." 하며 색종이 자판을 두드린다. 그리고 옆에 있던 친구에게 "같이 찾아볼래?"라고 말한다.

출처: 교육부, 보건복지부(2019).

(3) 교통안전규칙을 지킨다

내용 이해	• 유아가 안전한 보행 및 도로 횡단, 교통기관의 안전한 이용 등 교통안전규칙을 알고 실천하는 내용이다.
경험 실제	• 유아가 종이 벽돌을 이어 길을 만들고, 그 위에 교통 표지판과 자동차를 일렬로 놓는다. 만들어진 길을 바라보다 갑자기 팔이 움직이는 사람 모형 2개를 가져와 팔 한쪽을 반복적으로 들어올리고 내리며 "조심, 조심, 지나가요. 자동차들은 우리가 건너면 지나가세요."라고 흥얼거린다.

출처: 교육부, 보건복지부(2019).

(4) 안전사고, 화재, 재난, 학대, 유괴 등에 대처하는 방법을 경험한다

내용 이해	• 유아가 안전사고, 화재, 재난, 학대, 유괴 등의 위험에 처한 상황을 알고, 주변에 도움을 요청하는 방법을 배우며, 평소 훈련에 따라 대피하는 연습을 하는 등의 안전교육과 관련된 내용이다.
경험 실제	• 화재경보기 소리와 함께 지진 대피 방송이 들리자, 유아들은 재빨리 책상 아래와 벽 쪽으로 대피한다. 지진이 잠시 멈췄다는 안내 방송 후 유아들은 교사의 안내에 따라 침착하면서도 신속하게 바깥으로 대피한다.

출처: 교육부, 보건복지부(2019).

3) 교사 지원

• 어린이집 안전점검표를 통해 실내, 실외 위험을 확인하고, 위험요인을 제거하여 안전한 보육환경을 제공한다.

• 유아가 놀잇감이나 놀이기구의 사용법을 알고 용도에 맞게 사용하고 다른 사람의 안전을 배려하면서 놀이하도록 지원한다.

• 유아는 운동능력과 지각 판단 능력이 미숙하기 때문에 놀이 상황에서 자신과 타인에게 위험이 되는 행동을 할 수 있다는 점을 고려하여 유아를 주의 깊게 감독한다.

• 정기적으로 유아 대상 안전교육을 실시하여 유아가 안전교육의 중요성을 알고 교육에 적극적으로 참여하도록 지원한다.

• 유아가 교통수단 이용에 따른 위험을 알고 안전하게 이용하도록 하며 차량 보호장구의 중요성을 알고 착용하도록 지원한다.

• 유아에게 응급상황이 발생하였을 때 부모와 관련 기관에 재빨리 연락하여 적절히 조치한다.

4. 어린이집평가제와 영유아 안전교육

우리나라 어린이집에 대한 평가는 어린이집 평가인증제도에서 출발하였다. 어린이집 평가인증제도는 우리나라 보육의 질적 수준을 관리하기 위하여 2005년 시범운영 후, 2006년 본격적으로 도입·실시되었다. 어린이집 평가인증제도는 어린이집의 물리적 환경, 보육과정 및 상호작용과 같은 과정적 질 관리를 통해 보육서비스의 질적 수준을 제고하고자 제1차 평가인증(2006~2009년), 제2차 평가인증(2010년~2017년 10월), 제3차 평가인증(2017년 11월~2019년 6월)으로 구분하여 진행되었다. 어린이집 평가인증제도는 어린이집의 자발적 참여를 통해 운영되었기 때문에 미인증 어린이집에 대한 질 관리 사각지대 문제가 발생하였다. 이로 인해 2018년 12월 「영유아 보육법」 개정으로 2019년 6월 12일부터 우리나라의 모든 어린이집을 대상으로 정기적으로 평가를 실시하는 '어린이집평가제'가 도입되었다.

어린이집 평가인증제도 이후 새롭게 도입된 어린이집평가제의 평가지표는 보육과정 및 상호작용, 보육환경 및 운영관리, 건강·안전, 교직원의 4개 영역으로 구성되었다. 이 중 영유아 안전과 관련된 내용은 건강·안전영역에 포함되어 있다. 실내외 공간의 청결 및 안전, 급·간식, 건강증진을 위한 교육 및 관리, 등·하원의 안전,

표 3-4 어린이집평가제 지표-건강·안전영역

Ⅲ. 건강·안전 (15)	3-1. 실내외 공간의 청결 및 안전	3
	3-2. 급·간식	3
	3-3. 건강증진을 위한 교육 및 관리	3
	3-4. 등·하원의 안전	3
	3-5. 안전교육과 사고예방	3
	소계	15

출처: 한국보육진흥원(2020).

안전교육과 사고예방의 5개 평가지표로 구성된 건강·안전영역은 실내외 공간의 청결 및 안전, 등·하원의 안전, 안전교육과 사고예방 지표를 통해 어린이집의 영유아 안전관리 측면을 평가한다.

1) 실내외 공간의 청결 및 안전

어린이집에서는 놀잇감과 실내외 시설 및 설비를 안전하게 구비하고 상시점검을 통해 위험요인을 즉시 수리·보완하여 영유아가 안전사고의 위험 없이 즐겁게 생활할 수 있는 환경을 조성하여야 한다.

실내외 공간의 청결 및 안전 지표는 3개로 구성되어 있는데, 그중 2개가 안전에 대한 내용이다. 즉, 실내외 공간과 설비가 위험요인 없이 안전하게 관리되는지, 실내외 놀잇감과 위험한 물건 등이 안전하게 관리되는지를 평가한다.

평가항목		평가내용
3-1-2	실내외 공간과 설비를 위험요인 없이 안전하게 관리한다.	① 현관문, 출입문, 창문, 천장, 바닥, 벽면을 위험요인 없이 안전하게 관리함 ② 실내외 공간의 고정식 및 이동식 시설·설비, 전기설비 등을 위험요인 없이 안전하게 관리함 ③ 세면대, 정수기의 온수 사용을 위험요인 없이 안전하게 관리함 ④ 영유아가 성인이 주로 사용하는 실내외 공간에 출입하지 않도록 관리함
3-1-3	실내외 공간의 놀잇감 및 활동자료와 위험한 물건을 안전하게 관리한다.	① 보육실 내 놀잇감 및 활동자료를 안전하게 관리함 ② 실내외 공간에 비치된 놀잇감 및 활동자료를 안전하게 관리함 ③ 보육실 내의 위험한 물건을 안전하게 보관·관리함 ④ 실내외 공간의 위험한 물건을 안전하게 보관·관리함

2) 등·하원의 안전

어린이집에서는 등원부터 하원까지 영유아를 안전하게 보호할 책임이 있다. 영유아는 성인의 안전한 보호하에서 어린이집 일과를 즐겁게 경험하고 심신의 성장과 발달을 이루어 나갈 수 있게 된다.

어린이집에서는 등·하원 시 어린이집과 지정된 보호자 간 영유아의 인계가 안전하게 이루어질 수 있도록 명확한 인계절차와 관련 규칙을 수립하여 보호자에게 안내하고, 이를 준수하여야 한다. 교사는 매일 일과를 시작할 때 영유아의 등원 여부를 확인하고 일과 중 상시 모든 영유아를 살펴보아야 하며, 특히 공간 이동이나 일과 전이 시에는 영유아 안전에 대해 더욱 주의 깊게 살펴야 한다. 어린이집에서는 가능

평가항목		평가내용
3-4-1	교사는 영유아의 출석을 확인하며 인계 규정에 따라 귀가지도를 한다.	① 영유아의 인계과정에 대한 체계적인 규정이 수립되어 있음 ② 영유아의 보호자에게 받은 귀가동의서를 구비하고 있음 ③ 교사는 매일 일과를 시작할 때 영유아의 등원 여부를 확인함 ④ 영유아의 인계과정이 규정에 따라 안전하게 이루어짐[필수]
3-4-2	영유아는 등원부터 하원까지 성인의 보호하에 있다.	① 교사는 영유아의 안전을 위해 항상 전체 상황을 주시함 ② 교사는 일과나 장소가 바뀔 때마다 전체 영유아를 확인함 ③ 통합보육 시 통합반 또는 연장보육 전담교사는 담당 영유아의 인원과 특이사항을 파악함 ④ 영유아를 두고 자리를 비울 때는 책임 있는 성인에게 인계함[필수]
3-4-3	등·하원용 차량을 운행할 경우 안전요건을 갖추어 관리한다.	① 차량에 안전수칙, 영아용 보호장구, 개별 안전띠, 차량용 소화기, 어린이 하차 확인장치, 비상약품을 구비함 ② 운전자는 매일 차량 안전점검을 실시함 ③ 운전자와 차량에 동승하는 모든 성인은 어린이통학버스 안전교육을 받음 ④ 운전자와 함께 차량에 동승한 성인은 영유아를 안전하게 보호함[필수]

한 차량을 운행하지 않는 것이 바람직하지만 부득이하게 차량을 운행할 경우에는 매일 안전점검을 실시하여 안전하게 관리하고, 요건을 갖춘 운전자 및 책임 있는 성인이 영유아를 안전하게 보호할 수 있도록 하여야 한다. 등·하원의 안전지표는 3개의 평가항목으로 구성되어 있는데, 교사가 영유아의 출석을 확인하고 인계 규정에 따라 귀가지도를 하는지, 영유아가 등원부터 하원까지 성인의 보호하에 있는지, 등·하원 차량을 운행할 경우 안전요건을 갖추어 관리하는지에 대해 평가한다.

3) 안전교육과 사고예방

어린이집에서는 영유아가 여러 가지 위험으로부터 자신의 안전을 보호할 수 있는 능력과 기술을 가지도록 지도하여야 한다. 영유아와 교직원이 안전교육 등을 통해 안전사고를 예방하고 적절하게 대처할 수 있는 능력을 기른다면 영유아는 보다 안전한 환경에서 생활할 수 있게 된다.

이를 위해 어린이집에서는 영유아의 연령 등 발달 특성에 맞는 안전교육 계획을 수립하여 교육을 실시하여야 하며, 전체 영유아를 대상으로 정기적인 소방대피훈련을 실시하여야 한다. 또한 어린이집에서는 비상사태 발생 시 이에 대처하기 위한 교직원 업무분장을 갖추고, 평상시 교직원에게 기본적인 안전교육을 하여야 하며, 교직원은 자신의 소관 업무를 숙지하고 있어야 한다. 어린이집 교직원은 어떠한 상황에서도 영유아를 체벌하지 않으며, 특히 아동학대 예방 및 신고의무와 관련된 교육을 이수하여 영유아가 아동학대 피해를 받지 않도록 지원하여야 한다. 어린이집에서는 안전설비를 비상시 효율적으로 사용할 수 있도록 관리하고 보육교직원은 안전설비의 올바른 사용법과 대처능력을 갖추고 있어야 한다.

안전교육과 사고예방 지표는 3개의 평가항목으로 구성되어 있는데, 영유아를 대상으로 안전교육을 지속적으로 실시하는지, 보육교직원 대상 안전교육을 실시하고 영유아 학대 예방 지침을 준수하는지, 안전설비를 비상시 효율적으로 사용할 수 있도록 관리하는지에 대해 평가한다.

평가항목		평가내용
3-5-1	영유아를 대상으로 안전교육을 지속적으로 실시하고 있다.	① 영유아를 대상으로 발달에 적합한 안전교육을 정기적으로 실시함 ② 영유아가 정기 소방대피훈련에 참여함 ③ 영유아가 놀잇감 및 활동자료, 놀이기구를 안전하게 사용하도록 지도함 ④ 계절 및 날씨 관련 놀이 안전수칙을 준수함
3-5-2	보육교직원은 안전교육을 받고 영유아 학대 예방 지침을 준수한다.	① 보육교직원을 대상으로 기본적인 안전교육을 정기적으로 실시함(영유아 학대 예방교육 포함)[필수] ② 비상시 보육교직원의 대처방안과 업무분장이 체계적으로 수립되어 있고, 보육교직원은 자신의 역할을 숙지하고 있음 ③ 응급처치(심폐소생술) 관련 교육에 참여한 보육교직원이 있음 ④ 영유아 학대 예방 지침(체벌 금지 포함)을 준수함[필수]
3-5-3	안전설비를 비상시 효율적으로 사용할 수 있도록 관리하고 있다.	① 비상사태를 대비한 피난설비(비상구, 비상계단 또는 영유아용 미끄럼대, 피난구 유도등 등)를 비상시 원활하게 대피할 수 있도록 관리하고 있음 ② 비상사태를 대비한 소화설비(소화기 등)를 비상시 제대로 작동되도록 관리하고 있음 ③ 비상사태를 대비한 경보설비(단독경보형감지기, 가스누설경보기 등)를 비상시 제대로 작동되도록 관리하고 있음 ④ 보육교직원은 안전시설 및 설비(소화기 등)의 사용법을 숙지하고 있음

참고문헌

교육부, 보건복지부(2019). 2019 개정 누리과정 해설서.
보건복지부(2013). 제3차 어린이집 표준보육과정 고시. 보건복지부 고시 제2013-8호.
보건복지부(2020). 제4차 어린이집 표준보육과정 고시. 보건복지부 고시 제2020-75호.
보건복지부(2021). 제4차 표준보육과정 해설서.
어린이집안전공제회(2017). 그림책을 활용한 영아 안전교육프로그램. 서울: 경성문화사.
육아정책연구소(2011). 5세 누리과정 해설서 개발.
한국보육진흥원(2020). 2020 어린이집 평가 매뉴얼(어린이집용).

제2부 영유아 안전교육의 내용

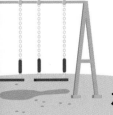

제4장

시설 및 놀이안전

영유아의 안전한 보호는 영유아 발달의 기본적 전제이며, 어린이집에서의 안전사고 예방은 필수적인 요인이다. 영유아는 경험과 판단력이 부족하여 자신의 행동에 따른 결과를 예측하는 데 한계가 있으며, 호기심이 많고 활동적이어서 위험한 행동으로 인해 사고가 발생할 가능성이 항상 존재하므로 어린이집 실내 및 실외 시설, 그리고 실내외 공간에서의 놀이에 대한 안전관리가 요구된다. 이 장에서는 시설안전의 중요성, 실내시설 안전관리 및 실외시설 안전관리, 그리고 놀이안전에 대해 살펴보고자 한다.

1. 시설안전의 중요성

어린이집에서 영유아의 건강과 안전에 대해 기본적 욕구를 충족시키는 것은 영유아의 권리이자 사회적 책임이다. 또한 이러한 책임을 수행하는 능력은 안전에 대한 사회적 관심과 지식, 태도와 참여에 달려 있다. 무엇보다 안전사고는 생명을 담보로 하기 때문에 사후대책보다는 사전예방을 최우선으로 해야 하며, 이는 어린이집 환경을 안전하게 구성하는 것에서 시작된다. 보육교직원은 다양한 안전사고의 원인을 파악하고, 영유아의 발달 단계에 따른 행동 특성을 이해하여 구체적인 사고 예방책을 항상 실천함으로써 영유아에게 안전한 환경을 제공하고 철저한 보호, 지도, 감독을 통해 사고를 방지해야 한다(이명희, 정은정, 황혜신, 김정현, 성미영, 2013).

어린이집 실내외 공간에서의 안전사고는 많은 경우 예방이 가능하므로 어린이집의 실내외 제반 시설과 설비 및 놀잇감을 미리 점검하여 사고 원인을 제거하고, 이를 지속적으로 점검하는 등 안전한 보육환경을 마련하기 위해 노력해야 한다.

시설설비의 안전점검 및 안전관리 목적은 어린이집 실내외 시설과 설비의 상태 및 현황을 파악, 시설 및 설비와 관련된 안전점검 사항을 숙지, 안전점검표를 통해 안전점검을 생활화함으로써 위험 요소를 사전에 제거, 보육교직원과 영유아가 안전한 보육환경에서 즐거운 경험을 지속할 수 있도록 하는 것이다. 사고는 예방이 최선이고, 예방은 철저한 안전관리를 통해 달성될 수 있음을 항상 명심하여 이를 일상생활에서 지속적으로 실천할 때 그 가치가 유효하다는 사실을 인식해야 한다(곽은복, 2006).

물리적 환경에 대한 안전관리를 위하여 어린이집 교직원은 안전관리의 중요성을 인식하고 이를 실천하기 위하여 노력해야 하며, 원장은 안전점검표 양식에 따라 일정 기간별로 시설의 안전점검을 시행하여 화재, 상해 등의 발생 요인을 사전에 제거해야 한다. 어린이집에서는 영유아, 부모, 보육교직원을 대상으로 안전교육을 시행해야 하며, 원장은 어린이집 교직원이 안전교육을 받도록 조치해야 한다.

2. 시설안전

1) 실내시설안전

(1) 영유아의 연령별 실내시설 안전관리

영유아에게 안전한 실내 환경을 구성하기 위해 교사는 실내의 위험 요소를 최소화하도록 노력해야 한다. 실내의 모든 비품과 교재교구의 위험 요소를 최소화할 뿐 아니라, 흥미영역의 구성이나 놀잇감 수에 주의를 기울인다. 영유아의 발달 단계에 따라 안전에 대한 내용이나 주의를 기울여야 하는 내용이 다름을 이해하고, 영유아의 발달 수준에 적합한 안전한 환경을 구성한다. 실내의 위험 요소를 최소화하기 위해 교사는 안전점검표를 활용한 안전관리를 생활화하여 영유아가 안전한 환경에서 생활할 수 있도록 한다(이명희 외, 2013).

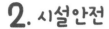

① 영아를 위한 실내시설 안전관리

- 영아가 몸을 뒤집고 기기 시작하면 움직일 수 있는 충분한 공간을 마련해 준다.
- 영아돌연사를 예방하기 위해 수유한 후에는 반드시 트림을 시키고 재울 때는 너무 푹신한 쿠션이나 이불을 사용하지 않도록 한다.
- 화상의 위험을 방지하기 위해 교사는 뜨거운 물, 배식 관리에 주의해야 한다.
- 걷기 시작하더라도 균형을 잘 잡을 수 없으므로 바닥이 미끄럽지 않도록 하고, 물을 쏟은 경우 바로 걸레로 닦고, 바닥에 늘어놓은 물건이 없도록 한다.
- 물감이나 페인트 등 유독성 제품은 영아의 손이 닿거나 눈에 보이는 곳에 보관하지 않는다.
- 질식사를 예방하기 위해 딸랑이나 장신구 등을 영아의 목에 걸어 주지 않는다.
- 보육실의 모든 영아를 한눈에 관찰할 수 있도록 흥미영역을 구성한다.

② 유아를 위한 실내시설 안전관리

- 위험 요소가 있는 모든 재료는 유아의 손이 닿지 않는 곳에 보관한다(세제, 약품, 독성식물, 날카로운 가위나 칼 등).
- 모든 전기 콘센트는 안전덮개로 덮어 놓는다.
- 보육실에 있는 가구의 모서리에 충격을 완화할 수 있는 안전커버를 설치한다.
- 유아가 미끄러질 수 있는 낡은 카펫이나 장애물을 치운다.
- 유아가 줄을 잡아당기지 않도록 전기선을 늘어지지 않게 정리한다.
- 소화기의 위치와 사용 방법을 반드시 숙지한다.
- 놀잇감은 유아의 안전에 적합한 것으로 선택하고 정기적으로 소독한다.
- 유아가 호기심을 갖고 코나 귀에 넣을 가능성이 있는 조각(미술 재료, 관찰용 곡식 등)을 제공할 때는 유아에게 안전한 놀이 방법을 제시하고 주의 깊게 살핀다.
- 보육실의 모든 유아를 한눈에 관찰할 수 있도록 영역을 구분한다.
- 특별한 건강 이상이나 알레르기를 가진 유아를 위해 대책을 세워 둔다.
- 놀잇감의 수가 적으면 놀잇감으로 인한 분쟁이 많이 발생하므로 유아가 놀 수 있는 충분한 양의 놀잇감을 준비한다.

(2) 어린이집의 공간별 실내시설 안전관리

어린이집은 영유아가 대부분의 낮시간을 보내는 장소로, 영유아는 어린이집에 등원하여 먹고 잠자고 놀이하고 학습한다. 어린이집에 영유아를 맡기는 부모나 보호자가 가장 우선적으로 요구하는 것은 영유아의 안전한 보호이다. 사고나 위험으로부터 영유아를 보호할 수 있는 안전한 보육환경은 영유아가 마음 놓고 놀이와 교육활동에 참여하도록 하여 건강한 신체와 심리적 안정감을 발달시킬 수 있도록 도와준다. 원장과 교사는 실내시설이 안전한지 정기적으로 점검하고, 수리가 필요할 때는 사용불가 표시를 한 후 즉시 수리함으로써 영유아를 사고로부터 보호하여야 한다(이순형 외, 2008).

① 보육실

어린이집의 설치 기준에 따르면 보육실은 건축법령상의 층수와 관계없이 사실상의 1층에 설치하여야 한다. 다만, 건물 1층 이상 5층 이하에 직장어린이집을 설치하는 경우 등은 예외적인 경우에 해당한다. 건물 전체를 하나의 어린이집으로 사용하면서 1층 이상 5층 이하에 보육실을 설치하는 경우에도 영아를 위한 보육실은 1층에 우선적으로 배치해야 한다. 보육실은 영유아 1명당 $2.64m^2$ 이상의 공간을 확보해야 하고, 바닥난방시설을 갖추어야 한다(「영유아보육법」 제15조, 「영유아보육법 시행규칙」 제9조 관련).

영유아의 발달 특성과 보육실에서 가장 오랜 시간을 보낸다는 점을 고려할 때 영유아가 놀이 및 활동에 방해받지 않고 위험하지 않도록 넓고 개방적인 공간이 확보되어야 한다. 보육실이 다소 협소하더라도 유사한 흥미영역을 통합하여 보육실의 모든 공간에서 교사가 영유아를 한눈에 파악할 수 있도록 공간을 배치해야 한다.

활동적인 영유아가 다치지 않도록 모든 가구의 모서리는 둥글고 표면이 매끄럽게 처리된 것을 사용하거나 보호대를 설치하도록 한다. 교구장, 수납장 등은 안전을 위해 아래쪽에 무거운 물건을 보관하고 선반에는 물건이 떨어지지 않도록 지지대를 설치한다. 영유아가 부주의로 전기 콘센트에 이물질을 넣을 경우 화상을 입을 수 있으므로 안전사고 예방을 위해 보육실 내의 전기 콘센트에는 안전덮개를 설치하거나 안전장치가 되어 있어야 한다. 어린이집 내부의 마감 재료는 불연재료, 준불연재료 또는 난연재료를 사용해야 하며, 커튼류 및 카펫 등 방염대상물품은 방염성능이 있는 것으로 설치해야 한다.

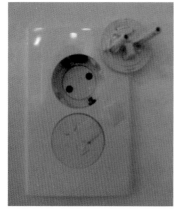

 그림 4-1 전기 콘센트 안전덮개   그림 4-2 교구장 모서리 안전커버

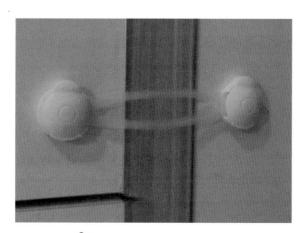

그림 4-3 정리장 잠금장치

표 4-1 보육실 안전점검영역 및 안전문제

점검영역	안전문제
바닥 및 벽면	넘어짐, 미끄러짐, 낙상, 유해물질 중독 등
출입문	넘어짐, 부딪침, 협착, 감금, 끼임 등
창문	상해, 추락, 곤충유입, 질식, 도난사고 등
비품 및 보육용품	감금, 낙상, 베임, 찔림, 질식, 상해 등
실내 놀이기구 및 놀잇감	찔림, 베임, 낙상, 눈 손상, 질식, 유해물질 중독 등

② 출입문과 현관문

보육실의 출입문에 손가락이 끼거나 머리와 발이 부딪치는 사고는 빈번히 발생한다. 문틈에 손가락이 끼인 채 문이 닫히지 않도록 손 끼임 방지 고무패킹이나 완충장치를 부착하는 등 예방조치가 필요하다. 손가락 끼임을 방지하기 위해 여닫이문에는 문이 닫히는 속도를 조절해 주는 장치를 달도록 하며, 미닫이문의 가장자리에는 손 끼임 방지장치를 부착하여야 한다. 또한 성인의 눈높이와 영유아의 눈높이를 모두 고려하여 드나드는 사람들이 서로 볼 수 있도록 출입문에 사각패널을 설치한다.

어린이집 현관의 공간은 최소한 10명의 유아가 한 번에 사용할 수 있는 크기여야 한다. 현관의 문과 바닥은 사고를 예방하는 설비가 되어 있어야 하며, 문은 영유아와 성인이 모두 사용할 수 있도록 너무 무겁지 않아야 한다. 앞뒤로 움직이는 것보다 한쪽으로 여닫는 문이 안전하며, 가능하면 실외를 향해 열리는 것이 공간 활용과 응급상황 발생 시 대피에 적절하다(조경자, 이현숙, 2010).

현관문 위쪽에는 서서히 닫히는 장치(도어체크)를, 현관문 아래쪽에는 스토퍼를 반드시 설치한다. 비나 눈이 오는 날은 현관 바닥에 고무매트를 깔고, 평소 물기가 있는 경우 즉시 닦아 내어 영유아의 미끄러짐을 예방한다. 현관문은 방범과 보안의 측면에서도 중요하기 때문에 영유아가 교사의 보호 없이 어린이집 외부로 나가지 않도록 교사 손 높이에서 버튼을 눌러야만 문이 열리는 안전장치를 해 둔다.

그림 4-4 여닫이문 손 끼임 방지장치

그림 4-5 미닫이문 손 끼임 방지장치

③ 계단

계단에서는 미끄러져 넘어지는 사고가 발생할 수 있으며, 어린이집에서는 여러 명의 영유아가 동시에 계단을 이용하므로 계단에서의 안전에 특히 유의하여야 한다. 계단의 바닥 재질은 미끄럽지 않아야 하고, 난간의 손잡이는 영유아가 잡기 쉬운 높이에 설치되어야 한다. 영유아가 빠져나가거나 머리가 끼지 않도록 난간 축 사이의 간격을 좁게 설치해야 하며, 축 사이의 간격을 아크릴판으로 메우는 것도 바람직하

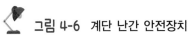

그림 4-6 계단 난간 안전장치

그림 4-7 계단 미끄럼방지장치

다. 교사는 영유아에게 계단에서 발생하는 사고의 위험성에 대해서 안내하고 계단에서 뛰어다니거나 장난치지 않도록 지도한다.

표 4-2 현관, 통로 및 계단의 안전점검영역 및 안전문제

점검영역	안전문제
현관	부딪침, 미끄러짐, 상해, 외부인 침입 등
통로	넘어짐, 미끄러짐 등
계단	추락, 낙상, 미끄러짐, 부딪침 등

④ 창문과 베란다

창문은 채광과 통풍의 기능을 담당하여 실내를 쾌적하게 유지한다. 보육실 창문의 면적은 바닥 넓이의 10~15%가 적당하며, 높이는 바닥으로부터 50~70cm가 적절하다. 영유아의 손이 닿는 위치에 있는 창문이라면 위에서부터 열리는 방식이 바람직하며, 특히 2층 이상에 위치한 창문이라면 창문 보호대나 난간을 설치하도록 한다.

베란다 난간의 높이는 난간이 시작되는 바닥으로부터 최소한 120cm 이상이어야 하고, 베란다 세로대의 간격은 10cm 이하로 하여야 한다. 창문 밑이나 베란다 근처에는 영유아가 딛고 올라갈 가구나 화분 등 발판이 될 만한 물건을 놓아서는 안 된다. 영유아의 경우 신체의 무게중심이 상체에 있으므로 발판을 놓고 올라가 난간에 기대게 되면 추락사고로 이어질 수 있다. 창문이나 베란다 문에는 잠금장치를 하여 영유아가 혼자서 문을 열 수 없도록 한다.

⑤ 화장실과 목욕실

화장실이나 목욕실의 바닥은 영유아가 미끄러지지 않도록 미끄럼방지장치를 하고, 수도꼭지는 온수 사용 시 화상 방지를 위해 온도를 조정 또는 고정할 수 있어야 한다. 화장실은 수세식 유아용 변기를 설치하고, 보육실과 같은 층의 인접한 공간에

 그림 4-8 화장실 미끄럼방지장치

 그림 4-9 화장실 문 손 끼임 방지장치

설치한다.

화장실에 표백제, 합성세제, 배수구 청소액, 세척제 등을 눈에 띄게 보관하는 경우 영유아가 이러한 세제를 마실 위험성이 있으므로 영유아의 손이 닿지 않는 창고에 별도 보관하는 것이 바람직하다.

안전을 위한 화장실 환경 구성

- 변기는 영유아 5~7명당 하나가 필요하며 영유아 8~15명까지는 적어도 2개 이상 제공한다.
- 화장실 문의 손잡이는 영유아가 사용하기 적절한 높이에 설치하며 손 끼임 방지장치를 한다.
- 화장실 바닥은 미끄럼방지 매트를 깔아야 하며 물기가 생길 경우 즉시 제거한다.
- 화장실 문은 영유아가 혼자 열고 닫을 수 있도록 무겁지 않은 재질을 사용하고 영유아가 화장실에 갇히지 않도록 문고리를 달지 않는다.
- 영유아가 화상을 입지 않도록 온수가 나오는 수도꼭지에는 안전장치를 한다.

표 4-3 어린이집 통합 안전점검표(월별 점검표: 실내시설설비)

구분	점검 항목	점검 결과	조치사항
		월	
실내환경	모든 설비는 움직이거나 떨어지지 않도록 바닥과 벽면에 단단히 고정되어 있는가?		
	창문, 방충망의 상태는 안전한가?		
현관· 통로· 계단· 비상구	출입문, 현관문 등의 안전장치는 정상 작동하는가?		
	계단, 통로부분에 미끄럼방지 처리가 되어 있는가?		
	계단의 안전 상태는 양호한가?		
화장실· 세면대	화장실 내 전기 콘센트 등 전기용품은 안전한가?		
	세면대의 고정 상태는 안전한가?		

출처: 보건복지부(2023).

3) 실외시설안전

어린이집 실외시설의 경우 관련 규정을 준수하고 정기 안전점검을 통해 적절히 보수되고 있어야 한다. 특히 보육 정원 50명 이상인 어린이집은 영유아 1명당 3.5m² 이상의 규모로 옥외놀이터를 설치해야 하므로 실외시설 안전점검표를 정기적으로 기록하여 이상이 있을 때 보수함으로써 안전사고가 발생하지 않도록 유의한다(이순형외, 2008).

(1) 실외시설 안전사고 현황

실외시설의 경우 실내에서는 경험할 수 없는 활동적 경험을 가능하게 하며, 영유아에게 신체적 해방감뿐만 아니라 심리적 해방감을 제공함으로써 자유롭고 창의적인 놀이가 이루어질 수 있도록 한다. 실외시설은 영유아에게 자유롭고 활발한 신체활동이 가능하도록 해 주고 이를 통해 긴장과 격한 감정을 해소할 수 있어야 한다.

또한 자연과의 직접적이고 다양한 경험을 제공해 주며 사회적 상호작용을 촉진시키는 놀이활동을 제공한다. 이처럼 실외놀이터와 같은 실외시설은 영유아의 신체, 정서, 사회성 및 창의력 발달에 필수적인 공간임에도 불구하고, 시설설비 안전에 관한 정확한 기준과 관리가 체계적으로 이루어지지 못하고 있는 실정이다. 다양한 유형의 놀이를 촉진하며 유아의 발달적 요구를 충족시킬 수 있는 질적으로 우수한 실외놀이터 환경을 구성하기 위해서는 우선 영유아의 신체 크기 및 능력 등을 제대로 고려한 놀이기구를 제공하고 이를 안전하게 관리해야 한다.

행정안전부에서는 어린이 놀이시설에서의 사고사례 분석을 통해 사고예방 및 재발 방지를 위한 안전대책을 마련함과 동시에 어린이에게 안전한 놀이 환경을 제공하기 위한 목적으로 2017년 어린이 놀이시설 안전사고 분석결과를 발표하였다(행정안전부, 2018). 2017년 1월 1일부터 12월 31일까지 1년 동안 놀이시설 내 안전사고는 총 322건 발생하였는데, 놀이기구별 사고건수는 조합놀이대가 116건(36.0%)으로 가장 많이 발생하였고, 다음으로 건너는 기구 60건(18.6%), 오르는 기구 47건(14.6%) 순으로 나타났다.

손상유형별 사고건수는 골절이 268건(83.2%)으로 전체 놀이시설 사고건수의 대부분을 차지하였고, 치아 손상 16건(5.0%), 신경/근육/힘줄 손상 9건(2.8%) 순으로 나타났다. 사고유형별로 분석한 결과, 추락이 251건(79.0%)으로 가장 많았고, 충돌 33건(10.2%), 넘어짐 24건(7.5%), 미끄러짐 8건(2.5%) 순으로 나타났다.

연령별로 살펴본 결과, 활동량이 많은 학령기 아동의 사고(255건, 79.2%)가 취학 전 아동의 사고(64건, 19.9%)보다 약 4배 더 많은 것으로 나타났다. 발생시기의 경우, 1년 중 5월에 53건(16.5%), 6월 44건(13.7%), 4월 37건(11.5%)으로 야외 활동이 많은 4~6월에 전체 사고건수의 절반 정도가 발생하였고, 시간대별로는 오후 12~13시가 65건(20.2%)으로 가장 많았고, 다음으로 오후 13~14시, 15~16시가 각각 33건 (10.2%)으로 나타났다.

놀이기구별

36%
조합놀이대

19%
건너는 기구

15%
오르는 기구

11%
그네

손상유형별

83%
골절

5%
치아 손상

3%
신경/근육/
힘줄 손상

3%
베인 상처/열상

사고유형별

 79% 추락

 10% 충돌

 8% 넘어짐

 3% 미끄러짐

연령별

✓ 만 7~13세
✓ 만 4~6세
✓ 만 1~3세

3% 17% 79%

발생시기별

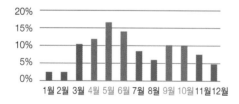

시간대별

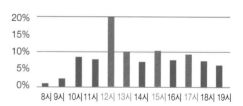

 그림 4-10 어린이 놀이시설 안전사고 분석결과

출처: 행정안전부(2018).

(2) 실외시설 안전사고 원인

실외공간에서 일어나는 영유아 안전사고의 대부분은 영유아의 연령, 신체 크기, 능력이 제대로 고려되지 않은 부적절한 시설설비, 시설유지를 위한 안전점검의 미비 및 안전에 대한 성인의 지도 부족 때문이다. 안전사고의 원인은 시설 측면, 관리 측면, 사용자 측면으로 구분된다. 첫째, 시설 측면으로는 놀이기구의 잘못된 디자인과 설계, 부적합한 놀이시설, 안전기준을 따르지 않고 설계된 놀이기구, 비전문가에 의한 잘못된 설치가 해당된다. 둘째, 관리 측면으로는 형식적인 관리와 계획, 적절치 못한 점검과 보수 유지 과정, 놀이터 안전지식과 안전관리 경험 부족이 해당된다. 셋째, 사용자 측면으로는 놀이시설의 적절치 못한 이용, 영유아의 적절하지 않은 옷차림과 이용 습관이 해당된다.

3. 놀이안전

1) 보육실 놀이안전

어린이집에서 영유아의 하루 일과는 놀이로 시작되고 놀이로 끝나는 것이 일반적이다. 영유아는 하루 일과 중 많은 시간을 놀이에 참여하므로 놀이 중 사고가 발생할 확률이 높다. 놀잇감을 관리하는 교사는 놀잇감을 매일 점검하여 위험 요소가 발견되거나 파손된 곳이 있을 경우 즉시 수리·보완해야 한다. 인형의 눈이나 단추, 그 밖의 부속물이 떨어지지 않았는지 확인하고, 놀잇감이 파손되어 날카로운 부분이 없는지를 잘 관찰하여야 한다. 영아의 경우에는 3.5cm 크기 이하의 놀잇감을 입에 넣었을 때 질식의 위험이 있으므로 놀잇감의 크기에 유의하여 관리해야 한다. 영유아의 놀잇감은 침이나 이물질이 묻기 쉬우므로 정기적으로 세척하고 소독하여 청결을 유지하도록 한다.

보육실의 놀이영역별 안전관리지침은 다음과 같다.

(1) 쌓기놀이영역

- 영유아가 블록을 안전하게 꺼낼 수 있는 높이의 정리장에 정돈한다.
- 끝부분이 날카롭거나 뻑뻑하지 않은 블록을 선택한다.
- 블록으로 친구를 때리지 않도록 지도한다.
- 블록으로 총, 칼 등을 만들어 위험한 놀이를 하지 않도록 지도한다.
- 부서진 블록은 제거한다.
- 영유아가 작은 블록을 입 속에 넣지 않도록 지도한다.

(2) 역할놀이영역

- 봉제인형 등의 놀잇감 상태를 정기적으로 점검한다.
- 유리 등 위험한 재질의 놀잇감은 제공하지 않는다.
- 깨진 그릇은 즉시 교체한다.
- 젓가락을 귀에 넣지 않도록 지도한다.
- 병원놀이 시 눈, 코, 입, 귀 등에 실제 물건을 넣지 않도록 지도한다.

(3) 조작놀이 및 언어 영역

- 책꽂이에 올라가거나 친구에게 책을 던지지 않도록 지도한다.
- 연필과 같이 길고 뾰족한 물건을 손에 들고 장난치지 않도록 지도한다.
- 헤드폰이나 이어폰 소리를 너무 크게 조작하지 않도록 지도한다.

(4) 조형놀이영역

- 종이를 취급할 때 베이지 않게 주의하도록 지도한다.
- 가위는 끝이 무딘 것으로 13cm 정도 길이의 가볍고 안전한 것을 준비한다.
- 스테이플러, 펀치 등의 도구에 대한 안전한 사용법을 알려 준다.
- 접착제의 사용법을 알려 준다.
- 빗자루, 쓰레받기 등의 안전한 사용법을 알려 준다.

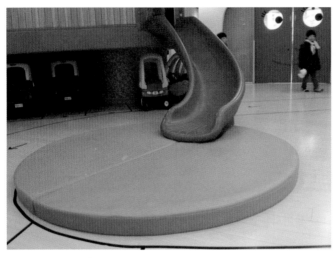

그림 4-11 놀이영역 안전매트

2) 실외놀이터 놀이안전

어린이집 설치 기준과 관련하여 「영유아보육법」에 실외놀이터 설비 기준이 규정되어 있다(「영유아보육법」 제15조, 「영유아보육법 시행규칙」 제9조 관련). 먼저 실외놀이기구 안전점검 시 영유아의 안전을 위협하는 심각한 결함이 발견되는 경우 지체 없이 교정하여야 하며, 즉시 수리하는 것이 불가능할 경우에는 해당 놀이시설물에 영유아가 접근하지 못하도록 하거나 놀이시설물을 철거해야 한다. 또한 안전사고를 예방하기 위해 놀이시설의 안전점검, 보수 및 관리를 담당하는 안전관리 담당자는 자신의 업무를 잘 파악하고 있어야 한다. 놀이시설에 대한 안전점검 일정을 계획하고 이를 실행해야 하며, 모든 안전관리 조치는 기록해야 한다. 또한 안전관리 담당자는 놀이시설물의 디자인, 설치, 점검, 관리 및 운영의 모든 단계와 제조업자가 제공하는 제품안내서, 설치 및 관리 안내서의 내용에 대해 잘 알고 있어야 한다. 안전사고를 줄이기 위해 놀이터 안전관리 담당자는 놀이시설의 잠금장치, 놀이시설의 표면, 충격흡수 바닥처리재, 베어링 상태, 놀이시설의 바닥에 처리된 유동물의 유실 정도,

 그림 4-12 놀이시설물 바닥 안전장치　　 그림 4-13 실외 놀이시설 안전점검

깨어진 유리 및 오염물질 제거, 청소 상태 등에 대한 점검을 일상적으로 실시해야 한다.

　놀이시설의 안전관리 담당자는 대부분 교사이므로 어린이집 보육교직원을 대상으로 실외놀이시설 안전점검 및 안전관리를 위한 교육을 실시할 필요가 있다. 또한 실외놀이기구 생산업체에 놀이기구 사용 시 발생 가능한 위험에 대한 경고, 사용 설명 표시 및 주의 표시 등과 같은 안전 표시의 제공을 의무화하도록 하여 영유아 및 교사가 안전사고 위험에 미리 대처할 수 있도록 해야 한다.

　교사는 영유아가 실외놀이기구를 안전하게 사용하며 즐겁게 놀이할 수 있도록 놀이기구의 점검과 지도에 유의하여야 한다. 영유아가 추락할 가능성이 있는 놀이기구(그네, 시소, 미끄럼틀) 아래와 주변의 공간에 충격을 흡수할 수 있도록 안전장치(혹은 모래)가 설치되어 있는지, 놀이시설물의 페인트가 벗겨져 있지 않은지, 부서진 곳은 없는지, 날카롭거나 뾰족한 곳은 없는지, 영유아의 몸이 빠지거나 끼이는 공간은 없는지 살펴보아야 한다. 놀이터에서 놀 때 영유아가 교사의 시야를 벗어나는 일이 없어야 하고 놀이기구의 바른 사용에 대해서도 안내해 줄 필요가 있다. 놀이터 안의 놀이기구 외에 다른 물건이나 놀이기구를 가져오거나 만지지 않도록 하고, 놀이기구를 이용할 때는 차례를 지키도록 한다. 교사는 영유아가 안전한 옷차림을 하도록 지도

표 4-4 어린이집 통합 안전점검표(월별 점검표: 실외시설설비)

구분	점검 항목	점검 결과	조치사항
		월	
실외환경	어린이집 주변에 감전 위험은 없는가?		
	위험한 적치물, 축대 붕괴, 맨홀 등에 대한 위험은 없는가?		
실외놀이 기구 및 공간	모든 놀이기구가 바닥에 안전하게 고정되어 있는가?		
	놀이시설물의 상태(틈새나 간격)가 영유아의 몸에 끼이지 않는 넓이인가?		
	기초대, 지지대 등 매설부분이 노출되지 않았는가?		
	모든 놀이기구 아래와 주위(안전지대)의 충격흡수재 성능은 양호한가?		
	보수가 필요한 놀잇감 및 놀이기구가 방치되어 있는가?		
	놀이기구의 높이가 영유아에게 적합한가?		
	「어린이제품 안전 특별법」 「전기용품 및 생활용품 안전관리법」 등에 의한 안전검사(KC 인증 등)를 필한 제품인가?		
비상대피 시설관리	비상계단 및 미끄럼대 등이 화재 등 유사시 사용이 가능한가?		
	피난유도등, 유도표지등이 잘 갖추어져 있고 정상 작동하는가?		
	건물 내 대피 경로에 장애가 되는 요소는 없는가?		

출처: 보건복지부(2023).

해야 하는데, 구체적으로 모자 달린 옷이나 끈이 달린 옷, 끈이 달린 신발은 놀이기구 사이에 끼일 염려가 있으니 피하는 것이 좋고, 목걸이와 같은 장신구를 하지 않도록 하며, 겨울에는 목도리나 스카프를 하지 않도록 지도한다.

놀이기구별 구체적인 안전점검과 지도 내용은 다음과 같다.

(1) 그네

- 점검 내용

  그넷줄이 단단히 매어 있는지, 꼬여 있지 않은지, 그네 좌석이 훼손되어 있지 않은지, 그네를 타고 내리는 바닥에 모래가 충분히 덮여 있는지 점검한다.

- 지도 내용
  - 완전히 정지한 후에 타고 내린다.
  - 줄을 양손으로 잡고 타며 그네가 움직이는 도중에 뛰어내리지 않는다.
  - 한가운데 앉아서 탄다.
  - 배를 깔고 엎드려서 타거나 서서 타지 않는다.
  - 그넷줄의 사슬을 꼬지 않는다.
  - 다른 친구가 타고 있을 때 앞뒤로 지나가지 않는다.

(2) 오르는 기구

- 점검 내용

  끈이 끊어져 발이 빠지는 곳은 없는지, 페인트가 벗겨져 있지는 않은지 점검한다.

- 지도 내용
  - 가로대를 양손으로 잡고 올라간다.
  - 다른 친구가 내려오는 방향으로 올라가지 않는다.
  - 위에 있는 친구의 발을 잡거나 흔들지 않는다.
  - 내려올 때는 아래를 잘 살핀다.
  - 젖어 있는 기구에서는 놀지 않는다.

(3) 미끄럼틀

- 점검 내용

스테인리스 미끄럼틀인 경우 너무 뜨겁지 않은지, 미끄럼
틀 아래에 흙이 15cm 이상 쌓여 있어 충격을 흡수할 수 있
는지 점검한다.

- 지도 내용

– 미끄럼판으로 올라가지 않고 계단으로 올라간다.

– 앞 친구가 올라간 다음 올라간다.

– 손잡이를 꼭 잡고 한 계단씩 올라간다.

– 다른 친구를 밀거나 당기지 않는다.

– 한 명씩 앉아서 내려온다.

– 엎드려 타거나 서서 타지 않는다.

– 내려온 뒤에는 다른 친구가 내려오다 부딪히지 않도록 빨리 비켜 준다.

(4) 시소

- 점검 내용

놀이시설물이 설치된 곳 아래 및 주변에 충격흡수처
리가 되어 있는지, 모서리에 안전 처리가 되어 있는
지, 조임쇠가 단단히 조여 있는지 점검한다.

- 지도 내용

– 함께 타는 친구와 마주 보고 탄다.

– 반동으로 튕겨 나가지 않도록 손잡이를 꼭 잡고 탄다.

– 시소를 탄 채 자리에서 일어나거나 뛰지 않는다.

– 내릴 때는 함께 타는 친구에게 미리 말하고 조심하여 내린다.

– 시소 밑에 발을 둔 채로 내리지 않는다.

– 함께 타는 친구에게 충격을 주지 않도록 시소 끝을 땅에 세게 내리지 않는다.

표 4-5 어린이 놀이기구 유형별 분류 기준

유형	분류 기준
그네	하중 지지대에 매달려 있는 좌석·받침판이 앞뒤·좌우 등으로 움직이도록 설계
미끄럼틀	경사면을 가진 구조물로서 이용자가 규정된 트랙 내에서 미끄러져 내려갈 수 있도록 설계
정글짐	통나무, 파이프, 타이어 등으로 구성된 육면체, 둥근 지붕 또는 탑 모양의 구조물로서 자유롭게 매달릴 수 있도록 설계
공중 놀이기구	손잡이를 잡고 매달리거나 공중에 매달려 있는 좌석에 앉아서 케이블을 따라 이동할 수 있도록 설계
회전 놀이기구	한 개 이상의 좌석, 받침판, 손잡이가 설치되어 축을 중심으로 회전하거나 트랙을 따라 회전하도록 설계
흔들놀이기구	아랫부분의 구성체가 좌석이나 자리를 지지하는 형태로서 이용자가 그 좌석이나 자리에서 그 놀이기구를 직접 움직일 수 있도록 설계
오르는 기구	봉, 로프, 그물 등으로 이루어진 구조물로서 손으로 붙잡고 오르내리도록 설계
건너는 기구	일어서거나 기거나 매달려서 앞뒤, 좌우로 이동할 수 있도록 설계
조합놀이대	그네에서 건너는 기구까지 두 가지 이상의 놀이기구가 결합된 형태
충격흡수용표면재	아동이 안전하게 놀 수 있도록 하기 위하여 충격을 흡수할 수 있는 재료 사용

출처: 기술표준원(2008).

더 알아보기

환경부와 함께하는 어린이 활동공간 환경안전진단

환경부에서는 어린이들이 안심하고 건강하게 뛰어놀 수 있는 친환경놀이터 조성의 일환으로 어린이 활동공간 환경안전진단 사업을 추진하고 있다. 어린이들이 안심하고 건강하게 생활할 수 있도록 친환경적 활동공간으로 개선·유도하여 어린이 건강보호 증진 및 주거환경 개선을 촉진하기 위해 실시되는 진단사업은 놀이터 소유자 또는 관리주체로부터 신청을 받아 무상으로 진단을 실시하고, 진단결과를 반영한 문제점별 개선방안을 제공하게 된다. 지속적으로 실내·외 놀이터, 어린이집, 유치원 등 어린이 활동공간에 대한 환경안전진단을 실시하여 그 결과를 반영한 개선 관리방안을 마련하고자 한다. 또한 어린이 활동공간의 환경유해인자 사전차단과 어린이 건강피해 최소화를 위하여 기존 친환경 놀이터의 설치·관리 가이드라인을 보완하여 친환경 놀이터의 설치 확대를 유도하고자 한다.

아동안전동영상

 어린이 활동공간 환경안전관리기준 교육용 홍보동영상

안전교육 앱

뽀로로 생활안전-어린이 안전교육
KIGLE
Google Play

장소별 안전규칙, 상황에 따른 안전규칙 등 놀이를 즐기며 생활안전의 중요성을 인지하고 안전사고를 예방할 수 있다.

귀염이 생활안전교육-
어린이 안전교육
BabyBus
Google Play

귀염이 생활안전교육-
어린이 안전교육
BabyBus
Apple Store

장난감 정리 등 상황에 대해 간접체험을 할 수 있고, 안전동요와 애니메이션으로 아무거나 삼키는 문제 등에 대한 안전 지식을 익힐 수 있다.

아기 판다의 응급 처치 요령
BabyBus
Google Play

시뮬레이션 게임을 통해 반려동물에게 물렸을 때, 발을 접질렸을 때 등 응급처치 기술을 배우고 안전의식을 향상시켜 준다.

안전교육 그림책

시설 및 놀이안전 그림책

어린이집 바깥 놀이
(김영명 글, 정지혜 그림,
사계절, 2009)

궁금해? 조심해!
(박은정 글, 이루다 그림,
베틀북, 2010)

수영장에 가요!
(토이앤스토어 기획, 문상수 편,
국민서관, 2013)

더 놀다 잘래요
(마르쿠스 피스터 글·그림,
시공주니어, 2010)

공룡아, 놀자!
(잭 티클 글 · 그림,
키즈엠, 2015)

안전이 필요해!
(필립 잘베르 글 · 그림,
한울림어린이, 2017)

안전하게 배우고 놀아요
(이윤희 글, 신보미 그림,
하마, 2021)

꼬미와 빙글뱅글 놀이터
(디자인에그 원저, 김정희 글,
홍선미 그림, 미디어창비, 2023)

안전교육 교재교구

전신 안전 거울

바나나 문닫힘 방지

손가락 안전보호대

창문 안전손잡이

안전 EVA 퍼즐매트

욕실용 미끄럼방지매트

참고문헌

곽은복(2006). 안전교육프로그램. 경기: 양서원.

국가기술표준원(2008). 어린이 놀이기구 안전기준.

보건복지부(2023). 2023년 보육사업안내.

이명희, 정은정, 황혜신, 김정현, 성미영(2013). 아동건강영양교육. 서울: 수학사.

이순형, 이성옥, 민하영, 이영미, 한유진, 장영은, 최나야, 김지현, 김진경, 정현심(2008). 영유
　　아건강교육. 서울: 학지사.

조경자, 이현숙(2010). 유아건강교육(3판). 서울: 학지사.

행정안전부(2018). 2017년 어린이놀이시설 안전사고 분석결과.

보육사 https://www.boyuksa.co.kr/

키드키즈몰 http://mall.kidkids.net/

어린이 활동공간 환경안전관리기준 교육용 홍보동영상.
　　https://www.youtube.com/watch?v=qQLQ6GeKst0

 본문에 실린 그림책

공룡아, 놀자! 잭 티클 글·그림, 키즈엠, 2015.

궁금해? 조심해! 박은정 글, 이루다 그림, 베틀북, 2010.

꼬미와 빙글뱅글 놀이터. 디자인에그 원저, 김정희 글, 홍선미 그림, 미디어창비, 2023.

더 놀다 잘래요. 마르쿠스 피스터 글·그림, 시공주니어, 2010.

수영장에 가요! 토이앤스토어 기획, 문상수 편, 국민서관, 2013.

안전이 필요해! 필립 잘베르 글·그림, 한울림어린이, 2017.

안전하게 배우고 놀아요. 이윤희 글, 신보미 그림, 하마, 2021.

어린이집 바깥 놀이. 김영명 글, 정지혜 그림, 사계절, 2009.

제5장

교통안전

　교통사고는 아동 안전사고 중 가장 빈번하게 발생하고, 아동 사망사고 원인 중 1위를 차지하는 사고 유형이다. 최근 들어 아동 교통사고 사망자는 감소하고 있으나, 대부분 보행 시 사망하는 것으로 나타나 보행안전에 대한 지도의 필요성이 제기된다. 이 장에서는 영유아를 대상으로 실시되는 교통안전교육의 중요성, 보행안전 및 승차안전 교육의 지도 내용에 대해 살펴보고자 한다.

1. 교통안전의 중요성

교통안전교육은 교통수단에 대한 이해, 표지판이나 신호등 등 교통규칙에 대한 이해, 교통사고의 위험성 이해, 교통수단의 안전한 이용 방법, 안전한 보행 및 도로 횡단 방법 등을 포함하며 체험학습과 반복훈련이 중요하다. 따라서 어린이집의 교육활동 이외에도 교통 표지판이나 신호등 모형을 이용하여 훈련을 하거나 어린이 교통공원을 방문하여 길거리보다는 안전한 환경에서 체험하도록 한다. 어린이집에서 통학차량을 운행하는 경우에는 통학차량을 안전교육의 장소로 활용하여 차례대로 천천히 타고 내리기, 차 안에서 일어서거나 돌아다니지 않고 자리에 앉아 있기, 차 안에

보행자 신호등	운전자 신호등
녹색불: 건너가세요.	 녹색불: 차가 다닐 수 있어요.
빨간불: 건너지 말고, 다음 신호를 기다리세요.	 빨간불: 차를 멈추세요.
녹색불이 깜박일 때: • 횡단보도를 건너기 전이라면 다음 신호를 기다리세요. • 횡단보도를 건너는 도중이라면 빠른 걸음으로 건너세요.	 주황불: 진행 중인 차는 빨리 지나가고 그렇지 않은 경우 다음 신호를 기다리세요.

 그림 5-1 보행자 신호등과 운전자 신호등

서 조용히 하기, 차에서 내려 안전하게 길 건너기 등을 교육한다. 어린이집에 다니는 영유아가 견학, 관람, 소풍 등 단체로 외출을 하는 경우도 교통안전교육 내용을 현장에서 실천할 수 있는 기회로 활용할 수 있다(이순형 외, 2008).

「아동복지법」에 제시된 교통안전교육 기준에 따르면, 교통안전교육의 실시 주기는 2개월에 1회 이상, 총 시간은 연간 10시간 이상이고, 교육 내용에는 ① 차도, 보도 및 신호등의 의미 알기, ② 안전한 도로 횡단법, ③ 안전한 통학버스 이용법, ④ 바퀴 달린 탈것의 안전한 이용법, ⑤ 날씨와 보행안전, ⑥ 어른과 손잡고 걷기가 포함된다. 전문가 또는 담당자 강의, 시청각 교육, 실습교육이나 현장학습, 그리고 일상생활을 통한 반복 지도 및 부모교육의 교육방법을 활용하여 교통안전교육을 실시하도록 규정하고 있다.

더 알아보기

영유아가 알아야 할 교통표지판

보행자 전용도로

차나 오토바이는 다닐 수 없고 사람만 걸어 다닐 수 있어요.

횡단보도

횡단보도로 건너세요.

자전거 전용도로

자전거만 다닐 수 있어요.

보행자 보행금지

사람이 걸어다녀서는 안 돼요.

보행자 횡단금지

길을 건너서는 안 돼요.

자전거 통행금지

자전거가 다녀서는 안 돼요.

2. 보행안전

아동 교통사고의 70% 이상이 보행 중에 발생한다. 보행 중 교통사고의 원인으로 주로 횡단보도가 아닌 곳에서의 무단 횡단, 횡단보도 횡단, 노상에서의 놀이, 차도보행을 들 수 있다. 특히 횡단 시 도로에 뛰어들기, 신호 무시하기, 대각선으로 횡단하기, 자동차 바로 앞뒤 횡단하기 등이 사고를 유발하는 대표적인 행동이다. 이러한 보행 중 교통사고는 영유아의 발달 특성과 관련이 깊다.

영유아는 가장 관심 있는 것에만 집중하는 경향이 있기 때문에 보행 중에 주의를 살피는 데 미숙하다. 또한 영유아의 자기중심적 성향으로 인해 영유아는 자신이 운전자를 볼 수 있으면 운전자도 자신을 볼 수 있으며, 손을 들고 건너면 달리는 자동

아동안전동영상

폴리와 함께하는 교통안전이야기-놀이기구 안전하게 타기

차가 바로 멈출 것이라고 생각한다. 영유아는 차가 움직이는지 안 움직이는지를 제대로 판단하지 못하고, 차의 방향과 속도를 예측하는 데에도 어려움이 있다. 어느 방향에서 소리가 나는지 파악하고 안전한 방향으로 피하는 행동도 미숙하며, 성인에 비해 시야가 좁을 뿐만 아니라 키가 작기 때문에 위험 상황에 노출되기 쉽다.

인라인 스케이트와 자전거 등의 운동기구를 탈 때에는 보행안전에 더욱 주의해야 한다. 전용도로나 별도의 공간이 충분히 확보되어 있지 않기 때문에 자동차와 보행자가 다니는 길에서 타다가 안전사고가 많이 발생한다. 따라서 안전모와 보호대를 반드시 착용하고 밝은 색 옷을 입도록 하고, 새벽이나 저녁에는 타지 않도록 하며 차가 다니지 않는 안전한 공간에서 타도록 지도한다.

영유아는 어린이집 등원과 하원을 걸어서 하기도 하고, 어린이집 근처를 산책하거나 견학을 가기도 하므로, 안전한 보행을 위해 보행자가 지켜야 할 안전규칙을 영유아에게 알려 주고 실제로 반복하여 경험해 보도록 함으로써 영유아가 교통규칙 실천을 생활화하도록 지도해야 한다. 교사는 어린이집 등원과 하원 시 발생할 수 있는 교통사고를 예방하기 위해 영유아에게 교통안전규칙을 안내함과 동시에 교통안전교육을 정기적으로 실시해야 한다. 영유아의 안전한 보행과 도로 횡단을 위한 안전교육의 실제 지침을 제시하면 다음과 같다.

⊙ 행정안전부	보도자료		
배포일	2023. 3. 31.(금)	담당부서	행정안전부 안전개선과

전국 보행자우선도로 149개소, 보행안전 위해 민·관 뭉쳤다!
-「보행자우선도로 활성화 협의체」 구성 -

• 보행자우선도로는 보도와 차도가 분리되지 않은 도로에서 보행자 통행이 차량 통행에 우선하도록 지정한 도로로서, 보도와 차도가 혼용되는 도로에서 보행자 사고 발생 등의 위협을 감소하고자 도입되었다.

※ 보도·차도혼용도로에서 전체 보행 중 사망자의 74.9%가 발생('19, 삼성교통안전문화연구소)

더 알아보기

보행안전 종합대책 발표, 사람이 우선인 교통안전문화 만들어 가요!

행정안전부는 사람이 우선인 교통안전문화 정책을 위해 보행자 교통사고 사망자 수를 42% 감축하는 것을 목표로 국토교통부, 경찰청 등 관계기관 합동으로 '보행안전 종합대책'을 마련했습니다. 그동안 중앙정부, 지방자치단체 등 관계기관의 적극적인 노력으로 교통사고 사망자 수는 지속해서 감소하고 있는 추세이지만, 2015년 기준, 화재ㆍ추락ㆍ교통사고 등 각종 사고로 인한 사망자 중 교통사고 사망자가 72%, 교통사고 사망자 중 보행 중 사망자가 39%에 달해 보행자의 안전관리가 시급한 상황입니다. 이에 따라 행정안전부가 발표한 보행안전 종합대책에는 보행자 중심의 제도 개선과 인프라 정비, 새로운 보행환경 위험요소 대응 등 5개 분야 24개 세부과제가 포함되어 있습니다.

- 차량 중심에서 보행자 중심으로 전환하기 위한 법ㆍ제도 정비
- 보행안전 문화의식 향상을 위한 교육ㆍ홍보 강화
- 보행자 이동 편의 증진을 위한 보행환경 인프라 확충
- 어린이ㆍ노인 등 취약계층의 보행안전 환경 개선
- 새로운 보행환경 위험요소에 대한 선제적 대응

출처: 행정안전부(2017).

1) 안전한 보행을 위한 실제 지침

(1) 등원 및 하원 시 안전한 보행
- 등원 및 하원은 항상 다니던 길로 다닌다.
- 뒤돌아보거나 장난하지 않으며, 인도로 걷는다.

(2) 골목길에서의 안전한 보행
- 좁은 골목길에서는 앞뒤, 좌우를 살펴보며 천천히 걷는다.

• 골목에서 차도로 나올 때 뛰지 않는다.

• 차가 다니는 좁은 길에서는 차가 지나간 후에 간다.

• 차가 다니는 좁은 길이나 주차장에서 공놀이를 하거나 자전거를 타지 않는다.

(3) 시간, 상황의 변화에 따른 안전한 보행

• 주변 소리를 들을 수 있도록 추워도 귀마개를 착용하지 않는다.

• 멈춰 있는 차도 움직일 수 있으므로 항상 차 앞쪽으로 걷도록 한다.

• 자동차 뒤에서는 놀지 말고, 트럭이나 승합차가 지나갈 때는 빨리 지나간다.

보행교통 안전지침

• 보도 안쪽으로 걷기
• 걸어갈 때 길에서 장난하지 않기
• 걸어갈 때 차도 옆으로 다가가지 않기
• 걸어갈 때 뛰어가거나 갑자기 방향 바꾸지 않기
• 걸어갈 때 정차한 차량 사이로 다니지 않기
• 걸어갈 때 손에 물건 들고 다니지 않기
• 골목에서 큰길로 나갈 때 멈춰서 좌우 살핀 후 걷기

출처: 보건복지부(2010).

도로 횡단 안전지침

- 차도에서 떨어져 서 있기
- 횡단보도 오른쪽에 서 있기
- 녹색불일 때 차들이 멈추었는지 확인하기
- 녹색불일 때 왼쪽, 오른쪽 먼저 살펴보고 길 건너기
- 횡단보도 건널 때 항상 운전자 보며 손 들고 건너기
- 횡단보도 건널 때 뛰지 않고 걷기

출처: 보건복지부(2010).

더 알아보기

옐로카펫(Yellow Carpet)

_____

　　횡단보도 진입부에 설치되고 있는 옐로카펫은 색대비를 활용하여 아이들의 안전한 보행을 돕는다. 아이들은 노란 영역 안에서 안전하게 신호를 기다릴 수 있도록 유도하고, 운전자는 아이들을 쉽게 인식할 수 있어 교통사고를 예방한다.

　　2016년 9월 기준, 전국 110개소 이상 펼쳐진 옐로카펫은 아이들의 안전 및 보행권을 돕는 역할을 한다. 옐로카펫은 횡단보도의 벽과 바닥에 펼쳐져서 외부와 구별되는 공간성을 형성하여 아동을 안전한 곳으로 들어가서 머무르고 싶게 만드는 넛지효과가 있으며, 특히 벽 부분은 색대비를 활용하여 운전자가 횡단보도 진입부에 서 있는 아동을 잘 볼 수 있게 하여 횡단보도에서의 교통사고를 예방한다. 옐로카펫 상단에 부착된 태양광 램프는 스스로 전력을 충전하고, 밤에는 사람을 감지하여 램프를 점등함으로써 야간 보행을 안전하게 해 주는 역할을 한다.

출처: 옐로카펫(http://childmaeul.org/).

아동안전동영상
안전 통학 지킴이 옐로카펫

2) 안전한 도로 횡단을 위한 실제 지침

(1) 신호등이 있는 횡단보도

- 보행자 신호를 보고 건넌다.
- 녹색 신호등이 켜지더라도 왼쪽을 보고 차가 멈춘 것을 확인한 후 건넌다.
- 위험한 상황에 대처할 수 있도록 차가 오는 방향을 바라보고 건넌다.
- 안전 횡단의 3원칙 '선다 → 본다 → 건넌다'를 반드시 지킨다.
- 도로를 횡단할 때 뛰지 않는다.

(2) 신호등이 없는 횡단보도

- 운전자의 얼굴을 보면서 차와 가까운 쪽의 손을 들고 건넌다.

무단 횡단 사고

차도로 길을 건너는 무단 횡단은 매우 위험하므로 반드시 횡단보도, 지하도, 육교를 이용해서 길을 건넌다.

신호등이 있는 횡단보도 사고

신호등이 녹색불로 바뀌어도 그냥 지나가는 차가 있을 수 있으므로 반드시 차가 멈추었는지 확인한 후, 횡단보도에서는 우측(오른쪽)으로 건넌다.

신호등이 없는 횡단보도 사고

반드시 차가 멈추었는지 확인한 후, 운전자와 눈을 맞추면서 손을 들고 건넌다.

그림 5-2 도로 횡단 사고 발생의 사례

(3) 횡단보도가 없는 도로 횡단

• 좌우를 살핀 후 완전히 차가 멈춘 것을 확인하고 천천히 걷도록 한다.

 그림 5-3 교통안전 교육체험

출처: 송파안전체험교육관(http://www.isafeschool.com).

아동안전동영상

폴리와 함께하는 교통안전이야기-비 오는 날의 안전수칙

3. 승차안전

1) 어린이집의 차량 운행

어린이집에서는 가능한 한 등하원 목적으로 차량을 운행하지 않는 것이 바람직하다. 부득이하게 등하원용 차량을 운행할 경우 차량 안전설비를 갖추고, 모든 탑승자가 개별 안전벨트를 착용하며, 반드시 운전자 이외에 교사 등 책임 있는 성인이 동승하여 안전 지도를 해야 한다. 운전 중 차문이 열려서는 안 되며, 영유아가 차량의 문과 창문을 조작하지 않도록 지도해야 한다. 운전자는 영유아의 안전을 위해 서행해야 하며, 운전 중 휴대전화를 사용하지 않도록 한다. 하원 차량을 운행할 경우 교사는 영유아가 반드시 보호자에게 직접 인계될 수 있도록 조치하고, 만약 보호자를 만나지 못했을 경우 보호자와 다시 연락한 후 영유아를 인계해야 한다. 또한 모든 영유아가 차량에서 내렸는지 확인하여 질식사 등의 안전사고가 발생하지 않도록 주의한다.

2) 승차안전 지도

승차 시 발생할 수 있는 영유아의 안전사고를 예방하기 위해서는 승차안전에 대한 부모의 경각심을 일깨우고 부모가 안전수칙을 준수할 수 있도록 승차안전에 관한 지속적인 부모교육을 실시할 필요가 있다. 영유아를 안고 차량에 탑승한 상황에서 교통사고를 당했을 경우, 성인 몸무게의 7배에 해당하는 충격을 영유아가 받게 되어 매우 위험하므로, 부모나 성인이 영유아를 안고 차량에 탑승하지 않도록 한다.

에어백이 있는 앞좌석에 탈 경우 충돌 시 에어백이 부풀리는 힘에 의해 영유아의 목이 꺾이거나 영유아의 얼굴을 정면으로 막아 질식할 수 있으므로, 13세 이하 아동은 반드시 자동차 뒷좌석에 타도록 한다. 자동차에서 가장 안전한 좌석은 운전자 뒷

좌석이므로 영유아는 운전자 옆좌석에 태우는 것보다 운전자 뒷좌석에 태우는 것이 안전하다.

성인용 안전벨트는 영유아의 몸에는 맞지 않기 때문에 충돌 시 튕겨져 나갈 위험이 있고, 영유아는 앉은키가 작기 때문에 어깨와 골반을 지나야 하는 안전벨트가 목과 복부를 지나게 되어 사고 시 장파열 등으로 인해 위험할 수 있으므로 아동은 반드시 아동용 보호장구를 착용해야 한다. 급정거나 충돌 시 안전벨트 폭이 넓으면 충격을 분산시켜 주지만, 안전벨트가 꼬여 있으면 오히려 피부를 상하게 하고 심하면 내장파열까지 초래할 수 있으므로 안전벨트가 꼬이거나 비틀어져 있지 않은지 확인해야 한다.

운전 중에 영유아가 문이나 창문을 열고 머리와 손을 바깥으로 내밀 경우 매우 위험하다. 운전자는 영유아와 함께 차에 타면 영유아가 운전 중 자동차 문이나 창문을 임의대로 조작하지 못하도록 안전잠금장치를 해야 한다. 뜨거운 차 안에서 체온의 균형을 잃는 속도는 영유아가 성인보다 3~5배 정도 빠르고, 외부 기온이 30℃가 넘으면 차내 온도는 훨씬 더 높으므로 영유아를 차 안에 혼자 남겨 두어서는 안 되며, 목적지에 도착해서 내릴 때는 차 안에 영유아가 자고 있지 않은지 확인해야 한다.

차내 교통안전교육 지침

- 영유아가 접이의자를 조작하지 않도록 하기
- 영유아용 무릎 안전벨트 매기
- 안전벨트의 안전상태 점검 후 교사가 매어 줄 때까지 기다리기
- 차 안에서는 항상 보호장구나 안전벨트 하기
- 차 안에서 문이나 창문을 열면 위험하다는 것을 알려 주기
- 창 밖으로 물건을 던지거나 손을 내밀면 위험하다는 것을 알려 주기
- 차량 내에는 안전수칙 및 구급장비 등을 비치하기

출처: 보건복지부(2010).

승하차 교통안전교육 지침

- 버스가 도착할 때까지 인도에서 보호자의 손을 잡고 기다리기
- 버스에서 내릴 때에는 반드시 주변 및 바닥을 확인하고 내리기
- 승하차 시 옷자락, 신발 끈, 가방 등이 문이나 손잡이에 걸리지 않도록 주의하기
- 버스를 타고 내릴 때 반드시 선생님 손 잡기
- 버스를 타고 내릴 때 손에 물건 들지 않기
- 견학 후 하차 시 어린이집으로 뛰어 들어가지 않기
- 지하철을 탈 때 안전선 안에서 기다리기
- 지하철과 승강장 사이에 발이 빠지지 않도록 잘 살핀 후 타고 내리기
- 지하철 승강장에서 장난하지 않기

출처: 보건복지부(2010).

3) 차량 보호장구

아동용 차량 보호장구란 아동용 안전좌석, 즉 카시트를 의미한다. 승차 중 사고가 났을 때 아동용 보호장구는 아동의 사망과 부상의 위험을 감소시키는 역할을 한다. 일례로, 안전벨트를 착용하지 않은 경우, 성인용 안전벨트를 착용한 경우, 아동용 보조좌석을 이용해 안전벨트를 착용한 경우로 구분하여 인형을 이용한 충돌 실험을 실시한 결과, 안전벨트를 착용하지 않은 아동은 자리를 완전히 이탈해 차량 내부에서 2, 3차 충돌이 발생했다. 또한 성인용 안전벨트를 착용한 경우 전신마비나 사망까지 초래할 수 있을 만큼 심각한 상해를 입는 것으로 나타났다. 즉, 아동이 보호장구와 안전벨트를 착용하지 않은 채 승차사고가 발생한 경우 성인보다 더 치명적인 위험에 노출된다(삼성교통안전문화연구소, 2000).

삼성교통안전문화연구소(2017)의 고속도로 안전벨트 착용 실태 분석 결과에 의하면, 아동용 보호장구 착용률은 54.7%에 불과한 것으로 나타났다. 이는 교통 선진국인 독일(98%), 프랑스(98%), 캐나다(95%)와 비교해 볼 때 절반에 그치는 수준으로 영

유아 교통안전이 심각하게 위협받고 있음을 보여 줌과 동시에 아동용 차량 보호장구에 대한 경각심이 부족함을 단적으로 보여 주는 예이다. 영유아는 승차 시 안전을 위하여 각 연령에 맞는 보호장구를 뒷좌석에 장착한 후 탑승하도록 해야 하며, 차량 보호장구는 영유아의 연령과 신장, 체중 등 체격 조건과 기능을 고려하여 단계별로 적합한 것을 사용해야 한다.

영유아가 아동용 차량 보호장구를 안전하게 착용하기 위해서는 부모와 교사의 지도가 필요하다. 성인의 안전벨트처럼 영유아의 차량 보호장구도 착용 습관이 중요하다. 보호장구의 착용이 습관되면 영유아와 성인 모두 편안하게 차량을 타고 이동할 수 있다. 어린 영아나 유아는 안전좌석에 앉았을 때 더 편안하게 오래 잠든다. 차량용 보호장구를 사용하지 않고 영유아를 무릎에 앉히는 경우가 있으나, 일단 사고가 나면 영유아에게 직접적인 충격이 가해지며, 다른 사람과 부딪히거나 튕겨 나가 성인과 영유아 모두에게 더 큰 위험이 초래된다.

더 알아보기

아동용 차량 안전좌석

아동용 차량 안전좌석은 자동차의 의자에 장착하는 아동용 보조좌석을 의미하는데, 아동의 신체에 맞도록 제작한 보조좌석이다. 안전좌석은 아동의 신체 크기에 잘 맞아야 하고 견고해야 하며 탈부착이 쉬워야 한다. 사고 발생 시 앞좌석의 에어백이 급팽창하면서 아이를 질식시키거나 심각한 부상을 입힐 수 있기 때문에 안전좌석은 반드시 뒷좌석에 설치해야 한다. 목을 가누기 어려운 12개월 이하의 영아는 뒤보기로 안전좌석을 장착한다. 아동용 차량 안전좌석의 안전벨트에는 어깨·허리·가랑이를 감싸는 5점식 벨트와 허리 또는 어깨와 가랑이를 감싸는 3점식 벨트가 있다.

아동안전동영상

 폴리와 함께하는 교통안전이야기-차를 탈 땐 안전벨트를 꼭 매요

안전교육 앱

세피야 도와줘!
어린이집안전공제회
Google Play

어린이집안전공제회에서 제공하는 어린이 안전교육 앱으로 길 건너기, 통학버스 타기, 자전거 타기 등 상황에 따른 네 가지 교통안전 행동을 배워 예방할 수 있다.

외출안전교육-어린이 교통안전교육 유아유괴방지
BabyBus
Google Play&Apple Store

보도에서 주의할 점, 길을 건널 때 보도 경계석에 일단 멈추고 차가 오는지 살펴본 후 주위 교통상황을 살피며 부지런히 걷기, 도로 옆에서는 장난치지 않기, 신호등 보기 등 외출 시 안전지식을 놀이로 배울 수 있다.

뽀로로 생활안전-어린이 안전교육

KIGLE

Google Play

뽀로로 생활안전교육 앱으로 자동차, 버스, 횡단보도 등 장소별 생활안전규칙들을 놀이로 배울 수 있다.

안전교육 그림책

교통안전 그림책

바람타고 달려라
(임정자 글, 최정인 그림,
문학동네어린이, 2011)

멈추고, 살피고, 손을 들어요!
(토이앤스토어 기획,
문상수 편, 국민서관, 2013)

걷는 게 좋아
(하영 글·그림,
파란자전거, 2014)

교통: 안전 생활 지침서-02
(세이프키즈코리아 글,
정희진 그림, 다림, 2018)

안전하게 걸어요
(딕 브루너 글·그림,
비룡소, 2019)

누구나 멈춘다
(천미진 글, 윤태규 그림,
키즈엠, 2021)

어떻게 건너지?
(김태경 글·그림,
어린이집안전공제회 기획,
풀빛, 2022)

빵빵! 꼬미야, 조심해!
(김승미 글·그림,
어린이집안전공제회 기획,
풀빛, 2022)

안전교육 교재교구

교통표지판

교통놀이기구 세트

안전 투명우산 꾸미기

자동차놀이 교구

어린이 통학차량 카시트

교통안전 교구

참고문헌

보건복지부(2010). 보육시설 안전관리매뉴얼.

삼성교통안전문화연구소(2000). 안전벨트 착용 실태 조사 및 사고 분석.

삼성교통안전문화연구소(2017). 고속도로 안전띠 착용 실태 및 설 연휴기간 사고 특성 분석.

이순형, 이성옥, 민하영, 이영미, 한유진, 장영은, 최나야, 김지현, 김진경, 정현심(2008). 영유아건강교육. 서울: 학지사.

행정안전부(2017). 보행안전 종합대책.

교통안전공단 어린이세상 http://kid.kotsa.or.kr

리틀빅키즈 https://littlebigkids.kr/

송파안전체험교육관 http://www.isafeschool.com

에듀테인 https://www.edutain.co.kr/

옐로카펫 http://childmaeul.org/

키드키즈몰 http://mall.kidkids.net/

폴리와 함께하는 교통안전이야기-놀이기구 안전하게 타기.
　　　https://www.youtube.com/watch?v=NoKur1cPuFY

폴리와 함께하는 교통안전이야기-비 오는 날의 안전수칙.
　　　https://www.youtube.com/watch?v=htn4MWRNbYY

폴리와 함께하는 교통안전이야기-차를 탈 땐 안전벨트를 꼭 매요.
　　　https://www.youtube.com/watch?v=axn6lwHa3Rg

KTV 국민방송. https://www.youtube.com/watch?v=phShoxpQwOA

 ## 본문에 실린 그림책

걷는 게 좋아. 하영 글 · 그림, 파란자전거, 2014.

교통: 안전 생활 지침서-02. 세이프키즈코리아 글, 정희진 그림, 다림, 2018.

누구나 멈춘다. 천미진 글, 윤태규 그림, 키즈엠, 2021.

멈추고, 살피고, 손을 들어요! 토이앤스토어 기획, 문상수 편, 국민서관, 2013.

바람타고 달려라. 임정자 글, 최정인 그림, 문학동네어린이, 2011.

빵빵! 꼬미야, 조심해! 김승미 글ㆍ그림, 어린이집안전공제회 기획, 풀빛, 2022.

안전하게 걸어요. 딕 브루너 글ㆍ그림, 비룡소, 2019.

어떻게 건너지? 김태경 글ㆍ그림, 어린이집안전공제회 기획, 풀빛, 2022.

제6장

화재안전

　화재는 인적 재난의 대표적인 예로 매년 화재로 인한 인명 피해가 지속적으로 발생하고 있고, 특히 화재사고 사망자 중 화재사고에 스스로 대처할 능력이 없는 영유아 사망자가 많다. 영유아를 사망에 이르게 하는 화재사고의 대부분은 부주의와 안전에 대한 인식 부족으로 발생하므로 영유아 화재사고 예방을 위한 노력, 안전지식 및 화재 발생 시 대처 방법에 대한 교육의 필요성이 제기된다. 이 장에서는 화재안전교육의 중요성, 화재 예방 및 대피 훈련, 화재 발생 시 대처 방법을 소화기 사용과 대피 방법 중심으로 살펴본다.

1. 화재안전의 중요성

화재로 인한 안전사고를 예방하기 위해 영유아가 화재 예방에 관한 지식을 익히고 행동으로 실천하도록 지도한다. 어린 영유아의 불장난으로 인한 사고가 빈번히 발생하므로 성냥이나 라이터, 촛불, 화약 폭죽 등으로 장난을 하지 않도록 지도한다. 전깃줄을 꼬거나 줄을 잡아당기지 않도록 하고, 전기 콘센트에는 젓가락 등 쇠붙이를 넣지 않도록 지도한다. 또한 물에 젖은 손으로 전기기구를 만지면 감전의 위험이 있음을 알려 주고, 난로, 다리미 등 전열기 근처에서 장난치지 않도록 한다. 어린이집에서는 화재 예방의 실천을 생활화하여 하나의 콘센트에 여러 가전제품을 연결하지 않으며, 전기기구를 사용하지 않을 경우 반드시 전원을 끈다. 껍질이 벗겨진 전선은 바로 교체하고 낮잠 시간에 선풍기를 틀고 잘 때는 반드시 타이머를 맞춘다. 화재사고의 대부분은 화재 취급 시의 부주의와 안전에 대한 인식 부족으로 발생하므로 화재사고 예방을 위한 노력과 안전지식 및 화재 발생 시 대처 방법을 영유아를 대상으로 교육함으로써 화재안전의 중요성을 강조할 필요가 있다.

2. 화재 예방 및 대피 훈련

어린이집에서는 화재에 대비하여 비상구와 비상구 유도등을 설치해야 하며, 소화전과 소화기를 설치 및 비치해야 한다. 어린이집이 2층 이상에 있는 경우에는 비상계단이나 비상탈출용 미끄럼대를 설치해야 한다. 또한 조리나 난방 용도로 가스를 사용하는 경우에는 가스누출 경보기 및 자동차단기를 설치해야 하고 정기적으로 점검을 받도록 한다. 비상구를 제외한 출입문이나 창문은 영유아가 안에 갇히게 되는 경우를 대비해 안에서 잠기지 않고 밖에서 쉽게 열 수 있도록 설치되어야 한다(이순형 외, 2008).

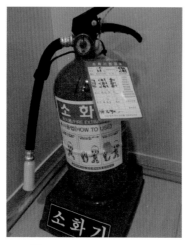

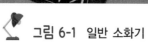

그림 6-1 일반 소화기

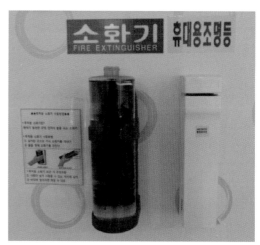

그림 6-2 투척용 소화기

그림 6-3 비상계단

그림 6-4 비상구 유도등

화재안전교육은 가정이나 어린이집에 화재가 발생했을 때 대피하는 방법을 교육하고 반복적으로 훈련하여 비상시에 신속하게 대피할 수 있도록 하기 위한 것이다. 어린이집에서는 화재 발생 시의 행동 요령과 절차, 교직원의 담당 역할을 정해 놓고 이에 따라 정기적인 훈련을 함으로써 실제 상황에서도 당황하지 않고 필요한 행동을 취할 수 있도록 한다. 화재 대피 훈련을 할 때는 먼저 인근 소방서에 의뢰하여 어린이집에 적합한 화재 대피 경로 및 방법을 알아본 뒤 화재 대피 계획을 세우고 교직원은 화재 대피 시 담당 역할을 정하여 문서화해 놓는다. 또한 옷에 불이 붙었을 때나 연기가 있을 때 등 구체적인 상황에서 취해야 할 행동을 영유아가 훈련을 통해 배우도록 하며 교직원은 소화기나 소화전의 사용 방법을 숙지한다.

 그림 6-5 어린이집 화재 대피도

① 뛰거나 몸을 흔들면 불이 더 크게 번지므로 그 자리에 멈춰 선다.

② 얼굴에 화상을 입거나 폐에 연기가 들어가는 것을 막기 위해 바닥에 엎드려 두 손으로 눈과 입을 가린다.

③ 불이 꺼질 때까지 계속 뒹굴고, 노인이나 휠체어 사용자와 같이 엎드릴 수 없는 사람의 몸에 불이 붙었을 경우에는 수건이나 담요를 덮어서 불을 꺼 준다.

 그림 6-6 옷에 불이 붙은 경우 대처 방법

화재가 발생하면 영유아나 교사 모두 당황하여 적절하게 대처하기가 어려우므로 어린이집 원장은 연간소방계획을 수립하고 이에 따라 화재 대피 훈련을 실시해야 한다. 화재 대피 훈련은 정기적으로나 비정기적으로 다양하게 실시하여 교직원과 영유아의 대피 능력을 키울 수 있도록 해야 한다. 화재 대피 훈련은 반복적인 실시가 중요하므로 월 1회 이상의 정기적인 훈련 실시와 더불어 대피 상황에 익숙해진 경우에는 사전 예고 없이 대피 훈련을 실시하여 실제 화재 발생에 대비하도록 한다(조경자, 이현숙, 2010). 화재 대피 훈련을 하기 전에 교사는 교육자료나 활동을 이용하여 대피 훈련의 필요성과 유의점을 영유아에게 미리 알려 준다. 또한 화재 발생 시 어린이집 외부로 대피한 후에 영유아가 모이는 장소를 미리 정해 두어 대피한 영유아의 인원을 정확하게 파악한다. 대피한 인원수를 정확히 파악하여 이미 대피한 영유아를 구하기 위해 화재 현장에 다시 진입하지 않도록 한다.

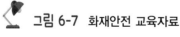
그림 6-7 화재안전 교육자료

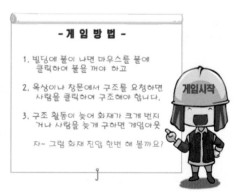

그림 6-8 화재 진압 게임

화재 대피 훈련 시 안전수칙

- 화재경보기가 울리면 놀이를 멈추고 조용히 문 쪽으로 간다.
- 대피 훈련을 할 때 친구와 장난을 치거나 떠밀지 않는다.
- 대피 시에는 몸을 낮추고 젖은 수건이나 손으로 입과 코를 막고 나온다.
- 열기와 유독가스를 피하기 위해 몸을 바닥에 가깝게 한다.
- 어린이집 외부의 정해진 장소로 조용히 이동한다.
- 교직원은 대피 훈련 시 영유아가 신속히 이동하도록 침착하게 돕는다.

출처: 중앙육아종합지원센터(http://central.childcare.go.kr).

3. 화재 발생 시 대처 방법

화재 발생 시 상황에 따라 적절하게 대처할 경우 화상이나 연기에 의한 기도 손상 등을 최소화할 수 있으므로 평소에 영유아에게 화재 상황별 적절한 대처 방법을 알려 준다(곽은복, 2008). 화재 발생 시 대처 방법은 소화기를 사용하여 소화하는 방법과 외부로 대피하는 방법으로 구분된다.

1) 화재 발생 시 소화기 사용

소화 방법은 소화에 사용되는 물질의 종류에 따라 여러 방식으로 구분되는데, 냉각소화법, 질식소화법, 연료 제거 소화 방법 등이 있다(박성옥 외, 2007). 소화기의 종류는 일반 소화기와 투척용 소화기로 구분되는데, 투척용 소화기는 일반 소화기 사용에 어려움이 있는 영유아, 노약자가 힘을 들이지 않고도 손쉽게 초기 화재를 진압할 수 있도록 만든 것이다. 「소방시설 설치 및 관리에 관한 법률」에 따라 어린이집에는 투척용 소화기가 의무적으로 비치되어야 하는데, 어린이집 전체에 비치된 소화기

수량의 절반 이상이 투척용 소화기여야 하며, 보육실과 복도에는 반드시 소화기를
구비해 두고 점검표를 부착하여 관리해야 한다.

 더 알아보기

화재 시 다양한 소화 방법

- 냉각소화법: 액체나 고체를 이용하여 냉각시키는 방법
- 질식소화법: 불연성 포말이나 고체를 이용하여 산소 공급을 차단하는 방법
- 연료 제거 소화법: 가연물을 제거하여 소화하는 방법

어린이집 소화기 안전관리지침

- 보육실 및 복도에 소화기를 한 개 이상씩 비치한다.
- 영유아의 보행 시 충돌이 발생하지 않는 위치에 소화기를 비치한다.
- 소화기는 항상 있던 장소에 그대로 두고 다른 장소로 옮기지 않는다.
- 소화기는 잘 보이는 곳, 잘 꺼낼 수 있는 곳, 그늘진 곳, 습기가 없는 곳에 보관한다.
- 소화기를 사용한 후에는 반드시 재충전하고, 한 달에 한 번 점검을 실시한다.
- 압력이 낮거나 5년 이상 된 소화기는 교체하거나 소방전문업체에 점검을 의뢰한다.
- 교사는 소화기의 사용법을 숙지한다.

출처: 중앙육아종합지원센터(http://central.childcare.go.kr).

  화재 발생 시 일반 소화기 사용 방법은 다음과 같다. 먼저 화재가 발생한 장소로 소화기를 가져온 다음 안전핀을 뽑고, 바람을 등지고 서서 불이 난 곳을 겨냥하여 소화기 호스를 잡고, 손잡이를 꽉 쥐고 뿌리는데, 빗자루로 청소하듯이 불을 향해 소화액을 뿌리면서 불을 끈다. 투척용 소화기의 경우 소화기의 커버를 벗기고, 약재를 꺼낸 다음 불을 향해 던진다. 소화전을 사용할 때는 소화전 문을 열고 관창과 호스를 꺼낸 다음 소화전함의 개폐밸브를 돌려 개방하고, 관창을 잡고 불이 난 곳을 향해 물을 뿌린다.

① 당황하지 말고 침착하게 손잡이를 잡고 불쪽으로 접근한다.

② 손잡이 앞쪽에 있는 안전핀을 힘껏 뽑는다.

③ 바람을 등지고 불이 난 곳을 향해 호스를 빼들고 손잡이를 움켜쥔다.

④ 불길 주위에서부터 빗자루로 쓸듯이 골고루 방사한다.

 그림 6-9 일반 소화기 사용 방법

일반 소화기 사용법

① 커버를 벗긴다.

② 약재를 꺼낸다.

③ 불을 향해 던진다.

 그림 6-10　투척용 소화기 사용 방법

① 화재를 알리기 위해 소화전의 발신기 스위치를 누른 다음, 소화전 문을 열고 관창과 호스를 꺼낸다.

② 불이 난 곳 근처로 관창을 가지고 간 사람이 물을 뿌릴 준비가 되면, 소화전함의 개폐밸브를 돌려 개방한다.

③ 관창을 잡고 불이 난 곳을 향해 물을 뿌린다.

그림 6-11   소화전 사용 방법

아동안전동영상

소화전 사용법

 그림 6-12 불길을 잡아라 게임

 그림 6-13 소방호스 연결작전 게임

아동안전동영상
불괴물이 나타나면?

영유아 안전교육 애니메이션

불괴물이 나타나면?

2) 화재 발생 시 대피

어린이집에 화재가 발생한 사실을 알게 되면 가장 먼저 할 일은 어린이집 외부로 대피하는 일이다. 물건을 챙기거나 119에 신고하기 위해서 지체하다 보면 건물 안에 갇히게 되어 위험해진다. 영유아는 불이 나면 오히려 가구 밑이나 구석으로 숨는 습성이 있으므로 불이 나면 "불이야!"라고 큰 소리로 주위 사람에게 알리고 바로 외부로 나와야만 한다는 사실을 알려 주어야 한다. 평소에 어린이집에서 외부로 나올 수 있는 출구를 알아 두고 비상구를 확인해 둔다. 화재가 발생한 건물에서 대피할 때에는 비상구와 비상계단을 이용하며 반드시 문을 닫고 대피해야 하는데, 방화문을 닫아 두면 연기와 화재의 확산을 지연시킬 수 있다.

아동안전동영상
세피와 함께하는 화재 대피 방법

화재 발생 시 적절한 대피 방법

- 불을 발견하면 '불이야' 하고 큰 소리로 외쳐서 다른 사람에게 알린다.
- 화재경보 비상벨을 누른다.
- 엘리베이터를 이용하는 대신 계단을 이용한다.
- 아래층으로 대피할 수 없을 때는 옥상으로 대피한다.
- 교사의 안내에 따라 낮은 자세로 대피한다.
- 불길 속을 통과할 때에는 물에 적신 담요나 수건으로 몸과 얼굴을 감싼다.
- 문을 열기 전에 손잡이가 뜨거운지 확인하고, 뜨겁지 않으면 문을 조심스럽게 열고 밖으로 나간다.
- 대피한 경우에는 바람이 불어오는 쪽에서 구조를 기다린다.
- 밖으로 나온 다음에는 다시 안으로 들어가지 않는다.
- 연기가 많은 곳에서는 팔과 무릎으로 기어서 이동하며 젖은 수건으로 코와 입을 막아 연기가 폐에 들어가지 않도록 한다.

출처: 국민재난안전포털(http://www.safekorea.go.kr).

그림 6-14 어린이집 화재 대피 훈련 1　　그림 6-15 어린이집 화재 대피 훈련 2

4. 화상 시 응급처치

1) 화상의 원인과 종류

화상은 원인에 따라 열에 의한 화상(뜨거운 물, 열, 증기, 햇볕 등에 의한 화상), 화학약품에 의한 화상(부식성 화학물질에 의한 화상), 전기에 의한 화상(과전류에 의한 화상)으로 구분되며, 화재사고 발생 시의 화상은 열에 의한 화상에 해당한다.

화상의 정도는 화상의 손상 넓이와 손상 깊이에 따라 구분된다. 우선 화상의 면적이 체표면적의 몇 퍼센트에 해당하는지에 따라 구분되는데, 화상을 입은 피부 표면은 수분이나 단백질 등이 유실되므로 화상의 면적이 넓으면 쇼크나 생명의 위험을 초래한다. 성인의 경우 화상의 면적이 전체 체표면적의 20% 이상이면 중증이지만, 아동은 15%, 영아는 10% 이상인 경우 생명이 위험할 수 있다.

다음으로 화상은 손상 깊이에 따라 1, 2, 3도 화상으로 구분되는데, 1도 화상은 피부의 표피층만 손상을 입은 것으로 피부의 색깔이 붉게 변한다. 2도 화상은 피부의 진피층까지 손상을 입은 것으로 수포가 형성되고 통증이 심하다. 3도 화상은 피부 및 피하지방까지 손상을 입은 것으로 피부가 건조해지며 색깔은 회색, 갈색, 검은색 등을 띠고, 신경조직까지 파괴되어 화상 부위의 감각 기능이 손실된다.

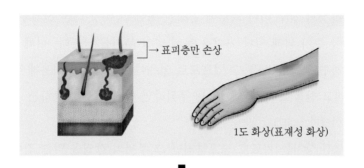

→ 표피층만 손상

1도 화상(표재성 화상)

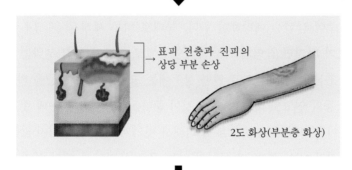

→ 표피 전층과 진피의 상당 부분 손상

2도 화상(부분층 화상)

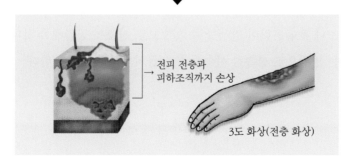

→ 전피 전층과 피하조직까지 손상

3도 화상(전층 화상)

 그림 6-16 손상 깊이에 따른 화상의 구분

출처: 보건복지부, 대한의학회(2012).

2) 화상 시 응급처치

열에 의한 화상의 경우 이미 피부에 전해진 열이 더 이상 다른 신체부위를 손상시키는 것을 막아 주기 위해 일단 차가운 물에 화상 부위를 담근다. 이때 온도의 변화가 너무 급격하면 쇼크를 받을 수 있으므로 얼음이나 얼음물을 사용해서는 안 되며, 수도꼭지에 대고 찬물로 식히기 어려운 부위라면 찬 타월을 이용하는 것이 좋다(정미라, 배소연, 이영미, 2007).

화상으로 생긴 상처는 치료도 중요하지만 그 부위의 감염을 막는 것이 더 중요하다. 따라서 화상 부위를 식힌 다음 소독된 거즈나 붕대로 상처 부위를 되도록 넓게 덮거나 감아 주어 감염을 예방해야 한다. 붕대로 너무 세게 감을 경우 수포가 터질 수 있고, 수포가 터지면 감염의 가능성이 높으므로 수포가 생긴 부위는 수포를 터트리지 않도록 조심한다. 화상으로 인한 상처에는 크림이나 로션 등을 바르지 않아야 하며, 바셀린 등의 연고도 바르지 않는 것이 좋다. 옷을 입고 있는데 벗겨야 하는 경우 피부가 떨어져 나갈 수 있으므로 무리해서 벗기기 말고 벗겨지지 않는 부분을 남기고 가위로 잘라 내야 하며, 떨어지지 않는 옷은 무리하게 떼려 하지 말고 그대로 두고 그 위에 차가운 물을 부어 식힌다. 중증의 화상 환자나 얼굴 부위에 화상을 입은 환자는 쇼크나 호흡곤란이 발생할 수 있으므로 산소를 공급해야 하며, 정도가 심한 화상 환자는 병원으로 신속히 이송한 후 응급처치를 실시해야 한다.

표 6-1 어린이집 소방안전 점검표

소방안전 점검표				

	담당	원장
년 월 일 점검자:		

안전점검 내용	점검상태		조치 사항
	예	아니요	
1. 소방계획 등 긴급사태에 대비한 계획이 수립되어 있다.			
2. 화재 등 긴급사태에 대비한 훈련을 월 1회 이상 실시하고 있다.			
3. 인근 소방서와 비상연락체계를 구축하고 있다.			
4. 응급 상황 시 대피 요령과 교직원의 업무분담표, 응급처치 및 신고 방법, 비상출구나 계단의 사용 절차 등을 마련하고 훈련하고 있다.			
5. 전기, 가스, 화재 안전점검을 받았다.			
6. 시설설비에 관한 규정상의 안전지침을 지킨다.			
7. 커튼, 실내 장식물, 카펫, 벽지 등은 방염된 제품을 사용한다.			
8. 비상계단, 영유아용 미끄럼대 등 비상 대피시설은 방염 재료를 사용하고, 그 주변에 장애물이 없다.			
9. 비상통로에는 내부로부터의 신속한 탈출을 방해하는 잠금장치가 설치되어 있지 않다.			
10. 비상통로에 유도등 또는 유도표지가 부착되어 있다.			
11. 비상구의 잠금창치는 문 안쪽에 설치되어 있다.			
12. 화재경보용 연기탐지기, 스프링클러, 누전차단기, 가스누출차단기, 가스자동차단장치, 방송설비 및 비상벨 등이 제대로 작동하고 있다.			
13. 옥내 소화전과 소화기는 각 층마다 설치되어 있다.			
14. 소화기는 눈에 잘 보이는 곳에 비치되어 있다.			
15. 소화기 사용법을 알고 화재 시 능숙하게 사용할 수 있다.			
16. 응급처치를 위한 비상약품 및 간이의료기구, 구호설비 등이 갖추어져 있다.			

안전교육 앱

번개맨과 안전맨
EBS(한국교육방송공사)
Google Play

증강현실에서 안전 문제를 풀어 나갈 때마다 번개맨에게 안전 파워 장비를 받아 위급한 안전 상황을 해결하는 안전맨이 되어 안전을 지켜 준다. OX 안전 퀴즈를 통해 안전 상식을 익힐 수 있다.

119 안전교육 메타버스
소방청
Google Play&Apple Store

나만의 아바타를 통해 메타버스 월드 공간을 구경하며 소방안전과 관련된 다양한 교육 자료를 공유하고 3D 기반의 실감형 콘텐츠를 체험해 볼 수 있다.

와글바글 안전교육
EK Co., Ltd.
Google Play

안전의 중요성을 인식하고, 안전사고를 예방할 수 있는 영유아 안전애니메이션을 제공해 성교육, 실종유괴예방, 약물오남용, 재난대비, 소방안전에 대해 학습할 수 있다.

소방안전-베이비버스
BabyBus
Google Play

다양한 상황에서 직접 소방관이 되어 불을 끄고 홍수에 대비하는 화재 안전지식을 놀이로 배울 수 있다.

안전교육 그림책

화재안전 그림책

불똥맨, 불이 나면 어떡하죠?
(에드워드 밀러 글·그림,
비룡소, 2011)

불이 나면 밖으로 나와요!
(토이앤스토어 기획, 문상수 편,
국민서관, 2013)

집에서도 조심조심
(마술연필 글, 마이크 고든 그림,
보물창고, 2017)

화재: 안전 생활 지침서-03
(박승균 글, 마리 그림,
다림, 2018)

불이야! 불이야!
(최옥임 글, 이요한 그림,
키즈엠, 2020)

고마운 불 무서운 불
(이재윤 글, 강경수 그림,
인북, 2021)

불이야! 불이야!
(이주현 글 · 그림,
어린이집안전공제회 기획,
풀빛, 2022)

멈춰요! 엎드려요! 굴러요!
(로이비쥬얼 원저,
로이북스, 2023)

안전교육 교재교구

화재 대피요령

어린이소방관 사원증

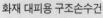

화재 대피용 구조손수건

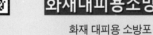

화재 대피용 소방포

재난안전키트(화재-지진 대피용)

화재안전 교구

참고문헌

곽은복(2008). 아동안전관리(2판). 서울: 학지사.

박성옥, 이영환, 한유미, 곽혜경, 양연숙, 이진숙, 장혜자, 안은숙, 이민경, 김연주(2007). 영유
        아의 건강과 안전. 서울: 창지사.

보건복지부, 대한의학회(2012). 화상의 부상 정도에 따른 구분.

이순형, 이성옥, 민하영, 이영미, 한유진, 장영은, 최나야, 김지현, 김진경, 정현심(2008). 영유
        아건강교육. 서울: 학지사.

정미라, 배소연, 이영미(2007). 영유아를 위한 건강교육 및 영양교육. 경기: 양서원.

조경자, 이현숙(2010). 유아건강교육(3판). 서울: 학지사.

국민재난안전포털 http://www.safekorea.go.kr

리틀빅키즈 https://littlebigkids.kr/

중앙육아종합지원센터 http://central.childcare.go.kr

키드키즈몰 http://mall.kidkids.net/

불괴물이 나타나면? https://www.youtube.com/watch?v=drAQ8rNon-A

세피와 함께하는 화재 대피 방법. https://www.youtube.com/watch?v=ppGGhyJHiBI

소화전 사용법. https://www.youtube.com/watch?v=GsN85aHcl14

일반 소화기 사용법. https://www.youtube.com/watch?v=xN2UJy_HvTw

본문에 실린 그림책

고마운 불 무서운 불. 이재윤 글, 강경수 그림, 인북, 2021.

멈춰요! 엎드려요! 굴러요! 로이비쥬얼 원저, 로이북스, 2023

불뚱맨, 불이 나면 어떡하죠? 에드워드 밀러 글·그림, 비룡소, 2011.

불이 나면 밖으로 나와요! 토이앤스토어 기획, 문상수 편, 국민서관, 2013.

불이야! 불이야! 이주현 글·그림, 어린이집안전공제회 기획, 풀빛, 2022.

불이야! 불이야! 최옥임 글, 이요한 그림, 키즈엠, 2020.

집에서도 조심조심. 마술연필 글, 마이크 고든 그림, 보물창고, 2017.

화재: 안전 생활 지침서-03. 박승균 글, 마리 그림, 다림, 2018.

제7장

재난안전

재난은 자연재난과 사회적 재난으로 구분되는데, 자연재난은 지진, 태풍, 대설 등과 같은 자연 현상이 원인이 되어 나타나는 재난을 의미한다. 다른 안전사고에 비해 발생 시 재산 및 인명 피해 규모가 매우 크다는 점에서 재난의 예방, 대비, 대응, 복구의 단계별 대처 방법의 중요성이 제기된다. 이 장에서는 재난안전의 다양한 유형 중 지진, 태풍, 대설을 선정하여 영유아를 대상으로 실시되는 재난안전교육의 내용에 대해 살펴보고자 한다.

1. 지진안전

1) 지진의 특징 및 발생 현황

지진은 지구 내에 커다란 힘이 모여 있다가 한 순간에 밖으로 나오면서 지층이 끊어져 땅이 흔들리는 현상을 말한다. 다시 말해, 지진은 지구 내부 어딘가에서 급격한 지각 변동이 생겨 그 충격으로 생긴 파동, 즉 지진파가 지표면까지 전해져 지반을 진동시키는 것이다. 그것은 마치 종을 쳤을 때 사방으로 울려 퍼지는 음파와 같은 성질을 갖고 있다. 지진은 지각의 일부에 변형력이 지속적으로 작용하여 암석들이 쪼개질 때, 이 지점에 국지적으로 모인 탄성·화학·중력 에너지가 갑자기 방출되어 생긴 지진파가 지면에 도달하여 발생한다.

지진의 크기는 규모와 진도로 구분된다. 먼저 지진 규모는 지진 자체의 절대적인 세기인 실제 에너지 값을 말하며, 이를 나타내는 척도로 리히터 규모가 가장 많이 사용된다. 지진 진도는 특정 장소에서 느껴지는 지진의 상대적인 세기를 말하며, 매우 강한 지진이 발생하더라도 발생 지점에서 멀어질수록 진도는 약해지므로 특정 장소에서 나타나는 현상이나 피해를 반영한다.

지진은 민감한 지진계에 의해서만 인지되는 아주 작은 규모의 지진에서부터 광범위한 지역에 대규모의 피해를 주는 지진까지 다양하다. 전 세계적으로 매일 수천 개의 지진이 지구상에서 발생하는데, 대부분의 지진은 오랜 기간에 걸쳐 대류의 이동, 해저의 확장, 산맥의 형성 등에 작용하는 지구 내부의 커다란 힘에 의하여 발생된다. 이 외에도 화산활동으로 인해 지진이 발생하기도 하는데, 이 경우에는 그 규모가 비교적 작으며, 폭발물에 의해 인공적으로 지진이 발생하기도 한다(김일옥, 이정은, 2010).

지진은 예고 없이 지표면의 지각 변동에 의해 단시간에 가장 큰 파괴력을 가지고 발생하는 자연재난 중 하나이다. 전 세계 각 지역에서 전반적으로 발생하는 것이 아니라 띠 모양을 이루며 특정 지역에서 많이 발생하므로 이처럼 지진이 자주 발생하는 지역을 지진대라고 한다. 대륙이동설에서 발전된 '판구조론'에 따르면 지진은 지구 표면에 있는 10여 개 지각판 간의 마찰저항이 약해져 갑자기 미끄러질 때 일어난다. 이 때문에 판 경계 부근에서 지진이 자주 일어난다. 지진 공포에 시달리는 일본은 유라시아, 태평양, 필리핀, 북아메리카의 네 개 판이 만나는 지점에 자리 잡고 있다. 반면, 우리나라는 유라시아 판 내부에 있어 대규모 지진의 위험은 적은 편이다. 1978년 10월 충청남도 홍성에서 규모 5.0의 지진이 발생했는데, 이를 계기로 우리나라에서도 지진 대비를 시작했다. 1978년 댐에 대해 리히터 규모 5.4~6.2의 지진에 견딜 수 있도록 내진설계를 의무화했으며, 1986년 터널, 1988년 건축물, 1992년 교량, 2000년 항만시설 수문, 2004년 공항시설 순으로 그 범위가 확대됐다. 2005년에는 댐과 수문의 기준이 상향 조정됐고, 같은 해 7월에는 내진설계를 해야 하는 건축물의 대상이 6층 이상, 1만m^2 이상에서 3층 이상, 1,000m^2 이상으로 강화됐다(이순형 외, 2008).

우리나라는 지진대에 속해 있지는 않아 큰 지진이 발생할 가능성이 상대적으로 적은 편이었지만, 2016년 9월 경주와 2017년 11월 포항에서 규모 5.0 이상의 강진이 발생하였고, 그 이후 최근까지 지속적으로 규모 2.0 이상의 지진 발생하였다(성미영, 2017). 이처럼 우리나라의 지진 발생 건수가 증가하고 피해규모도 커지고 있어 지진 발생 시 대응 방법, 대피 훈련 등에 대한 안전교육이 요구된다. 아직 우리나라의 어린이집 설치 기준에는 내진설계에 대한 규정이 없으나, 우리나라도 지진 예외 지역이 아니라는 점을 고려할 때 지진에도 안전한 건물에 대한 고려가 필요할 것으로 보인다. 2007년에는 전국 어린이집을 대상으로 지진에 대비하기 위해 재난 대응 안전한국훈련을 실시하였다. 최근에는 어린이집에서 매년 비상대응계획을 수립하여 화재뿐만 아니라 지진에 대비한 대피 훈련을 실시하고 있다.

표 7-1 지진의 규모별 영향력

규모	규모에 따른 영향력	MMI 진도 (12등급)
2.5 미만	지진계에만 기록되고 사람은 느끼지 못함	I(미진)
2.5	정지해 있거나 민감한 사람만 다소 흔들린다고 느낌	
3.0	모든 사람이 느낄 정도로 창문이 다소 흔들림	II(경진)
3.5	건물, 창문이 흔들리고 형광등과 같은 매달린 물건이 흔들리거나 그릇의 물이 출렁이며 사람은 약간 놀라서 자다 깸	III(약진)
4.0	건물의 흔들림이 심하여 꽃병이 넘어지며 그릇의 물이 넘침 많은 사람이 매우 놀라 자다 깨서 집 밖으로 뛰어나옴	IV~V (중진)
5.0	벽에 금이 가고 비석이 넘어지고 굴뚝, 돌담, 축대 등이 파손되며 사람은 서 있기 곤란한 정도의 심한 공포를 느낌	VI~VII (강진)
6.0	30% 이하의 건물이 파괴되고 산사태가 발생할 수 있고 땅에 금이 가며 사람이 혼자 서 있거나 도움 없이 걸을 수 없음	VIII~IX (열진)
7.0	30% 이상의 건물이 파괴되고 산사태가 나고 땅이 갈라지며 사람들은 이성을 상실하게 됨	X~XII (격진)
8.0	건물이 완전히 파괴되고 철로가 휘고 지면에 단층현상이 발생하며 사람들은 대공황에 빠짐	
9.0 이상	관측된 바 없음	

2) 지진 발생 전 대비방법

어린이집의 지진 대비책에는 어린이집 시설 점검, 비상연락망 점검 및 비상용품 구비, 지진 대피 계획 마련 및 대피 훈련 실시, 지진 대응 사전교육 실시 등이 포함된다.

(1) 어린이집 시설 점검

- 지진 발생 시 전도되거나 낙하, 이동될 수 있는 가구나 비품을 점검하고, 기구를 이용해 벽이나 바닥에 고정시킨다.
- 지진 발생 시 감전되기 쉬운 가전이나 비품이 있는지 검사한다.
- 화재 발생을 대비해 소화기, 화재경보기, 누전 차단기 등을 점검하고, 관련 기기의 올바른 사용 방법을 숙지한다.
- 건물, 담장 등을 자주 점검하고, 위험한 부분은 보수, 보강한다.

(2) 비상연락망 점검 및 비상용품 구비

- 영유아 비상연락망(부모 등)을 점검, 확인한다.
- 원장 및 교사의 비상연락망을 점검, 확인한다.
- 지역사회관계기관(소방서, 경찰서 등)과 비상연락체제를 구축한다.
- 비상시를 대비해 비상용품을 구비하고, 보관 장소와 사용법을 알아 둔다.

(3) 지진 대피 계획 마련 및 대피 훈련 실시

- 어린이집의 상황에 적합한 지진 대피 계획을 마련한다.
- 건물 내 대피통로를 확보하고 대피 경로를 계획한다.
- 인근의 넓은 공터, 대피소 등의 위치를 확인하고 숙지한다.
- 보육교직원의 역할을 분담하고, 이에 따라 대피 훈련을 실시한다.
- 상황별 시나리오를 마련하여 대피 훈련을 정기적으로 실시한다.

(4) 지진 대응 사전교육 실시

- 영유아를 대상으로 지진 대응 사전교육을 실시한다(지진에 대한 이해, 지진 발생 시 행동요령, 대피 장소 등).
- 영유아 지진 대응 교육활동을 영역 통합적으로 계획하고 실시한다.
- 보육교직원을 대상으로 지진 대응 사전교육을 실시한다(응급처치 방법, 지진 발

생 시 행동요령, 대피 경로, 대피 장소 등).

- 부모를 대상으로 지진 대응 사전교육을 실시한다(지진 발생 시 행동요령, 대피 장소, 어린이집과의 연락 등).

3) 지진 발생 시 대응방법

영유아가 어린이집 내에 있을 때, 어린이집 밖에 있을 때, 등·하원 중일 때, 통학 차량으로 이동 중일 때 등의 상황별 지진 대응방법은 다음과 같다.

(1) 어린이집 내에서 지진이 발생했을 때

- 책상 아래와 같이 몸을 보호할 수 있는 곳으로 재빠르게 들어간다.
- 책상 다리를 꼭 붙잡고 책, 손 등으로 머리를 감싸 보호한다.
- 교사는 전기, 가스를 차단하고 대피 경로를 확보한다.
- 흔들림이 멈추면 어린이집 밖으로 나와 영유아와 교사의 안전을 확인한다.

 그림 7-1 어린이집 지진 대피 훈련

(2) 어린이집 밖에서 지진이 발생했을 때

- 흔들림을 느끼면 교사는 건물에서 떨어진 넓은 공간으로 영유아를 모아 함께 모여 앉는다.
- 머리를 손으로 보호하고, 바닥의 균열 및 침하, 떨어지는 사물 등을 주의한다.
- 교사는 어린이집에 교사와 영유아의 위치, 영유아의 안전 상태 등을 알리고, 필요시 지원을 요청한다.
- 지진 발생 상황을 휴대전화 등으로 확인하고, 흔들림이 멈추면 안전하게 어린이집 또는 대피소로 이동한다.

(3) 등·하원 시 지진이 발생했을 때

- 지진 발생 시 학부모의 협조를 얻어 영유아의 안전을 확보하고, 영유아가 학부모와 함께 안전한 장소로 대피하도록 한다.
- 원장은 재난 상황에 따라 어린이집 운영 여부를 결정하고 안내문을 게시한다.
- 어린이집 운영 방침을 부모에게 유선(문자, 통화 등)으로 즉시 전달한다.

(4) 통학차량 이동 중 지진이 발생했을 때

- 차량을 멈추고 영유아의 안전을 확보한 후 어린이집에 연락한다.
- 필요시 어린이집에 지원(보조인력, 비상용품 등)을 요청한다.
- 건물 파편 등에 주의하며 안전한 장소에서 대기한다.
- 지진 발생 상황을 확인하고, 흔들림이 멈추면 영유아를 안전하게 이동시킨다.

📙 표 7-2 지진 발생 시 단계별 대응방법

[1단계] 지진 감지 및 알림	• 지진을 처음으로 감지한 사람은 큰 소리로 지진 발생을 알리고, 원장에게 즉시 알린다. • 원장은 재난관리기관(소방서, 경찰서)에 재난 발생을 알리고, 안내방송을 통해 어린이집 구성원에게 지진 발생을 알린다.
[2단계] 안전 확보	• 영유아와 교사는 책상 아래로(몸을 보호할 수 있는 공간으로) 즉시 들어가 몸을 웅크리고 책, 손으로 머리를 보호한다. • 교사는 전기와 가스를 차단한다. • 교사는 대피할 수 있는 출입구(출입문, 창문 등)를 열어 대피로를 확보한다.
[3단계] 긴급 대피	• 교사와 원장은 비상연락망을 소지한다. • 구급 담당 교사는 비상용품을 신속하게 챙긴다. • 각 반 교사는 영유아를 인솔하여 침착하게 안전한 장소(넓은 공터, 대피소 등)로 대피한다. • 보조교사는 환자 또는 장애아동 대피를 우선적으로 지원한다.
[4단계] 응급조치	• 교사는 영유아의 부상을 확인한다. • 원장은 영유아와 교직원의 부상을 확인한다. • 부상자를 확인하면 안전한 곳에서 응급처치를 실시하고, 곧바로 의료기관 등에 연락한다.
[5단계] 재난 정보 확인, 보호자 인계	• 대피 장소에 도착하여 교사는 영유아의 인원수를 파악한다. • 교사는 라디오, 휴대전화 등으로 지진 안내방송을 청취하고 재난 상황을 확인한다. • 교사는 부모에게 연락하여 영유아를 안전하게 인계한다. 부모와 연락이 닿지 않을 경우 영유아를 대피 장소에서 안전하게 보호하고 계속하여 연락을 시도한다.

출처: 성미영(2017).

표 7-3 지진 발생 시 장소별 행동요령

[사무실에 있을 때]	[학교에 있을 때]	[실외에 있을 때]
• 책상 아래로 들어가 몸을 보호한다. 흔들림이 멈추면 밖으로 대피한다.	• 책상 아래로 몸을 피한다. 흔들림이 멈추면 선생님의 안내에 따라 운동장으로 대피한다.	• 떨어지는 물건으로부터 가방이나 손으로 머리를 보호하고, 넓은 공간으로 대피한다.

[백화점이나 마트에 있을 때]	[영화관, 경기장 등에 있을 때]	[엘리베이터를 타고 있을 때]
• 장바구니로 머리를 보호하고, 계단이나 기둥 근처에 가 있다가 흔들림이 멈추면 밖으로 대피한다.	• 가방 등 소지품으로 몸을 보호하며 잠시 자리에 있다가, 흔들림이 멈추면 안내에 따라 대피한다.	• 모든 층의 버튼을 눌러 가장 먼저 열리는 층에서 즉시 내린 후 계단을 이용한다.

[자동차를 타고 있을 때]	[지하철을 타고 있을 때]	[산에 있을 때]
• 도로 오른쪽에 서서히 차를 세운다. 대피 시 열쇠를 꽂은 채 문을 잠그지 않고 이동한다.	• 손잡이나 기둥을 꼭 잡아 넘어지지 않도록 하고, 지하철이 멈추면 안내에 따라 행동한다.	• 산사태, 절벽 붕괴에 주의하고 안전한 곳으로 대피한다. [해안에 있을 때] • 높은 곳으로 이동한다.

출처: 국민재난안전포털(https://www.safekorea.go.kr).

4) 지진 종료 후 복구방법

지진 종료 후 어린이집 교직원은 피해 상황 파악 및 보고, 2차 재난 방지를 위한 점검 및 응급조치, 피해 복구 및 대책 마련 등과 관련한 활동을 실시한다.

(1) 피해 상황 파악 및 보고
- 지진 종료 후 부상자를 확인하고, 응급처치 후 병원 등으로 이송한다.
- 어린이집 건물 및 주변시설의 피해 상황을 파악한다.
- 부상자와 어린이집 피해 상황을 관련기관에 보고한다.
- 피해 상황에 따라 원장은 영유아의 조기귀가, 휴원 등의 조치를 취하고 부모에게 알린다.

(2) 2차 재난(여진, 지진해일 등) 방지를 위한 점검 및 응급조치
- 라디오, 휴대전화 등으로 2차 재난 예보를 청취하고, 여진 발생 시를 대비해 어린이집 시설물을 점검한다.
- 지진해일이 발생할 수 있는 지역에서는 영유아와 교직원의 안전을 위해 신속하게 높은 지대로 이동한다(인근에 아파트가 있는 경우 아파트 옥상으로 대피한다).
- 통신기기의 사용 폭주로 통신에 일시적 장애가 있을 수 있으므로 라디오 등을 통해 공공기관에서 제공하는 정보에 따라 침착하게 대처한다.

(3) 피해 복구 및 대책 마련
- 붕괴되거나 균열이 발견된 건물과 주변시설을 복구, 보강하고 파손된 집기와 시설물을 건물 밖으로 꺼내 피해 공간을 정리한다.
- 가스, 전기, 수도관 등의 이상을 확인하고, 관련 기관의 도움을 받아 피해를 복구한다.
- 원장은 유관기관과 긴밀하게 협조 체계를 구축하고, 어린이집 피해 복구 과정과 이후의 비상운영에 대한 대책을 마련한다.

아동안전동영상

 우지끈 쿵! 탁자 밑으로 도망쳐!

아동안전동영상

 세피와 함께하는 지진 발생 시 대피요령

더 알아보기

지진대피 약속해

지진대피 약속해

① 지진이 나면 ② 탁자 아래로 ③ 빨리빨리 ④ 대 피 해
⑧ 엘리베이터 ⑨ 타면 안 돼요 ⑩ 계단 통해 밖으로
⑪ 넓은 공터로 ⑫ 대피해 - 서 ⑬ 안전하게 있어요
⑤ 새끼손가락 ⑥ 고리 걸 - 어 ⑦ 꼭 꼭 약 속 해

① 몸이 흔들리는 동작을 한다.

② 손으로 네모를 그린다.

③ 두 팔을 앞뒤로 흔든다.

④ 머리를 손 위로 한다.

⑤ 새끼손가락을 위로 든다.

⑥ 새끼손가락을 구부린다.

⑦ 손목을 회전하며 돌린다.

⑧ 손바닥을 아래위로 한다.

⑨ 양팔로 엑스 표시를 한다.

⑩ 두 팔을 앞뒤로 흔든다.

⑪ 두 손으로 큰 원을 그린다.

⑫ 두 팔을 앞뒤로 흔든다.

⑬ 두 팔을 가슴으로 모은다.

* 동요 '꼭꼭 약속해'(작사, 작곡 미상)를 개사하여 사용함.
출처: 성미영(2017).

2. 태풍안전

1) 태풍의 특징 및 발생 현황

태풍은 북태평양 서부에서 발생하는 열대성 저기압 중에서 중심부 최대풍속 17m/s 이상의 폭풍우를 동반하고 있는 기상현상을 말한다. 구체적으로, 태풍은 적도 부근이 극지방보다 태양열을 더 많이 받아 생기는 열에너지의 불균형을 없애기 위해 저위도 지방의 따뜻한 공기가 바다로부터 수증기를 공급받으면서 강한 바람과 많은 비를 동반하며 고위도로 이동하는 기상 현상 중 하나이다.

지구가 자전하면서 태양의 주위를 돌기 때문에 낮과 밤, 계절의 변화가 생기고, 지구가 태양으로부터 받는 열량의 차이가 발생하므로 대륙과 해양, 적도와 극지방과 같이 지역에 따라 열에너지의 불균형이 일어난다. 이러한 불균형을 해소하기 위해 기온, 습도, 기류 등의 변화가 생기고 태풍이 발생하게 된다. 태풍은 시간당 120km 이상의 강풍과 집중호우를 동반하기 때문에 짧은 시간에 엄청난 피해를 주는 자연재난이다. 태풍은 바다 한가운데에서 발생하여 점차 속도, 크기, 강도가 강해지면서 진행되는데 특히 태풍의 눈에 해당하는 중심 부분은 시간당 320km 이상의 바람이 분다.

1904~2017년 동안 우리나라에 영향을 준 태풍의 수는 총 350개로 연평균 3.1개의 태풍이 우리나라에 영향을 준 것으로 나타났다(국가태풍센터, 2018). 2016년 한 해 동안 태풍으로 인한 우리나라의 피해 규모를 살펴보면, 총 이재민이 6,714명이고 재산피해액은 2,150억 원이었다(재해연보, 2016).

인공위성과 슈퍼컴퓨터의 도입으로 기상예측이 더 정확해져 태풍의 진행 방향과 속도를 미리 알려 주기 때문에 그에 따라 사전에 여러 가지 대비책을 마련하여 피해를 최소화하여야 한다. 즉, 라디오나 TV를 통하여 태풍의 방향에 대한 정보를 듣고, 바람으로 인해 떨어지거나 파손될 물건을 미리 안전한 곳에 치우며, 깨지기 쉬운 물건이나 유리창도 바람막이를 이용해 보호하는 등 사전에 대비한다. 또한 낙뢰 또는 정전에 대비하여 손전등, 건전지, 비상식량, 음료, 응급약품 등을 준비한다.

더 알아보기

태풍의 강도와 크기 분류

태풍의 강도는 최대 풍속에 따라 초강력, 매우 강, 강, 중으로 구분되고, 태풍의 크기는 태풍 중심으로부터 풍속 15m/s 이상의 바람이 부는 반경(km)인 강풍 반경에 따라 소형, 중형, 대형, 초대형으로 구분된다.

태풍의 강도 분류

태풍의 크기 분류

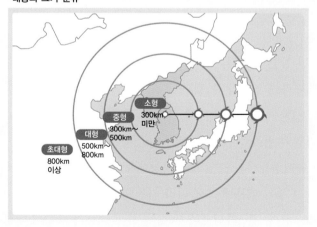

출처: 기상청 날씨누리(https://www.weather.go.kr/w/typhoon/basic/info3.do).

표 7-4 태풍주의보 및 태풍경보

태풍주의보	태풍경보
태풍으로 인하여 강풍, 풍랑, 호우, 폭풍해일 현상이 주의보 기준에 도달할 것으로 예상될 때 • 육상에서 풍속 14m/s 이상 또는 • 순간 풍속 20m/s 이상 예상될 때 • 12시간 강우량이 110mm 이상 예상될 때	태풍으로 인하여 육상에서 풍속 21m/s 이상 또는 강우량 200mm 이상 예상될 때

출처: 기상청(http://www.kma.go.kr/).

2) 태풍 발생 전 대비방법

어린이집의 태풍 대비책으로는 어린이집 시설 점검, 비상연락망 점검 및 비상용품 구비, 태풍 대피 계획 마련 및 태풍 대피 훈련 실시, 태풍 대응 사전교육 실시 등을 포함한다.

(1) 어린이집 시설 점검

• 어린이집의 하수구나 배수구를 점검하고 막힌 곳을 뚫어 준다.
• 바람에 날아가거나 떠내려갈 수 있는 구조물(어린이집 간판, 우편함, 창문, 화분 등)을 고정시키고 어린이집 옥상 또는 마당에 있는 이동식 놀이기구, 신발장 등은 실내로 옮긴다.
• 낡은 창문을 교체 또는 보수한다. 또한 창문 유리의 파손을 막기 위해 젖은 신문지를 창문에 붙이거나 창문 틈에 신문지를 채워 넣고, 테이프를 이용하여 유리를 창틀에 고정시킨다.
• 태풍이 예보되면, 모든 출입문과 창문을 잠그고, 가스 밸브를 잠근다. 사용하지 않는 전기콘센트를 뽑아 놓는다.
• 침수가 예상되는 지역이나 지하에 어린이집 차량을 주차하지 않는다.

(2) 비상연락망 점검 및 비상용품 구비

- 영유아 비상연락망(부모 등)을 점검, 확인한다.
- 원장 및 교사의 비상연락망을 점검, 확인한다.
- 지역사회관계기관(소방서, 경찰서 등)과 비상연락체제를 구축한다.
- 비상시를 대비해 비상용품을 구비하고, 보관 장소와 사용법을 알아 둔다.

(3) 태풍 대피 계획 마련 및 대피 훈련 실시

- 상습 침수지역에 위치한 어린이집에서는 태풍 대피 계획을 마련한다.
- 인근 고지대의 건물, 대피소 등의 위치를 확인하고 숙지한다.
- 교직원의 역할을 분담하고, 이에 따라 대피 훈련을 실시한다.
- 상황별 시나리오를 마련하여 대피 훈련을 정기적으로 실시한다.

(4) 태풍 대응 사전교육 실시

- 영유아를 대상으로 태풍 대응 사전교육을 실시한다(태풍에 대한 이해, 태풍 발생 시 행동요령, 대피 장소 등).
- 영유아 태풍 대응 교육활동을 영역 통합적으로 계획하고 실시한다.
- 교직원을 대상으로 태풍 대응 사전교육을 실시한다(태풍 발생 시 행동요령, 대피 장소, 응급처치 방법 등).
- 부모를 대상으로 태풍 대응 사전교육을 실시한다(태풍 발생 시 행동요령, 대피 장소, 상황별 어린이집과의 연락 등).

3) 태풍 발생 시 대응방법

영유아가 어린이집 내에 있을 때, 어린이집 밖에 있을 때, 어린이집이 상습침수 지역일 때 등의 상황별 태풍 대응방법은 다음과 같다.

(1) 어린이집 내에서 태풍이 발생했을 때

- 출입문과 창문을 모두 닫고 잠근다.
- 영유아가 출입문, 창문 등에 가까이 가지 못하도록 한다.
- 영유아와 교사는 가능한 한 바깥 출입을 하지 않고 실내에 머무른다.
- 교사는 라디오, 휴대전화로 태풍 재난상황을 지속적으로 확인하여 대응한다.
- 유리창 파손 등으로 부상자가 생기면 응급조치 후 의료기관으로 이송한다.

(2) 어린이집 밖에서 태풍이 발생했을 때

- 어린이집 밖에서 태풍이 발생하면 교사는 교사와 영유아의 위치, 영유아의 안전 상태 등을 어린이집에 알리고, 필요시 지원을 요청한다.
- 태풍 발생 상황을 휴대전화 등으로 확인한 후, 상황에 따라 안전하게 어린이집 또는 인근 건물, 대피소 등으로 이동한다.
- 이동 시 영유아가 강풍으로 날아가는 물체, 전신주, 가로등, 맨홀 주변 등을 주의할 수 있도록 한다.
- 부상자가 발생하면 즉시 안전한 장소에서 응급처치를 실시하고, 119에 신고하여 부상자를 의료기관으로 이송한다.

(3) 상습 침수지역의 어린이집에서 태풍이 발생했을 때

- 태풍 발생 시 어린이집의 영유아와 교직원이 모두 고지대의 안전한 장소(건물 또는 대피소)로 대피할 수 있도록 한다.
- 교사는 영유아의 안전과 위치를 부모에게 알리고, 대피 장소에서 영유아를 보

호하고 있다가 부모에게 안전하게 인계한다.

• 원장은 재난 상황에 따라 어린이집 운영 여부를 결정한다.

• 교사는 어린이집 운영 방침을 부모에게 유선(문자, 통화 등)으로 즉시 전달한다.

더 알아보기

도시침수 대비 유아 안전교육프로그램

영유아를 대상으로 풍수해 발생 시 대처 방법에 대한 교육프로그램이 개발되어 보급되었는데, 집중호우 시 비상대피요령을 학습하는 활동, 비상시 준비할 물건을 알아보는 활동 등 총 9회의 교육활동으로 구성되어 있다(성미영, 2009).

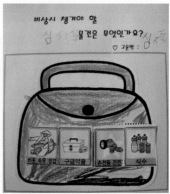

표 7-5 태풍 발생 시 단계별 대응방법

[1단계] 태풍 정보 숙지	• 어린이집 교직원은 TV, 라디오, 휴대전화 등으로 태풍 정보를 수시로 확인하고, 태풍의 진로와 도달 시간을 알아 둔다. • 태풍 발생 시 재난관리 기관(소방서, 경찰서)에 재난 발생을 알리고, 안내방송을 통해 어린이집 구성원에게 태풍 발생과 대처에 대해 알린다.
[2단계] 안전 확보	• 어린이집의 모든 문과 창문을 닫고 잠근다. • 가스 사용 후 밸브를 잠그고, 이용하지 않는 전기콘센트를 뽑는다. • 안전을 위해 영유아와 교사는 실내에 머무르고, 부득이한 경우를 제외하고 영유아와 교사는 바깥 출입을 하지 않는다. • 영유아가 문이나 창문 가까이 접근하지 못하도록 한다.
[3단계] 긴급 대피	• 저지대 또는 상습 침수지역인 경우 영유아와 교사는 가까운 대피소로 신속하게 대피한다. • 대피 시 영유아가 가로등, 전신주, 신호등, 하수도 맨홀 등에 접근하지 못하도록 한다. • 대피 중 천둥·번개가 칠 경우에는 건물 안이나 낮은 지역으로 이동한다.
[4단계] 응급조치	• 실내에서 유리창 등이 깨지거나 대피 중 강풍으로 날아가는 물건들에 의해, 또는 전기 시설물에의 접근을 통하여 영유아와 교사가 부상을 입지 않았는지 부상자를 확인한다. • 부상자를 확인하면 안전한 곳에서 응급처치를 실시하고 곧바로 의료기관 등에 연락하여 이송한다.
[5단계] 재난정보 확인, 보호자 인계	• 어린이집 실내 또는 대피 장소에서 교사는 영유아의 인원을 파악한다. • 교사는 라디오, 휴대전화 등으로 태풍 안내방송을 청취하고 재난 상황을 확인한다. • 대피 중 교사는 부모에게 연락하여 영유아를 안전하게 인계한다. 연락이 닿지 않을 경우 영유아를 대피 장소에서 안전하게 보호하고 계속하여 연락을 시도한다.

출처: 성미영(2017).

4) 태풍 종료 후 복구방법

태풍 종료 후 어린이집 교직원은 피해 상황 파악 및 보고, 2차 재난 방지를 위한 점검 및 응급조치, 피해 복구 및 대책 마련 등과 관련한 활동을 실시한다.

(1) 피해 상황 파악 및 보고

- 태풍 종료 후 부상자를 확인하고, 응급처치 후 병원 등으로 이송한다.
- 어린이집 건물 및 주변시설의 피해 상황을 파악한다.
- 부상자와 어린이집 피해 상황을 관련기관에 보고한다.
- 재난 상황에 따라 원장은 영유아의 조기귀가, 휴원 등의 조치를 취하고 부모에게 알린다.

(2) 2차 재난(추가 태풍 및 호우, 수인성 전염병 등) 방지를 위한 점검 및 응급조치

- 라디오, 휴대전화 등으로 2차 재난 예보를 청취하고 추가 태풍과 호우 발생 시를 대비해 어린이집 시설물을 점검한다.
- 태풍 및 호우로 인해 수인성 전염병이 발생할 수 있으므로 음용수 및 급식 준비 시 위생관리를 강화한다.
- 태풍 발생 시 통신에 일시적 장애가 있을 수 있으므로 라디오 등을 통한 공공기관의 정보에 따라 침착하게 대처한다.

(3) 피해 복구 및 대책 마련

- 태풍으로 인하여 파손된 창문이나 주변시설을 복구, 보강한다.
- 어린이집의 가스, 전기, 수도관 등의 이상을 확인하고, 관련기관의 도움을 받아 피해를 복구한다.
- 주변의 송전철탑이 넘어진 경우 119나 시·군·구청 또는 한전에 신고한다.
- 어린이집이 침수된 경우 환기를 시킨 후 들어가고(가스가 차 있을 우려), 내·외

부 시설물을 복구한 후 방역을 실시한다.

• 원장은 유관기관과 긴밀하게 협조 체제를 구축하고 어린이집 피해 복구 과정에 대한 대책을 마련한다.

아동안전동영상

신속한 행동요령으로 태풍, 호우를 이기자

3. 대설안전

1) 대설의 특징 및 발생 현황

대설은 일시에 많은 양의 눈이 공간적으로 집중되어 내리는 것을 말하며, 하루에 20cm 이상, 1시간에 1~3cm의 눈이 내리는 것을 뜻하기도 한다. 대설은 북쪽에 위치한 차가운 시베리아 기단이 한반도 주변의 따뜻한 바다를 건너오면서 고온다습의 공기 덩어리나 눈구름을 형성하여 발생한다. 차갑고 건조한 공기가 다량의 수증기를 함유하며 불안정해져 대류현상으로 눈구름이 형성되어 대설이 발생한다.

우리나라에서 적설량이 많은 지역은 대관령을 중심으로 한 강릉, 속초 지역, 충청 및 호남 지역의 해안가, 제주도 산간과 울릉도 등인데, 겨울철 대설 발생 지역은 한반도 주변의 기압 배치에 따라 달라진다. 2011년 상반기 동해안 대설은 1월부터 함경도에서 부산에 이르는 동해안에 발생하였는데, 이 기간 중에 삼척, 강릉, 동해, 울진, 포항, 울산 등에서 기록적인 대설이 발생하였고, 특히 2월 11~14일 사이에 강원도 영동지방 부근에 국지적으로 1m 이상의 눈이 내려 큰 피해가 발생하였다(재해연보, 2012). 2016년에는 9일간 연속된 강설과 한파로 적설하중에 의한 비닐하우스 붕괴 피해가 급증하였는데, 1월 23~25일 기간 중 고창에는 최고 43cm, 제주에는 최고 51.3cm의 적설량이 기록되었다(재해연보, 2016).

표 7-6 대설주의보 및 대설경보

대설주의보	대설경보
24시간 신적설(새로 쌓인 눈)이 5cm 이상 예상될 때	24시간 신적설이 일반 지역에서는 20cm 이상 예상될 때(산지는 24시간 신적설이 30cm 이상 예상될 때)

출처: 기상청(http://www.kma.go.kr/).

2) 대설 발생 전 대비방법

어린이집의 대설 대비책으로는 어린이집 시설 점검, 비상연락망 점검 및 비상용품 구비, 대설 대응 사전교육 실시 등을 포함한다.

(1) 어린이집 시설 점검

- 건물, 담장을 점검하고, 대설로 인해 붕괴 위험이 있는 부분은 보수, 보강한다.
- 보일러배관, 수도계량기 보호함을 점검하며, 내부는 헌옷 등으로 채우고 외부는 테이프로 밀폐시켜 찬 공기가 들어가지 않도록 한다.

- 보육실과 실내 활동공간에 온열기구를 구비하고 점검한다.
- 현관 입구, 외부 계단 등에 미끄럼방지장치를 설치한다.
- 어린이집의 창문이나 출입문의 틈새를 막아 외풍을 막고, 보육실과 실내 활동 공간에 커튼이나 블라인드를 설치한다.
- 눈이 녹아 어린이집 내부로 들어갈 수 있는 부분을 확인하고 보수, 보강한다.
- 대설대비 용품(모래주머니, 염화칼슘, 삽 등)을 어린이집에 구비한다.
- 어린이집 통학차량에 체인 등을 설치하여 대설에 대비한다.

(2) 비상연락망 점검 및 비상용품 구비
- 영유아 비상연락망(부모 등)을 점검, 확인한다.
- 원장 및 교사의 비상연락망을 점검, 확인한다.
- 지역사회관계기관(소방서, 경찰서 등)과 비상연락체제를 구축한다.
- 비상시를 대비해 비상용품을 구비하고, 보관 장소와 사용법을 알아 둔다.

(3) 대설 대응 사전교육 실시
- 영유아를 대상으로 대설 대응 사전교육을 실시한다(대설에 대한 이해, 대설 발생 시 행동요령, 대피 장소 등).
- 영유아 대설 대응 교육활동을 영역 통합적으로 계획하고 실시한다.
- 교사 및 관계자를 대상으로 대설 대응 사전교육을 실시한다(대설 발생 시 행동요령, 대피 경로, 대피 장소, 응급처치 방법 등).
- 부모를 대상으로 대설 대응 사전교육을 실시한다(대설 발생 시 행동요령, 대피 장소, 상황별 유치원과의 연락 등).

3) 대설 발생 시 대응방법

어린이집 내에서 대설이 발생했을 때, 외부 활동 시 대설이 발생했을 때, 등·하원

시 대설이 발생했을 때 등의 상황별 대설 대응방법은 다음과 같다.

(1) 어린이집 내에서 대설이 발생했을 때

- 창문과 외부로 연결된 문을 모두 닫는다.
- 산책, 실외놀이터 활동, 현장학습을 취소하고 실내 활동으로 대체하여 진행한다.
- 보육실 내 적정 온도를 유지하고, 온열기구를 과도하게 사용하지 말고 자주 실내 공기를 환기시켜 준다.
- 영유아가 부득이하게 외출할 경우 마스크, 장갑, 목도리를 착용하여 체온을 유지하도록 한다.

(2) 외부 활동 시 대설이 발생했을 때

- 외부 활동 중 대설이 발생하면 교사는 어린이집에 교사와 영유아의 위치, 영유아의 안전 상태를 알리고, 필요시 지원을 요청한다.
- 교사는 즉시 활동을 중단하고 어린이집으로 돌아오거나 상황에 따라 가까운 건물 내부, 대피소 등으로 대피한다.
- 영유아에게 마스크, 장갑, 목도리를 착용시키고, 걸을 때 주머니에 손을 넣지 않게 하며 미끄러지지 않도록 주의시킨다.
- 차량을 이용하여 어린이집으로 돌아오는 경우 차량에 체인을 설치하여 서행하며 안전하게 이동한다.

📊 **표 7-7   대설 발생 시 대응방법**

대설 예보 및 특보 알림	• 원장 또는 담당 교직원은 대설이 예보되거나 대설 특보가 발령되면 즉시 어린이집의 전 교직원에게 알린다. • 각 교직원이 맡은 대설 대응 역할을 주지시킨다.
교육 환경 점검	• 교사는 교실의 창문과 외부로 통하는 문이 모두 닫혀 있는지 확인하고, 열려 있을 경우 닫는다. • 어린이집 주변과 입구에 모래 또는 염화칼슘을 뿌린다. • 교사는 교실 내의 온열기기가 잘 작동하는지, 교실 내 적정 온도가 유지되는지 확인하고, 교실의 공기를 자주 환기시킨다.
수업활동 변경 및 대체	• 계획되었던 바깥 활동을 실내동작실, 보육실에서 진행하는 실내 활동으로 대체하여 실시한다. • 외부 견학이 계획되어 있는 경우 관련기관에 연락하여 취소하거나 연기한다.
유아 건강 및 안전관리	• 교실 내의 온열기구를 과도하게 사용하지 않는다. • 실내에서는 영유아가 옷을 적절하게 입도록 하여 체온을 적정하게 유지하도록 한다. • 가능한 한 영유아의 바깥 출입을 금지하고, 부득이하게 외출하는 경우 마스크, 장갑, 부츠 등 체온유지 용품을 착용하도록 한다. • 실외에서 걸을 때 주머니에 손을 넣지 않고, 계단 이용 시 난간을 잡고 이동하도록 한다.

출처: 성미영(2017).

(3) 등·하원 시 대설이 발생했을 때

• 등원 시 대설이 발생하면 부모에게 영유아의 건강 상태(저체온증, 동상, 타박상 등)를 묻고 이상이 있을 시에는 적절한 조치를 취한다.

• 하원 시 대설이 발생하면 교사는 영유아의 사물함에서 따뜻한 옷을 꺼내어 입히고, 마스크, 장갑, 목도리를 착용시켜 하원 시 영유아의 체온이 유지되도록 한다.

• 원장은 대설의 정도에 따라 어린이집 운영(휴원 또는 단축수업 등)을 결정하고 정

문에 안내문을 게시하며, 어린이집 운영방침을 부모에게 유선(문자, 통화 등)으로 즉시 전달한다.

4) 대설 종료 후 복구방법

대설 종료 후 어린이집 교직원은 피해 상황 파악 및 보고, 2차 재난 방지를 위한 점검 및 응급조치, 피해 복구 및 대책 마련 등과 관련한 활동을 실시한다.

(1) 피해 상황 파악 및 보고

- 대설 종료 후 건강 이상 영유아, 부상자를 확인하고, 응급처치 후 병원으로 이송한다.
- 어린이집 건물 및 주변시설의 피해 상황을 파악한다.
- 부상자와 어린이집 피해 상황을 관계기관에 보고한다.
- 재난 상황에 따라 원장은 영유아의 조기귀가, 휴원 등의 조치를 취하고 부모에게 알린다.

(2) 2차 재난(추가 대설 등) 방지를 위한 점검 및 응급조치

- 라디오, 휴대전화 등으로 2차 재난 예보를 청취하고 추가 대설의 발생을 대비해 어린이집 시설물을 점검한다.
- 지붕, 담장 등 눈에 의해 무너질 수 있는 부분을 보수, 점검하고, 눈이 녹아 어린이집으로 흘러 들어올 수 있는 부분을 확인하여 보수한다.
- 어린이집 입구의 물기를 수시로 제거한다.
- 어린이집 입구, 주변, 옥상 위, 차량 주변 등에 쌓여 있는 눈을 치운다.
- 눈이 많이 쌓인 경사면 주변과 위험지역에 위험표지를 한다.
- 대설 발생 시 통신기기의 사용 폭주로 통신에 일시적 장애가 있을 수 있으므로 라디오, 휴대전화를 통해 공공기관의 정보에 따라 침착하게 대처한다.

(3) 피해 복구 및 대책 마련

- 붕괴되거나 균열이 발견된 건물과 주변시설을 복구, 보강한다.
- 가스, 전기, 수도관 이상을 확인하고, 관련기관의 도움을 받아 피해를 복구한다.
- 원장은 유관기관과 긴밀하게 협조 체계를 구축하고 어린이집 피해 복구 과정 또는 이후 대책을 마련한다.

아동안전동영상

 얼면 안 돼! 아이쿠(눈 오는 날 안전)

안전교육 앱

안전디딤돌

행정안전부

Google Play&Apple Store

정부대표 재난안전 포털 앱으로 재난발생 시 또는 일상생활에서 필요한 다양한 재난안전 정보를 제공한다. 지진 등 재난유형별 국민행동요령을 알 수 있다.

아기 팬더 지진 대피 1

BabyBus

Google Play

지진안전교육-어린이 안전

BabyBus

Apple Store

지진이 발생했을 때 올바른 지진 대피 요령을 배우고 신속하고 안전하게 대피하여 피해를 최소화할 수 있다. 게임을 통해 어린이들이 학교, 집, 마트, 거리에서 기본적인 대피방법을 배울 수 있다.

세피야 도와줘!
어린이집안전공제회
Google Play

지진에 대응하는 방법을 4단계로 나누어 땅이 흔들릴 때부터 안전한 장소로 대피하기까지 애니메이션과 놀이체험으로 재미있게 익힐 수 있다.

아기 팬더의 허리케인 안전
BabyBus
Google Play

큰 비와 강한 폭풍이 올 때 가정에서 지킬 안전수칙과 비상물품에 대해 알 수 있다.

안전교육 그림책

 재난안전 그림책

 지진 그림책

땅이 흔들흔들 앗, 지진이다!
(최선영 글, 형설아이, 2011)

로보카 폴리 우르르 쾅,
지진 발생!
(로이비쥬얼, 로이북스, 2016)

아이쿠야 조심해: 지진안전편.
우리집이 흔들려요!
(김석주 글, 서울문화사, 2011)

지진해일 그림책

지진해일
(테일러 모리슨 글/그림,
사계절, 2009)

지진해일이 왜 일어날까요?
자연재해에 대한 궁금증 39가지
(로지 그린우드 글, 다섯수레, 2010)

황사 그림책

황사의 여행. 해로운
화학물질에서 자신을 구하는
환경동화: 지구환경 편
(강순희 글, 현암사, 2008)

콜록콜록! 오늘의 황사 뉴스
(묘리 글, 과학동아북스,
2014)

 미세먼지 그림책

콜록! 마을 이야기
(박준형 글, 딜라이트리, 2017)

오늘 미세먼지 매우 나쁨
(양혜원 글, 스콜라, 2016)

어린이를 위한 미세 먼지
보고서
(서지원 글, 끌레몽 그림,
풀과바람, 2017)

대기오염 그림책

대기 오염: 숨막히는 지구
(박철만 글, 아이세움 코믹스,
2009)

장군바위 콧수염: 대기 오염을
막아 낸 장수산 아이들
(김고운매 글, 와이즈만
BOOKS, 2014)

 낙뢰 그림책

번개 대작전: 신기한 스쿨 버스
테마 과학 동화 15
(앤 케이프시 글, 비룡소, 2010)

천둥과 번개는 어떻게
생기나요?
(선우미정 글, 느림보, 2002)

로보카 폴리. 번쩍번쩍, 번개 탐험!
태풍 번개 안전
(로이비쥬얼 글, 로이북스, 2017)

폭염 그림책

덥다 더워, 기후가 변해요
(지그재그 초등과학 백과사전 5)
(게리 베일리, 펠리시아 로 글,
매직 사이언스, 2017)

지구가 더워졌어요
(마음이 커지는 그림책 8)
(상드린 뒤마 글, 을파소, 2011)

페페는 너무 더워!
(뱅상 고댕 글, 키즈엠, 2012)

 태풍 그림책

내 이름은 태풍
(이지유의 네버엔딩 과학이야기)
(이지유 글, 웅진주니어, 2015)

태풍에 대처하는 방법
(푸른숲 어린이 문학 37)
(정연철 글, 푸른숲주니어,
2015)

태풍이 올 거야(꿈을 이루는
직업탐방 창작동화)
(푸른숲글방 글, 그린키즈,
2017)

집중호우 그림책

비는 왜 내려요?
우리 아이 첫 과학책 | 날씨
(케이티 데이니스 글,
어스본코리아, 2016)

주룩주룩, 비는 왜 올까?
(리틀 스펀지 과학동화 18)
(김영이 글, 한국가우스, 2014)

 홍수 그림책

네버랜드에 홍수가 났어요
(리사 파파데메트리오 글,
대원키즈, 2006)

쿠키런 서바이벌 대작전 12:
홍수 편
(김강현 글, 서울문화사,
2017)

대설 그림책

폭설(세계 작가 그림책 9)
(존 로코 글, 다림, 2014)

눈은 왜 내릴까요?
(초롱이의 걸음마 자연공부 1)
(김정흠 글, 다섯수레, 2001)

눈 내리는 날
(아이과학 1단계-지구과학영역)
(김동광 글, 아이세움, 2005)

 한파 그림책

추위의 비밀
(슈퍼스코프 10)
(크리스티앙 랑블랭 글,
여명미디어, 2002)

겨울을 튼튼하게
(상상수프 인성동화 34)
(이상교 저, 엔이키즈, 2015)

용감한 소방차 레이 출동!
안전한 겨울(어린이 겨울 안전
지침서 | EBS TV 방영)
(연두세상 편집부 저, 연두세상, 2016)

자연재난 그림책

자연이 화가 났어요(자연재해
로부터 나를 지키는 방법)
(우연정 글, 신지혜 그림,
소담주니어, 2011)

자연재해로부터 탈출하라!
(최영준 글, 민은정 그림, 비룡소,
2017)

자연재해가 쿵
(이동철 글,
도니패밀리 그림,
사파리, 2014)

큰일났다!
무서운 괴물이 공격했어
(노루궁뎅이 창작교실 글, 신가원 그림,
노루궁뎅이, 2018)

안전교육 교재교구

지진방재모자

지진대비 재난헬멧

재난 대비 물품키트(지진재해 생존배낭 심플백)

재난 대비 물품키트(재난 지진대비 생존배낭)

태풍대비요령

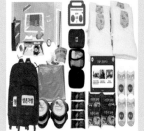
지진안전 교구

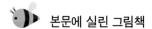 참고문헌

국민재난안전포털(2012). 재해연보.

국민재난안전포털(2016). 재해연보.

김일옥, 이정은(2010). 아동안전관리. 경기: 양서원.

성미영(2009). 도시 침수 대비 유아 안전교육 프로그램.

성미영(2017). 맞춤형 유아 재난안전교육 매뉴얼. 서울: 학지사.

이순형, 이성옥, 민하영, 이영미, 한유진, 장영은, 최나야, 김지현, 김진경, 정현심(2008). 영유
    아건강교육. 서울: 학지사.

국가태풍센터 http://typ.kma.go.kr/

국민재난안전포털 http://www.safekorea.go.kr/

기상청 http://www.kma.go.kr/

기상청 날씨누리 https://www.weather.go.kr/w/typhoon/basic/info3.do

리틀빅키즈 https://littlebigkids.kr/

키드키즈몰 http://mall.kidkids.net/

세피와 함께하는 지진 발생 시 대피요령.
        https://www.youtube.com/watch?v=4VasETQN7oA
신속한 행동요령으로 태풍, 호우를 이기자.
        https://www.youtube.com/watch?v=AybzEUD7DEE
얼면 안 돼! 아이쿠(눈 오는 날 안전).
        https://www.youtube.com/watch?v=PXxC3X9xhMQ
우지끈 쿵! 탁자 밑으로 도망쳐! https://www.youtube.com/watch?v=7UlVox6ejRc

🐝 본문에 실린 그림책

겨울을 튼튼하게(상상수프 인성동화 34). 이상교 저, 엔이키즈, 2015.

내 이름은 태풍(이지유의 네버엔딩 과학이야기). 이지유 글, 웅진주니어, 2015.

네버랜드에 홍수가 났어요. 리사 파파데메트리오 글, 대원키즈, 2006.

눈 내리는 날(아이과학 1단계–지구과학영역). 김동광 글, 아이세움, 2005.

눈은 왜 내릴까요?(초롱이의 걸음마 자연공부 1). 김정흠 글, 다섯수레, 2001.

대기 오염: 숨막히는 지구. 박철만 글, 아이세움 코믹스, 2009.

덥다 더워, 기후가 변해요(지그재그 초등과학 백과사전 5). 게리 베일리, 펠리시아 로 글, 매직 사
　　　이언스, 2017.

땅이 흔들흔들 앗, 지진이다! 최선영 글, 형설아이, 2011.

로보카 폴리 우르르 쾅, 지진 발생! 로이비쥬얼 글, 로이북스, 2016.

로보카 폴리. 번쩍번쩍, 번개 탐험! 태풍 번개 안전. 로이비쥬얼 글, 로이북스, 2017.

번개 대작전: 신기한 스쿨 버스 테마 과학 동화 15. 앤 케이프시 글, 비룡소, 2010.

비는 왜 내려요? 우리 아이 첫 과학책 | 날씨. 케이티 데이니스 글, 어스본코리아, 2016.

아이쿠야 조심해: 지진안전편. 우리집이 흔들려요! 김석주 글, 서울문화사, 2011.

어린이를 위한 미세 먼지 보고서. 서지원 글. 끌레몽 그림, 풀과바람, 2017.

오늘 미세먼지 매우 나쁨. 양혜원 글, 스콜라, 2016.

용감한 소방차 레이 출동! 안전한 겨울(어린이 겨울 안전 지침서 | EBS TV 방영). 연두세상 편집부
　　　저, 연두세상, 2016.

자연이 화가 났어요(자연재해로부터 나를 지키는 방법). 우연정 글, 신지혜 그림, 소담주니어,
　　　2011.

자연재해가 쿵. 이동철 글, 도니패밀리 그림, 사파리, 2014.

자연재해로부터 탈출하라! 최영준 글, 민은정 그림, 비룡소, 2017.

장군바위 콧수염: 대기 오염을 막아 낸 장수산 아이들. 김고운매 글, 와이즈만 BOOKS, 2014.

주룩주룩, 비는 왜 올까?(리틀 스펀지 과학동화 18). 김영이 글, 한국가우스, 2014.

지구가 더워졌어요(마음이 커지는 그램책 8). 상드린 뒤마 글, 을파소, 2011.

지진해일. 테일러 모리슨 글/그림, 사계절, 2009.

지진해일이 왜 일어날까요? 자연재해에 대한 궁금증 39가지. 로지 그린우드 글, 다섯수레, 2010.

천둥과 번개는 어떻게 생기나요? 선우미정 글, 느림보, 2002.

추위의 비밀(슈퍼스코프 10). 크리스티앙 랑블랭 글, 여명미디어, 2002.

콜록! 마을 이야기. 박준형 글, 딜라이트리, 2017.

콜록콜록! 오늘의 황사 뉴스. 묘리 글, 과학동아북스, 2014.

쿠키런 서바이벌 대작전 12: 홍수 편. 김강현 글, 서울문화사, 2017.

큰일났다! 무서운 괴물이 공격했어. 노루궁뎅이 창작교실 글, 신가원 그림, 노루궁뎅이, 2018.

태풍에 대처하는 방법(푸른숲 어린이 문학 37). 성연철 글, 푸른숲주니어, 2015.

태풍이 올 거야(꿈을 이루는 직업탐방 창작동화). 푸른숲글방 글, 그린키즈, 2017.

페페는 너무 더워. 뱅상 고댕 글, 키즈엠, 2012.

폭설(세계 작가 그림책 9). 존 로코 글, 다림, 2014.

황사의 여행. 해로운 화학물질에서 자신을 구하는 환경동화: 지구환경 편. 강순희 글, 현암사, 2008.

제8장

대인관계안전

일반적으로 아동안전이라고 하면 교통안전이나 화재안전을 떠올리기 쉽지만, 최근에는 영유아와 타인 간의 관계에서 발생하는 학대나 성폭력 등의 대인관계안전에 대한 관심이 증가하고 있다. 대인관계안전에는 아동학대, 성폭력, 유괴, 실종 등이 포함되는데, 이 장에서는 학대 및 성폭력 안전, 유괴 및 실종 안전을 중심으로 안전지침과 안전교육에 대해 살펴보고자 한다.

1. 학대 및 성폭력 안전

1) 학대안전의 내용 및 실제 지침

아동학대는 대부분 가정 내에서 발생하며, 신체적 손상뿐 아니라 정서적 손상을 수반하며 아동에게 평생 커다란 상처로 남는다. 피해자인 아동이 자신을 괴롭히는 폭력이나 무관심에 대항하여 스스로를 보호할 힘이 없고, 자신의 처지를 타인에게 알려 도움을 요청하는 일은 거의 불가능하다는 점에서 문제의 심각성이 크다. 「아동복지법」 제3조에 의하면 아동학대란 "보호자를 포함한 성인이 아동의 건강 또는 복지를 해치거나 정상적 발달을 저해할 수 있는 신체적 · 정신적 · 성적 폭력이나 가혹행위를 하는 것과 아동의 보호자가 아동을 유기하거나 방임하는 것을 말한다."

「아동학대범죄의 처벌 등에 관한 특례법」 제10조에 의하면, 아동학대 신고 의무자란 직무를 수행하면서 아동학대를 쉽게 발견할 수 있는 직업군을 의미한다. 어린이집 보육교직원은 아동학대 신고의무자로서, 보육하고 있는 영유아가 가족에 의해 신체적 학대, 정서적 학대, 성학대, 방임 및 유기를 당한다고 판단되면 즉시 아동보호전문기관에 신고하여 피해 영유아가 더 이상의 학대를 당하지 않고 학대로 인한 신체적 · 정신적 손상을 치유하도록 해야 한다.

아동학대를 발견할 수 있는 진단 기준은 명확히 제시되어 있지 않아 교사가 학대받은 영유아를 발견하는 일은 쉽지 않지만, 학대나 방임의 가능성이 있다고 의심되는 영유아에 대한 교사의 관심과 면밀한 관찰이 요구된다. 아동학대가 의심될 경우에는 즉시 112로 신고해야 한다. 「영유아보육법」 제48조의 규정에 의거, 보건복지부장관은 어린이집 원장 또는 보육교사가 「아동복지법」 제29조에 의한 아동학대금지행위를 위반하여 같은 법 제40조의 규정에 의한 처벌을 받은 경우에는 그 자격을 취소할 수 있다. 2019년부터 기존의 중앙아동보호전문기관의 역할을 아동권리보장원에서 총괄하여 아동학대예방사업을 담당하고 있다.

출처: 아동권리보장원 중앙아동보호전문기관 홈페이지(http://www.korea1391.go.kr/new/).

아동안전동영상

 아이들의 신호를 Catch해 주세요!!

📊 **표 8-1 학대피해아동 현황** (단위: 건)

연도 유형	2015	2016	2017	2018	2019	2020	2021
신체학대	1,884	2,715	3,285	3,436	4,179	3,807	5,780
정서학대	2,046	3,588	4,728	5,862	7,622	8,732	12,351
성학대	428	493	692	910	883	695	655
방임, 유기	2,010	2,924	2,787	2,604	2,885	2,737	2,793
중복학대	5,347	8,980	10,875	11,792	14,476	14,934	16,026
계	11,715	18,700	22,367	24,604	30,045	30,905	37,605

출처: 보건복지부(2023).

어린이집 영유아의 아동학대 의심 징후

- 발생 및 회복에 시간차가 있는 상처
- 사용된 도구의 모양이 그대로 나타나는 상처
- 얼굴이나 눈 주위에 멍이 들거나 상처를 입었을 때
- 머리카락이 부분적으로 없고 머리 주위에 상처가 있거나 원형탈모가 일어날 때
- 옷 갈아입는 것을 싫어하고 여름에도 긴 옷을 입고 다닐 때
- 집에 가는 것을 두려워하고 성인에게 지속적인 경계를 보일 때
- 신체발달이 저하되고 영양실조가 의심될 때

아동안전동영상

 아동학대예방캠페인-'아이를 존중하는 당신의 마음과 행동이 모두 긍정양육입니다'

2) 성폭력안전의 내용 및 실제 지침

성폭력이란 상대방의 의사에 관계없이 강제적으로 성적 행위를 하거나 성적 행위를 강요하는 경우를 말한다. 성폭력은 강간뿐만 아니라 성추행, 성적 희롱, 성기 노출, 음란 통신, 음란물 보이기, 영유아 성추행, 윤간 등 신체적·언어적·정신적 폭력을 포괄하는 광범위한 개념이다. 따라서 상대방으로 하여금 성폭력에 대한 막연한 불안감이나 공포감을 조성할 뿐만 아니라 그것으로 인한 행동 제약을 유발시키는 것도 간접적인 성폭력이라 할 수 있다.

성폭력 피해아동의 상당수가 학령기 이전의 영유아이기 때문에 이들에 대한 성폭력 피해 예방교육이 절실하다. 특히 영유아는 타인이 시도하는 성적 접촉의 의미를 모르다가 단순한 애정 표현으로 해석하여 거부하지 못하는 경우가 많으므로 분명하게 거부의사를 표시하고 피할 수 있도록 교육한다. 성폭력 피해를 예방하기 위한 교육에 포함될 내용은 영유아 자신과 타인 신체의 소중함 인식, 타인의 신체접촉 시도 중 적절한 유형과 부적절한 유형에 대한 정보 제공, 타인의 부적절한 행동에 대한 거부의사를 표현할 수 있는 능력 훈련 등이다. 또한 성폭력 피해를 경험한 경우에는 부

성폭력 예방을 위한 영유아 안전수칙

- "옷 안의 네 몸은 중요한 부분이니까 다른 사람이 만지면 안 돼."라고 지도한다.
- 누군가가 원치 않거나 불쾌하게 느껴지는 접촉을 할 때 단호하게 "안 돼요! 싫어요!"라고 말하도록 지도한다.
- 낯선 사람의 차를 혼자 타지 말라고 지도한다.
- 외출 시 부모님이나 보호자에게 누구와 함께 가는지를 꼭 알리도록 지도한다.
- 집에 혼자 있을 때 누가 오면 문을 열어 주지 말라고 지도한다.
- 공중화장실에 가거나 엘리베이터를 탈 때에는 친구나 성인과 함께 가도록 지도한다.
- 좋은 느낌과 나쁜 느낌이 어떤 것인지 알려 준다.
- 영유아 자신의 몸은 소중하다는 인식을 심어 준다.

모나 교사 등 믿을 수 있는 성인에게 알려서 필요한 도움을 받도록 교육한다(조경자, 이현숙, 2010).

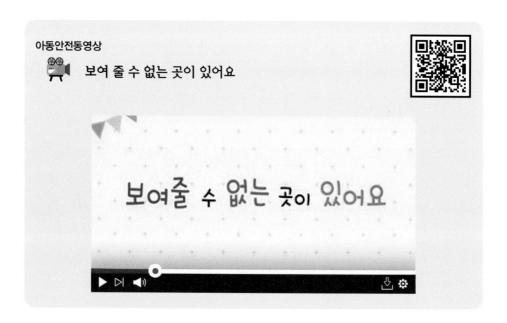

2. 유괴 및 실종 안전

1) 유괴안전의 내용 및 실제 지침

유괴를 방지하기 위하여 어린이집에서는 귀가할 때 영유아의 보호자를 반드시 확인하고 인계하여야 한다. 다수의 영유아를 보육하고 있는 어린이집에서는 귀가할 때 혼잡한 틈에 안전사고가 발생할 가능성이 있다. 따라서 영유아의 보호자를 확인하고 인계하는 절차를 구체적으로 마련하여 철저히 지키는 것이 유괴사고 예방을 위해 필요하다. 이를 위해서는 부모의 협조와 교육이 필요한데, 귀가동의서(〈표 8-2〉 참조)

를 구비하고, 서면으로 명시하여 제출된 보호자에게만 영유아를 인계하는 것을 원칙으로 한다. 영유아의 귀가 인계 과정에 대한 규칙을 마련하고 오리엔테이션, 가정통신문 등을 통해 사전에 교육하며 등하원 기록표를 작성하도록 한다. 영유아가 귀가할 때 부모나 평소 지정된 보호자가 아닐 경우 반드시 확인해야 하고, 만약 다른 사

■ **표 8-2 귀가동의서 양식**

귀가동의서

반이름: _____   영유아명: _____
성 별: <u>남, 여</u>

  위 영유아의 귀가 시 아래의 보호자에게 인도하여 주십시오.
  아래의 보호자 이외의 다른 사람에게 인계할 때에는 사전에 반드시 연락을 취하겠습니다.

기 간: 년   월   일 ~   년   월   일까지

귀가요청시간: 시   분

보호자: 영유아와의 관계 아버지(성명: ☎   )
                 어머니(성명: ☎   )
                 기타_____(성명: ☎   )

년   월   일

       보호자 성명 :   (인)

○○어린이집

람으로 변경되는 경우 사전에 어린이집에 부모가 직접 연락하도록 한다.

과자를 사 주거나 돈을 주는 방법, 부모가 병원에 입원했다고 거짓말하거나, 물건을 들어 주거나 주워 달라고 하거나, 한적한 골목으로 유인하는 방법, 길 안내를 부탁한다거나 기타 강제적인 납치 등으로 유괴하여 부모에게 금품을 요구하는 경우가 있다. 유괴를 방지하기 위하여 낯선 사람이나 아는 사람이라도 무작정 따라가지 말고 부모에게 허락을 받도록 지도한다. 낯선 사람이 이름, 주소, 전화번호를 물어보더라도 절대 알려 주면 안 되고, 밖에서는 항상 밝은 곳에서 친구들과 함께 놀도록 한다. 낯선 사람이 주는 돈이나 아이스크림 등은 받지 않도록 하며, 특히 낯선 사람의 차에는 절대 타지 않도록 한다.

일반적으로 영유아는 유괴범이 험상궂게 생겨서 외모만으로도 구별할 수 있다고 생각하기 쉽지만, 유괴범은 남자일 수도 여자일 수도 있으며 겉모습만으로는 알 수 없음을 영유아에게 알려 준다. 누군가 강제로 데려가려 하면 "안 돼요. 싫어요."라고 소리치며 사람이 많은 곳으로 뛰어가 도움을 요청하도록 지도한다. 영유아의 신상정보는 겉으로 잘 드러나지 않는 곳에 기입하거나 넣어 두고, 위급 상황 시 대처 방법을 알려 주어 연습해 보는 것이 중요하다. 인형극이나 역할극을 통하여 상황을 직접 재연하는 반복적인 교육도 효과적이다.

유괴 예방을 위한 영유아 안전수칙

- 낯선 사람이 이름을 부르며 잘 아는 척 행동을 할 경우 대꾸하지 않고 신속히 피한다.
- 낯선 사람이 돈, 과자, 음료수 등을 줄 경우 받지 않는다.
- 낯선 사람이 길을 물어볼 경우 그 자리에서 알려만 주고 따라가지 않는다.
- 낯선 사람을 만난 곳에서 집까지 거리가 먼 경우 근처 안전한 곳에서 집에 전화한다.
- 인적이 드문 골목이나 공터는 유괴 위험이 높은 곳이므로 혼자 가지 않는다.
- 저녁 늦게까지 밖에서 놀지 않는다.
- 어린이집, 유치원 등하원 시 친구와 함께 안전한 길로 다닌다.
- 외출할 때에는 어디에 가는지, 몇 시에 귀가하는지를 부모에게 미리 알린다.
- 값비싼 옷을 입거나, 눈에 띄는 시계, 가방 등 고가의 물품은 소지하지 않는다.

최근 아동 및 노인, 장애인 실종이 매년 증가하고 있는 가운데 실종아동전문기관에서는 유괴 위험에 적극 대처할 수 있도록 유괴범의 네 가지 유형과 유괴 예방교육법을 제시하였다. 과거에는 유괴범이 물품이나 금품 등으로 현혹하는 수법으로 아동을 유괴했으나 최근에는 아동의 심리를 자극하는 신종 수법을 동원하고 있어 다양한 방식으로 유괴에 대처해야 한다.

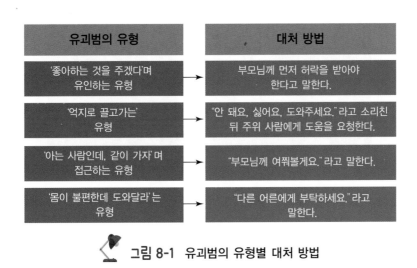

유괴범의 유형	대처 방법
'좋아하는 것을 주겠다'며 유인하는 유형	부모님께 먼저 허락을 받아야 한다고 말한다.
'억지로 끌고가는' 유형	"안 돼요, 싫어요, 도와주세요." 라고 소리친 뒤 주위 사람에게 도움을 요청한다.
'아는 사람인데, 같이 가자' 며 접근하는 유형	"부모님께 여쭤볼게요." 라고 말한다.
'몸이 불편한데 도와달라' 는 유형	"다른 어른에게 부탁하세요." 라고 말한다.

그림 8-1 유괴범의 유형별 대처 방법

실종아동전문기관에서는 '낯선 사람이 말을 걸 때', '등하굣길', '엘리베이터 내부에서', '놀이터나 공원에서', '집에 혼자 있을 경우', '백화점이나 놀이동산에서' 발생할 수 있는 유괴 예방교육법을 제시했다. 아동은 이러한 상황이 발생할 경우 우선 부모의 성명과 회사명, 휴대전화 번호 등 부모에 관한 정보를 발설하지 않은 상태에서 신속히 사람이 많이 모여 있는 곳이나 밝은 장소로 이동해야 한다. 특히 엘리베이터 등 밀폐된 공간에서는 힐끗 처다보거나 천장에 부착되어 있는 폐쇄회로(CCTV)를 확인하는 등 수상한 행동을 하는 사람과 함께 탑승했을 경우 아동은 가까운 층 버튼을 누른 뒤 엘리베이터에서 내리고, 위험한 상황이 발생하면 바로 비상버튼을 누르도록 지도한다.

아동안전동영상

 따라가면 안 돼요!

더 알아보기

 아동안전지킴이집이란?

아동안전지킴이집은 아동이 낯선 사람이나 동물로부터 위협받거나 사고 또는 길을 잃었을 경우 도움을 요청할 수 있는 곳을 말하며, 2008년 우리나라에 도입되었다. 범죄나 각종 위험에 처한 아동을 임시로 보호하며, 지역사회와 경찰이 협력하여 아동을 보호하는 시스템이다. 전국적으로 유치원, 초등학교 인근의 문구점이나 가게, 편의점, 약국 등이 대표적인 아동안전지킴이집이다.

2) 실종안전의 내용 및 실제 지침

영유아를 잃어버리는 원인 중 하나로 부모의 실수로 인한 미아 발생을 들 수 있다. 이러한 미아 발생을 예방하기 위해 영유아에게 자신의 이름, 주소, 전화번호 등을 외우도록 하고 혼자서 외출하지 않으며, 외출 중 부모나 교사 및 친구들과 헤어졌을 때는 그 자리에 머물러 있어 교사나 부모가 쉽게 찾을 수 있게 하고 그래도 만나지 못했을 때는 112로 전화하여 도움을 요청하도록 교육한다.

실종아동전문기관에서는 아동을 위한 실종 예방 3단계를 제시하고 있다(2011). 먼저 1단계는 '멈추기'이다. 일단 길을 잃거나 부모와 헤어지면 제자리에 서서 부모를 기다려야 한다. 아동은 길을 잃었다는 것을 알면 계속해서 앞으로 나아가기 때문에 잃어버린 지점보다 상당히 먼 곳까지 가게 되고 찾기가 어려워진다. 아동이 당황하지 않고 그 자리에 서 있으면 보다 쉽게 찾을 수 있다. 2단계는 '생각하기'이다. 혼자 부모님을 기다리며 서 있기란 쉬운 일이 아니지만 자신의 이름과 연락처 등을 생각하고 기다려야 한다. 아이들은 길을 잃고 당황하면 평소 잘 외우고 있었던 부모님의 이름이나 전화번호 등도 쉽게 기억하지 못하며, 심지어는 자신의 이름도 기억하지 못할 수 있다. 이 단계는 자신의 신상명세서를 기억하도록 노력하는 단계로 평소에 연습하고 익숙해지는 것이 필요하다. 3단계는 '도와주세요'이다. 길을 잃었을 때 주위에 있는 사람에게 도움을 요청하도록 지도하거나, 가까운 곳의 공중전화를 찾아 긴급통화를 눌러 경찰에 도움을 요청하게 한다. 실종아동전문기관은 2019년부터 아동권리보장원 실종아동전문센터로 명칭이 변경되었다.

그림 8-2 아동권리보장원 실종아동전문센터 홈페이지

출처: 아동권리보장원 실종아동전문센터 홈페이지(https://www.missingchild.or.kr/home/main.do).

더 알아보기

코드아담(Code Adam) 제도

코드아담이란 불특정 다수가 사용하는 마트나 백화점 등의 시설에서 아동 등의 실종이 발생했을 경우 이에 대응하기 위한 실종예방지침으로 「실종아동등의 보호 및 지원에 관한 법률」 개정에 따라 2014년 7월부터 시행되었다. 시설 운영자가 경찰보다 먼저 실종발생 초기 단계에 모든 역량을 집중해 조속한 발견을 위해 노력하

도록 의무화한 제도로 '실종아동 등 발생예방 및 조기발견을 위한 지침(실종아동 등 조기발견 지침)'이라고 한다. 코드아담에 따라 실종 신고가 접수되면 시설 운영자는 즉시 경보를 발령하고 출입구 통제나 감시 등의 조처를 해야 한다. 동시에 실종 상황을 직원과 시설 이용자에게 알려야 하며, 자체 인력과 장비를 활용해 실종자를 수색한다. 이 과정에서 실종자가 발견되지 않으면 보호자의 동의를 얻어 경찰에 신고한다.

그림 8-3 안전 Dream 홈페이지

출처: 안전 Dream 홈페이지(http://www.safe182.go.kr/index.do).

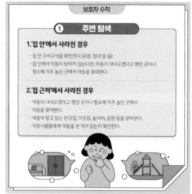

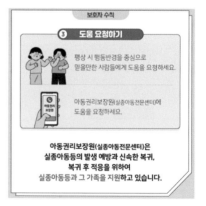

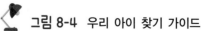

그림 8-4 우리 아이 찾기 가이드

출처: 아동권리보장원 실종아동전문센터 홈페이지(https://www.missingchild.or.kr/home/contents.do).

안전교육 앱

아이지킴콜
아동권리보장원
Google Play

보건복지부 산하 아동권리보장원의 애플리케이션으로 아동학대 통합 신고 앱이다. 아동학대 정보를 소개하고, 아동학대 체크리스트를 통해 아동학대 점검을 할 수 있다.

안전Dream-아동·여성·장애인경찰지원센터
경찰청
Google Play&Apple Store

해마다 증가하는 사회적 약자 대상 범죄에 대한 피해신고접수와 신속한 구조활동을 지원하기 위해 경찰청 아동·여성·장애인 경찰지원센터에서 제공하는 앱이다. 실종우려가 있는 자녀(가족)의 신상정보를 사전에 등록하여 신속한 대처가 가능하다.

외출안전교육-어린이 교통안전교육 유아유괴방지

BabyBus

Google Play&Apple Store

낯선 사람 따라가지 않기, 부모님 이름과 전화번호 기억하기 등의 내용으로 구성된 애니메이션으로 안전교육 지식을 배울 수 있다.

대인관계안전 그림책

가족앨범
(실비아 다이네르트,
티네 크리그 글,
올리케 볼얀 그림, 사계절, 2004)

주머니 밖으로 폴짝!
(데이비드 에즈라 스테인 글 · 그림,
시공주니어, 2011)

내 몸은 내가 지켜요
(코넬리아 스펠만 글 · 그림,
보물창고, 2007)

쳇! 어떻게 알았지?
(심미아 글 · 그림,
느림보, 2010)

소중한 나의 몸
(정지영 글, 정혜영 그림,
비룡소, 2021)

길을 잃어도 문제없어!
(다그마 가이슬러 글·그림,
풀빛, 2014)

소중한 내 몸을 지켜요
(이윤희 글, 신보미 그림,
하마, 2021)

악당을 따라가면 안 돼!
(이윤희 글, 신보미 그림,
하마, 2021)

안전교육 교재교구

241

안전교육 교재교구

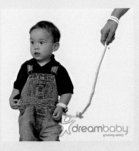
미아방지끈

인솔띠 두줄기차

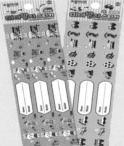
미아방지스티커

미아방지 호루라기

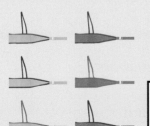
숲놀이용 형광안전띠

숲체험 안전조끼

📚 **참고문헌**

보건복지부(2023). 아동학대 주요통계.
실종아동전문기관(2011). 실종예방지침.
조경자, 이현숙(2010). 유아건강교육(3판). 서울: 학지사.

아동권리보장원 실종아동전문센터
　　　https://www.missingchild.or.kr/home/main.do
안전 Dream http://www.safe182.go.kr
아동권리보장원 중앙아동보호전문기관 http://www.korea1391.go.kr/new/
키드키즈몰 http://mall.kidkids.net/

길을 잃어버렸어요! https://www.youtube.com/watch?v=nVGpbz1LPWI
따라가면 안 돼요! https://www.youtube.com/watch?v=0pLFwMC6nBw
보여 줄 수 없는 곳이 있어요. https://www.youtube.com/watch?v=s-YRze6anH4
아이들의 신호를 Catch해 주세요!! https://www.youtube.com/watch?v=1d78rZMGcbU
아이를 존중하는 당신의 마음과 행동이 모두 긍정양육입니다.
　　　https://www.youtube.com/watch?v=-vL1QEIvN0s

 본문에 실린 그림책

가족앨범. 실비아 다이네르트, 티네 크리그 글, 올리케 볼얀 그림, 사계절, 2004.
길을 잃어도 문제없어! 다그마 가이슬러 글·그림, 풀빛, 2014.
내 몸은 내가 지켜요. 코넬리아 스펠만 글·그림, 보물창고, 2007.
소중한 나의 몸. 정지영 글, 정혜영 그림, 비룡소, 2021.
소중한 내 몸을 지켜요. 이윤희 글, 신보미 그림, 하마, 2021.
악당을 따라가면 안 돼! 이윤희 글, 신보미 그림, 하마, 2021.
주머니 밖으로 폴짝! 데이비드 에즈라 스테인 글·그림, 시공주니어, 2011.
쳇! 어떻게 알았지? 심미아 글·그림, 느림보, 2010.

제9장

보건위생안전

영유아는 발달상의 특성으로 인해 주변을 탐색하면서 발견한 것은 무엇이든지 입으로 가져가
는 경향이 있다. 또한 체구가 작고 피부나 소화기를 통한 흡수율이 성인보다 빠르고 높아 그 후유
증이 심각하여 보건위생안전에 취약하므로 이에 대한 교육이 필요하다. 이 장에서는 보건위생안
전을 감염안전, 식품안전, 약물안전으로 구분하여 보건위생안전의 개념을 알아보고, 보건위생안
전교육의 내용을 살펴보고자 한다.

1. 감염안전

1) 감염안전의 개념

감염이란 병원체가 우리 몸에 들어와서 그 수가 갑자기 늘어나는 것을 말하고, 감염병은 그러한 감염으로 인해 생긴 병으로 병원체가 인체에 침입해 증식하여 생기는 질병을 말한다. 감염병은 병원체의 전염성 유무에 따라 전염성과 비전염성 감염병으로 나뉜다. 먼저 전염성 감염병은 유행성이 있는 병원체가 인체에 감염되어 발생한 질병을 말하는데, 질병에 감염된 인체(잠복기나 회복기 포함)에서 분비물이나 배설물을 통해 나온 병원체가 다른 인체와 직접 또는 간접적으로 접촉, 침입, 증식하여 발생하는 것으로 수두, 성홍열, 유행성이하선염, 백일해, 장출혈성대장균감염증 등이 있다. 다음으로 비전염성 감염병은 유행성이 없고 단발성인 병원체가 인체에 감염되어 발생하는 질병을 말하는데, 감염된 인체 안의 병원체가 체외로 배설되지 않거나 배설되더라도 감염을 일으키지 않는 것으로 파상풍과 일본뇌염, 비브리오패혈증 등이 있다.

우리나라에서는 감염병 발생, 유행을 방지하고 적절한 대응을 하고자 감염병의 특성에 따라 법정감염병으로 지정, 분류하여 관리하고 있다. 그 밖에 보건복지부 장관이 고시하는 감염병으로 세계보건기구 감시대상 감염병, 생물테러감염병, 성매개감염병, 인수공통감염병, 의료관련 감염병이 있다.

표 9-1 법정감염병 분류기준

종류	기준
제1급감염병	생물테러감염병 또는 치명률이 높거나 집단 발생의 우려가 커서 발생 또는 유행 즉시 신고하여야 하고, 음압격리와 같은 높은 수준의 격리가 필요한 감염병
제2급감염병	전파가능성을 고려하여 발생 또는 유행 시 24시간 이내에 신고하여야 하고, 격리가 필요한 감염병
제3급감염병	그 발생을 계속 감시할 필요가 있어 발생 또는 유행 시 24시간 이내에 신고하여야 하는 감염병
제4급감염병	제1급감염병부터 제3급감염병까지의 감염병 외에 유행 여부를 조사하기 위하여 표본감시 활동이 필요한 감염병

출처: 질병관리청(2023).

감염병은 계절과 상관없이 언제나 나타날 수 있지만, 병원체의 특성, 계절마다 변하는 환경적 요인 등의 영향으로 계절별로 주요하게 나타나는 감염병이 있다.

표 9-2 계절별 감염병

구분	질환명
봄	수두, 유행성이하선염, 중증열성혈소판감소증후군(SFTS), 일본뇌염
여름	비브리오패혈증, 레지오넬라증, 일본뇌염
가을	쯔쯔가무시증, 신증후군출혈열, 렙토스피라증, 일본뇌염
겨울	인플루엔자, 수두, 유행성이하선염

출처: 감염병 누리집(https://npt.kdca.go.kr).

2) 감염안전교육의 필요성

영유아는 성인에 비해 면역력이 약해 질병에 노출되기 쉽다. 면역이란 외부로부터 체내에 세균이나 바이러스 같은 병원체가 침입하지 못하도록 방어하거나, 병원체가 침입하더라도 이를 인식하고 저항할 수 있는 능력을 말한다. 또한 같은 질환이라 하더라도 연령에 따라 발생하는 증상이나 그 정도가 다를 수 있으며 감염력 또한 다르다. 영유아의 경우 어린이집이나 유치원 등에 밀집하여 공동생활을 하므로 질병예방 관리에 소홀할 경우 감염병 발생 시 빠르게 전파될 수 있다. 따라서 질병을 예방하는 것이 영유아에게 특히 중요하다. 또한 질병에 걸린 후 치료하는 것보다 예방하는 것이 영유아의 고통도 줄이고 비용도 절감하는 효과적인 방법이다.

감염병은 감염병의 원인이 되는 병원체가 강한 경우, 환경적 요인이 사람에 해롭게 또는 병원체에 이롭게 작용하는 경우, 우리 몸이 약해진 경우 발생한다. 따라서 감염병 발병을 근본적으로 예방하기 위해서는 병원체가 존재하는 환경을 관리하고 제거하는 것이 중요하고 또한 개인이 할 수 있는 위생관리나 필수적인 기본 예방접종 등을 통해 면역력을 높여 병원체에 감염되지 않도록 해야 한다. 그렇게 되면 감염병이 유행하더라도 쉽게 질병에 걸리지 않아 우리 몸을 건강하게 지킬 수 있고 감염병의 전파를 막을 수 있다. 영유아의 질병 예방을 위해 생활습관 개선을 통한 위생관리방법(손 씻기, 구강위생, 식중독 예방)과 감염병을 예방하는 최선의 방법인 예방접종에 대해서 알아보고, 식중독 예방에 대한 내용은 식품안전에서 살펴본다.

3) 감염안전교육의 내용

(1) 손 씻기

수인성 질환은 병원성 미생물에 오염된 물을 섭취하여 발생하는 질병인데, 올바른 손 씻기만으로도 콜레라나 장티푸스 같은 수인성 질환의 50~70% 정도를 예방할 수 있다. 또 급성 감염성 위장 질환은 50%, 급성 감염성 호흡기 질환도 20% 정도의 예방 효과가 있다. 올바른 손 씻기로 예방할 수 있는 대표 감염병으로는 오염된 물이나 식품, 감염자의 대변 등을 통해 발생하는 장관감염증(장티푸스, A형 간염, 세균성이질, 대장균 감염증 등), 환자의 기침이나 재채기 등을 통해 감염되는 호흡기 감염증(감기, 폐렴, 세기관지염 등)이 있다. 물로 손을 씻는 것 자체가 50% 정도의 질병 감소 효과

를 갖고 있다. 비누를 사용하면 더 좋지만 비누가 없는 야외활동에서는 물로만이라
도 충분한 시간 동안 세게 문질러서 씻는 것도 중요하다. 가능하면 비누를 이용하여
30초 이상 올바른 손 씻기 6단계에 따라서 꼼꼼하게 씻어야 한다.

화장실 이용 후

코를 풀거나 재채기를 한 후

귀, 코, 입 머리와 같은 신체
부위를 만지거나 긁은 후

애완동물을 만지고 난 후

쓰레기 등 오물을
만지고 난 후

외출에서 돌아오고 난 후

조리실에 들어가기 전

음식을 요리하거나 먹기 전

기타 손을 오염시킬 수 있는
것을 만진 후

그림 9-1 손은 언제 씻어야 할까?

출처: 의약품안전나라(https://nedrug.mfds.go.kr).

그림 9-2 올바른 손 씻기 안내포스터
출처: 질병관리청(https://www.kdca.go.kr).

아동안전동영상

 질병관리청-손 씻기 실험영상
올바른 손 씻기 6단계에는 다 이유가 있습니다

더 알아보기

어린이집 감염병 예방 방법

출처: 어린이집안전공제회(https://www.csia.or.kr).

(2) 구강위생

구강위생 관리는 치아나 잇몸 질병 자체의 건강을 지키고 침이나 타액 등에 포함된 바이러스 등의 접촉에 의한 감염을 예방할 수 있어 중요하다. 특히 양치질은 감기 예방에도 효과적이다. 또한 치아 건강은 평생 가기 때문에 어렸을 때부터 스스로 올바른 구강위생 관리를 할 수 있도록 습관을 들이는 것이 중요하다. 영유아기는 충치의 발생빈도가 매우 높고 짧은 기간 동안에 진행속도가 급속히 증가하며 영구치가 나타나므로 충치 예방이 필수적이다. 충치를 예방하기 위해서는 바람직한 식생활과 올바른 구강건강관리 습관의 형성이 필요하다. 영유아기에는 스스로 구강건강을 관리할 능력이 부족하므로 영유아의 구강건강을 증진·유지하기 위해 성인의 구강보건에 대한 관심이 매우 중요하다.

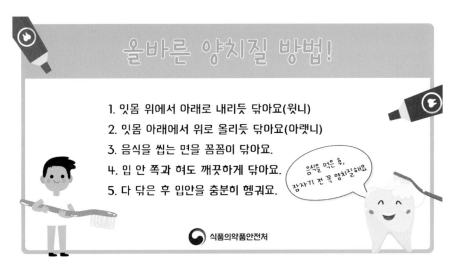

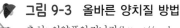

그림 9-3 올바른 양치질 방법

출처: 의약품안전나라(https://nedrug.mfds.go.kr).

아동안전동영상

식품의약품안전처-우리 아이의 건강한 치아를 위해!
[슬기로운 식약탐구생활]

"어린이도 치실 써도 되나요?"
어린이 올바른 치아관리법

1:46

구강용품을 안전하게 사용하는 방법을 알아야 한다. 의약외품인 구강용품은 이(치아), 잇몸, 입안의 청결과 건강을 유지하여 충치, 잇몸의 염증 등을 예방하거나 입냄새 같은 불쾌감을 방지할 목적으로 사용하는 물품으로 치약제, 구중청량제(가글액), 구강청결용 물휴지를 말한다(식품안전처, 2016).

① 치약제

치약제는 칫솔질과 함께 사용하여 이를 희게 유지하고 튼튼하게 하며, 입안의 청결과 이, 잇몸, 그리고 입안의 질환을 예방할 목적으로 일상생활에서 매일 사용하는 제품이다. 적당량(칫솔모 길이의 1/2~1/3 크기, 6세 이하의 어린이는 완두콩 크기)만 칫솔모에 스며들도록 짜서 물을 묻히지 말고 바로 칫솔질한다. 사용 중 삼키지 않도록 주의하고 사용 후에는 입안을 충분히 헹궈 주어야 한다.

치약제 사용 시 주의사항

- 영유아가 치약을 빨아먹거나 삼키지 않도록 지도한다. 특히 영유아가 좋아하는 색, 맛, 향이나 캐릭터가 있어서 주로 사용하는 치약도 빨아먹거나 삼키지 않도록 주의해야 한다.
- 영유아가 많은 양의 치약을 삼켰을 경우에는 즉시 의사 또는 치과의사와 상의한다.
- 치약은 영유아의 손에 닿지 않는 곳에 보관한다.

② 구중청량제(가글액)

구중청량제(가글액)는 칫솔질 없이 간편하게 입안을 헹구어 입안을 세척하고 입냄새를 제거할 목적으로 사용하는 제품이다. 일부 제품은 충치와 잇몸의 염증 예방에도 도움이 된다. 일반적으로 성인과 6세 이상 어린이는 1일 1~2회 10~15ml를 입안에 머금고 30초 정도 가글(양치)한 후 반드시 뱉어야 한다. 사용 후 약 30분 동안은 음식물을 섭취하지 않는 것이 좋으며, 치약제의 대용으로 장기간 사용하지는 않아야 한다.

구중청량제(가글액) 사용 시 주의사항

- 일반적으로 영유아에게는 의사나 약사의 지도 없이 사용하지 않아야 한다. 2세 이하 영유아는 구중청량제를 그냥 삼킬 수 있으므로 사용하지 않도록 한다.
- 영유아의 손이 닿지 않는 곳에 보관해서 실수로 삼키는 등의 사고가 발생하지 않도록 주의해야 한다. 특히 색이나 향, 맛이 있는 제품은 영유아 삼키거나 마시지 않도록 많은 주의가 필요하다.

③ 구강청결용 물휴지

주로 2세 이하 영아의 이와 잇몸, 입안의 건강과 위생, 청결을 위해 보호자가 영아에게 사용하는 제품이다. 사용 시 성인이 포장을 개봉하여 물휴지를 꺼내어 물로 헹구거나 적시지 말고 2세 이하 영아의 이와 잇몸 등을 부드럽게 닦아 준다.

구강청결용 물휴지 사용 시 주의사항

- 개봉 후 바로 사용하고, 한 번 사용한 제품을 반복해서 사용하지 않는다.
- 입안이나 입술에 상처나 습진 등 이상이 있으면 사용하지 않아야 한다. 사용 중 또는 사용 후 이상이 나타날 경우에는 사용을 중지하고 의사와 상담해야 한다.
- 영유아의 손이 닿지 않는 곳에 보관한다.

---

(3) 예방접종

병을 얻었다가 완쾌되면 우리 몸은 병에 대한 항체, 흔히 말하는 면역력을 가지게 되는데, 면역력이 생기면 같은 병원체에 노출되어도 쉽게 병에 걸리지 않는다. 그런데 예방접종을 하면 병에 걸리지 않고도 병에 걸렸던 사람처럼 항체가 형성되어 면역력을 가질 수 있다. 아이는 출생 시 엄마로부터 몸을 보호할 수 있는 항체를 받아 태어나지만, 생후 6개월이면 대부분 사라진다. 따라서 병원체에 쉽게 노출되고, 성인과 같은 병원체에 감염되더라도 더 치명적일 수 있으므로 영유아의 경우 질병 예방이 더욱 중요하며 효과적으로 예방하기 위해서는 각 시기별 예방접종을 철저히 해야 한다.

예방접종은 필수 예방접종과 국가 예방접종, 기타 예방접종으로 분류한다. 필수 예방접종은 「감염병의 예방 및 관리에 관한 법률」에 따라 예방접종 대상 감염병 중 특별자치도지사 또는 시장·군수·구청장이 관할 보건소를 통해 필수적으로 시행해야 하는 감염병에 대한 예방접종을 말한다. 국가 예방접종은 필수 예방접종에 대해 국가에서 지정한 백신으로, 보건소와 지정의료기관에서 예방접종을 할 경우 '국가예

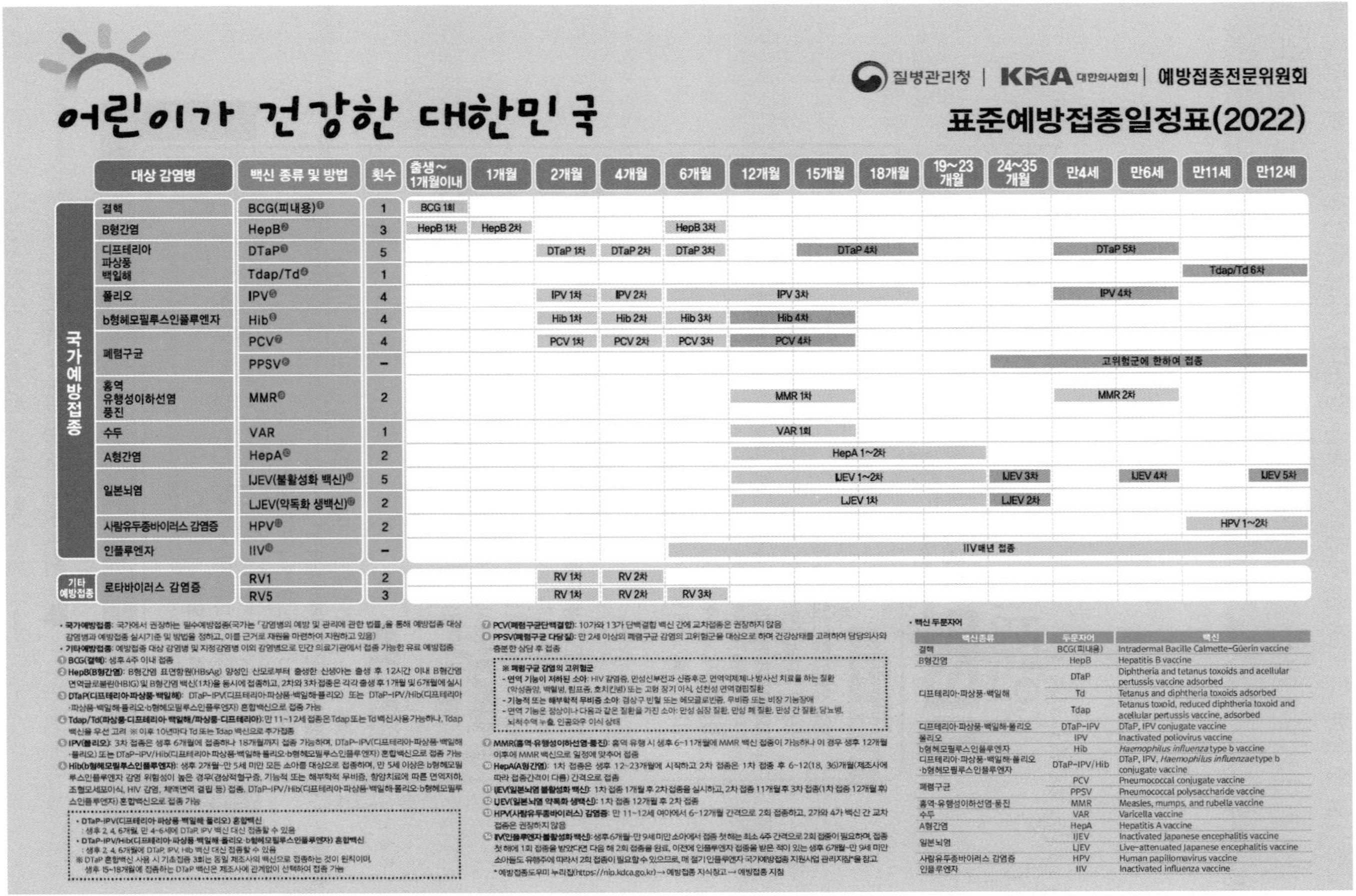

구분	대상 감염병	백신 종류 및 방법	횟수	출생~1개월이내	1개월	2개월	4개월	6개월	12개월	15개월	18개월	19~23개월	24~35개월	만4세	만6세	만11세	만12세
국가예방접종	결핵	BCG(피내용)①	1	BCG 1회													
	B형간염	HepB②	3	HepB 1차	HepB 2차			HepB 3차									
	디프테리아 파상풍 백일해	DTaP③	5			DTaP 1차	DTaP 2차	DTaP 3차		DTaP 4차				DTaP 5차			
		Tdap/Td④	1													Tdap/Td 6차	
	폴리오	IPV⑤	4			IPV 1차	IPV 2차	IPV 3차						IPV 4차			
	b형헤모필루스인플루엔자	Hib⑥	4			Hib 1차	Hib 2차	Hib 3차	Hib 4차								
	폐렴구균	PCV⑦	4			PCV 1차	PCV 2차	PCV 3차	PCV 4차								
		PPSV⑧	–										고위험군에 한하여 접종				
	홍역 유행성이하선염 풍진	MMR⑨	2						MMR 1차					MMR 2차			
	수두	VAR	1						VAR 1회								
	A형간염	HepA⑩	2						HepA 1~2차								
	일본뇌염	IJEV(불활성화 백신)⑪	5						IJEV 1~2차				IJEV 3차		IJEV 4차		IJEV 5차
		LJEV(약독화 생백신)⑫	2						LJEV 1차				LJEV 2차				
	사람유두종바이러스 감염증	HPV⑬	2													HPV 1~2차	
	인플루엔자	IIV⑭	–					IIV 매년 접종									
기타 예방접종	로타바이러스 감염증	RV1	2			RV 1차	RV 2차										
		RV5	3			RV 1차	RV 2차	RV 3차									

- **국가예방접종**: 국가에서 권장하는 필수예방접종(국가는 「감염병의 예방 및 관리에 관한 법률」을 통해 예방접종 대상 감염병과 예방접종 실시기준 및 방법을 정하고, 이를 근거로 재원을 마련하여 지원하고 있음)
- **기타예방접종**: 예방접종 대상 감염병 및 지정감염병 이외 감염병으로 민간 의료기관에서 접종 가능한 유료 예방접종

① **BCG(결핵)**: 생후 4주 이내 접종
② **HepB(B형간염)**: B형간염 표면항원(HBsAg) 양성인 산모로부터 출생한 신생아는 출생 후 12시간 이내 B형간염 면역글로불린(HBIG) 및 B형간염 백신(1차)을 동시에 접종하고, 2차와 3차 접종은 각각 출생 후 1개월 및 6개월에 실시
③ **DTaP(디프테리아·파상풍·백일해)**: DTaP-IPV(디프테리아·파상풍·백일해·폴리오) 또는 DTaP-IPV/Hib(디프테리아·파상풍·백일해·폴리오·b형헤모필루스인플루엔자) 혼합백신으로 접종 가능
④ **Tdap/Td(파상풍·디프테리아·백일해/파상풍·디프테리아)**: 만 11~12세 접종은 Tdap 또는 Td 백신 사용 가능하나, Tdap 백신을 우선 고려 ※ 이후 10년마다 Td 또는 Tdap 백신으로 추가접종
⑤ **IPV(폴리오)**: 3차 접종은 생후 6개월에 접종하나 18개월까지 접종 가능하며, DTaP-IPV(디프테리아·파상풍·백일해·폴리오) 또는 DTaP-IPV/Hib(디프테리아·파상풍·백일해·폴리오·b형헤모필루스인플루엔자) 혼합백신으로 접종 가능
⑥ **Hib(b형헤모필루스인플루엔자)**: 생후 2개월~만 5세 미만 모든 소아를 대상으로 접종하며, 만 5세 이상은 b형헤모필루스인플루엔자 감염 위험성이 높은 경우(겸상적혈구증, 기능적 또는 해부학적 무비증, 항암치료에 따른 면역저하, 조혈모세포이식, HIV 감염, 체액면역 결핍 등) 접종. DTaP-IPV/Hib(디프테리아·파상풍·백일해·폴리오·b형헤모필루스인플루엔자) 혼합백신으로 접종 가능

- DTaP-IPV(디프테리아·파상풍·백일해·폴리오) 혼합백신
  : 생후 2, 4, 6개월, 만 4~6세에 DTaP, IPV 백신 대신 접종할 수 있음
- DTaP-IPV/Hib(디프테리아·파상풍·백일해·폴리오·b형헤모필루스인플루엔자) 혼합백신
  : 생후 2, 4, 6개월에 DTaP, IPV, Hib 백신 대신 접종할 수 있음

※ DTaP 혼합백신 사용 시 기초접종 3회는 동일 제조사의 백신으로 접종하는 것이 원칙이며, 생후 15~18개월에 접종하는 DTaP 백신은 제조사에 관계없이 선택하여 접종 가능

⑦ **PCV(폐렴구균단백결합)**: 10가와 13가 단백결합 백신 간에 교차접종은 권장하지 않음
⑧ **PPSV(폐렴구균 다당질)**: 만 2세 이상의 폐렴구균 감염의 고위험군을 대상으로 하여 건강상태를 고려하여 담당의사와 충분한 상담 후 접종

※ **폐렴구균 감염의 고위험군**
- **면역 기능이 저하된 소아**: HIV 감염증, 만성신부전과 신증후군, 면역억제제나 방사선 치료를 하는 질환(악성종양, 백혈병, 림프종, 호지킨병) 또는 고형 장기 이식, 선천성 면역결핍질환
- **기능적 또는 해부학적 무비증 소아**: 겸상구 빈혈 또는 헤모글로빈증, 무비증 또는 비장 기능장애
- **면역 기능은 정상이나 다음과 같은 질환을 가진 소아**: 만성 심장 질환, 만성 폐 질환, 만성 간 질환, 당뇨병, 뇌척수액 누출, 인공와우 이식 상태

⑨ **MMR(홍역·유행성이하선염·풍진)**: 홍역 유행 시 생후 6~11개월에 MMR 백신 접종이 가능하나 이 경우 생후 12개월 이후에 MMR 백신으로 일정에 맞추어 접종
⑩ **HepA(A형간염)**: 1차 접종은 생후 12~23개월에 시작하고 2차 접종은 1차 접종 후 6~12(18, 36)개월(제조사에 따라 접종간격이 다름) 간격으로 접종
⑪ **IJEV(일본뇌염 불활성화 백신)**: 1차 접종 1개월 후 2차 접종을 실시하고, 2차 접종 11개월 후 3차 접종(1차 접종 12개월 후)
⑫ **LJEV(일본뇌염 약독화 생백신)**: 1차 접종 12개월 후 2차 접종
⑬ **HPV(사람유두종바이러스) 감염증**: 만 11~12세 여아에서 6~12개월 간격으로 2회 접종하고, 2가와 4가 백신 간 교차 접종은 권장하지 않음
⑭ **IIV(인플루엔자 불활성화 백신)**: 생후 6개월~만 9세 미만 소아에서 접종 첫 해는 최소 4주 간격으로 2회 접종이 필요하며, 접종 첫 해에 1회 접종을 받았다면 다음 해 2회 접종을 완료. 이전에 인플루엔자 접종을 받은 적이 있는 생후 6개월~만 9세 미만 소아들도 유행주에 따라서 2회 접종이 필요할 수 있으므로, 매 절기 인플루엔자 국가예방접종 지원사업 관리지침*을 참고

* 예방접종도우미 누리집(https://nip.kdca.go.kr) → 예방접종 지식창고 → 예방접종 지침

- 백신 두문자어

백신종류	두문자어	백신
결핵	BCG(피내용)	Intradermal Bacille Calmette-Guérin vaccine
B형간염	HepB	Hepatitis B vaccine
디프테리아·파상풍·백일해	DTaP	Diphtheria and tetanus toxoids and acellular pertussis vaccine adsorbed
	Td	Tetanus and diphtheria toxoids adsorbed
	Tdap	Tetanus toxoid, reduced diphtheria toxoid and acellular pertussis vaccine, adsorbed
디프테리아·파상풍·백일해·폴리오	DTaP-IPV	DTaP, IPV conjugate vaccine
폴리오	IPV	Inactivated poliovirus vaccine
b형헤모필루스인플루엔자	Hib	*Haemophilus influenza* type b vaccine
디프테리아·파상풍·백일해·폴리오·b형헤모필루스인플루엔자	DTaP-IPV/Hib	DTaP, IPV, *Haemophilus influenzae* type b conjugate vaccine
폐렴구균	PCV	Pneumococcal conjugate vaccine
	PPSV	Pneumococcal polysaccharide vaccine
홍역·유행성이하선염·풍진	MMR	Measles, mumps, and rubella vaccine
수두	VAR	Varicella vaccine
A형간염	HepA	Hepatitis A vaccine
일본뇌염	IJEV	Inactivated Japanese encephalitis vaccine
	LJEV	Live-attenuated Japanese encephalitis vaccine
사람유두종바이러스 감염증	HPV	Human papillomavirus vaccine
인플루엔자	IIV	Inactivated influenza vaccine

그림 9-4 표준예방접종일정표
출처: 예방접종도우미(https://nip.kdca.go.kr).

방접종사업'을 통해 그 비용을 지원하는 것을 말한다. 기타 예방접종은 예방접종 대상 감염병 및 지정감염병 이외 감염병으로 민간 의료기관에서 유료로 접종 가능한 예방접종이다.

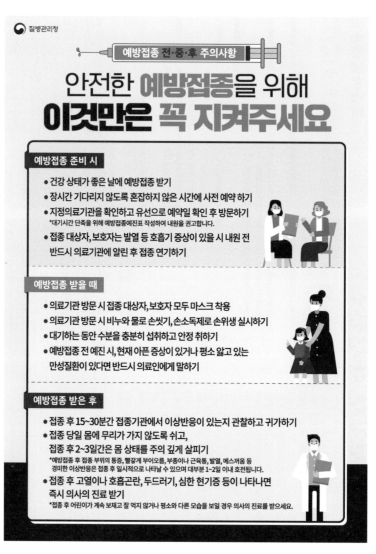

 그림 9-5 예방접종 주의사항

출처: 예방접종도우미(https://nip.kdca.go.kr).

2. 식품안전

1) 식품안전의 개념

식품안전은 전염병(사람, 동물)이나 천연적·인위적 독소 물질에 의한 급성 또는 만성 중독과 같은 식품에 의해 발생되는 병해의 위험으로부터 소비자들을 보호하는 것으로 정의할 수 있다(식품의약품안전처, 2013). 또한 「식품위생법」 제2조 제11항에서는 "식품위생이란 식품, 식품첨가물, 기구 또는 용기, 포장을 대상으로 하는 음식에 대한 위생"이라 하고 있다. 따라서 식품안전교육은 영유아가 식품 섭취를 통해 건강에 위해를 입지 않고, 양질의 식품을 선택하여 건강하게 성장할 수 있도록 돕는 교육이라 볼 수 있다(권덕수 외, 2020).

2) 식품안전교육의 필요성

비위생적인 식품 섭취는 건강한 생활을 영위하는 데 위협이 되는데, 과거에는 세균성 식중독이나 경구 전염병이 주를 이루었으나 최근에는 식품첨가물이나 잔류농약, 항생물질 등 환경오염물질로 인한 식품안전 관련 문제가 다양하게 나타나고 있다. 특히 환경오염물질의 섭취는 영유아의 건강위험요인으로, 이는 영유아들이 성인에 비해 건강위험요인에 대한 저항력이 약할 뿐 아니라 예전보다 어린 시기부터 가공식품의 섭취 기회가 증가하고 있기 때문이다(식품의약품안전처, 2013).

최근 어린이집에서 오랜 시간을 머무는 영유아가 늘어나고 있어, 어린이집에서의 급식 및 간식과 관련하여 식품안전교육에 대한 관심이 증가하고 있다. 식품안전교육은 성인뿐만 아니라 영유아를 대상으로 이루어져야 한다. 영유아를 대상으로 한 식품안전교육을 통해 영유아들이 자신이 섭취하는 식품에 의해 위험에 처할 수 있음을 인식, 평가하도록 하고, 위험 대처 방안을 인식할 수 있도록 해야 한다(정미라, 배소연, 이영미, 2007). 또한 영유아를 돌보는 교사나 부모를 대상으로 영유아의 일상생활에서 발생 가능한 식품안전사고에 관한 지식을 제공하고, 사고를 미연에 방지하고, 대처할 수 있는 태도를 기르도록 지도하는 것이 필요하다(이윤경 외, 2013).

3) 식품안전교육의 내용

(1) 식중독 예방

식중독이란 식품 섭취로 인하여 인체에 유해한 미생물 또는 유독물질에 의하여 발생하였거나 발생한 것으로 판단되는 감염성 또는 독소형 질환을 의미한다(「식품위생법」 제2조 제14항). 식중독은 사람 간 감염성이 없는 경우가 일반적이나 노로바이러스와 같이 사람 간 감염성이 있는 경우도 있다. 여름에는 덥고 습하여 음식이 상하기 쉽고, 비위생적인 환경에서 음식을 조리할 경우 병원성 대장균, 살모넬라, 캠필로박터, 장염비브리오 등 세균이 발생할 수 있어 식중독 위험이 크다. 오염된 손으로 음식을 조리 또는 섭취하거나 하나의 도마에서 육류와 채소류를 같이 사용하거나 충분히 가열하여 먹지 않는 경우 위험하다. 겨울철에도 식중독에 걸릴 수 있는데, 노로바이러스의 경우 영하 20°에도 생존이 가능하고 감염력을 유지하는 특징이 있다.

식중독은 미생물(세균성, 바이러스성, 원충성) 식중독과 자연 산물에 의한 자연독 식중독, 기타 유해물질에 의한 화학적 식중독으로 구분할 수 있다. 식중독은 감염 후 잠복기 후에 증상이 나타난다. 가장 흔한 증상으로 구토와 복통, 설사가 있으며, 발열, 두드러기, 근육통, 의식장애 등이 발생할 수 있다. 원인 물질에 따라 증상의 정도가 다르게 나타나는데, 영유아는 성인보다 면역력이 약하기 때문에 증상의 정도가 더 심할 수 있어 주의해야 한다. 영유아가 구토와 설사를 동반한 식중독 증상을 보일 경우 탈수 증세가 나타날 수 있으므로 수분섭취에 신경 쓰고 가까운 병원을 방문해야 한다.

■ 표 9-3 식중독의 분류

분류	종류		원인균 및 물질
미생물 식중독 (30종)	세균성 (18종)	감염형	살모넬라, 장염비브리오, 콜레라, 비브리오 불니피쿠스, 리스테리아 모노사이토제네스, 병원성대장균(EPEC, EHEC, EIEC, ETEC, EAEC), 바실러스세레우스(설사형), 쉬겔라, 여시니아 엔테로콜리티카, 캠필로박터 제주니, 캠필로박터 콜리
		독소형	황색포도상구균, 클로스트리디움 퍼프린젠스, 클로스트리디움 보툴리눔, 바실러스세레우스(구토형)
	바이러스성 (7종)	–	노로, 로타, 아스트로, 장관아데노, A형간염, E형간염, 사포 바이러스
	원충성 (5종)	–	이질아메바, 람블편모충, 작은와포자충, 원포자충, 쿠도아
자연독 식중독	동물성		복어독, 시가테라독
	식물성		감자독, 원추리, 여로 등
	곰팡이		황변미독, 맥각독, 아플라톡신 등
화학적 식중독	고의 또는 오용으로 첨가되는 유해물질		식품첨가물
	본의 아니게 잔류, 혼입되는 유해물질		잔류농약, 유해성 금속화합물
	제조·가공·저장 중에 생성되는 유해물질		지질의 산화생성물, 니트로아민
	기타물질에 의한 중독		메탄올 등
	조리기구·포장에 의한 중독		녹청(구리), 납, 비소 등

출처: 식품안전나라(https://www.foodsafetykorea.go.kr).

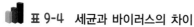 표 9-4 세균과 바이러스의 차이

구분	세균	바이러스	비고
특성	균에 의한 것 또는 균이 생산하는 독소에 의하여 식중독 발병	크기가 작은 DNA 또는 RNA가 단백질 외피에 둘러싸여 있음	
증식	온도, 습도, 영양성분 등이 적정하면 자체 증식 가능	자체 증식이 불가능하며 반드시 숙주가 존재하여야 증식 가능	
발병량	일정량(수백~수백만) 이상의 균이 존재하여야 발병 가능	미량(10~100) 개체로도 발병 가능	
증상	설사, 구토, 복통, 메스꺼움, 발열, 두통 등	메스꺼움, 구토, 설사, 두통, 발열 등	증상은 유사함
치료	항생제 등을 사용하여 치료 가능하며 일부 균은 백신이 개발되었음	일반적 치료법이나 백신이 없음	
2차 감염	2차 감염되는 경우는 거의 없음	대부분 2차 감염됨	

출처: 식품안전나라(https://www.foodsafetykorea.go.kr).

■ 표 9-5 주요 세균성 식중독의 잠복기와 증상

병원체	잠복기	증상
장출혈성대장균(EHEC)	2~6일	수양성 설사(자주 혈변), 복통(가끔 심함), 발열은 거의 없음
살모넬라균	12~36시간	설사, 발열 및 복통은 흔함
황색포도상구균	1~6시간 (2~4시간)	심한 구토, 설사
장염비브리오균	4~30시간	설사, 복통, 구토, 발열

출처: 식품안전나라(https://www.foodsafetykorea.go.kr).

표 9-6 주요 바이러스성 식중독의 잠복기와 증상

병원체	잠복기	증상	
		구토	열
아스트로바이러스	1~4일	가끔	가끔
장관 아데노바이러스	7~8일	통상적	통상적
노로바이러스	24~48시간	통상적	드물거나 미약
로타바이러스 A군	1~3일	통상적	통상적

출처: 식품안전나라(https://www.foodsafetykorea.go.kr).

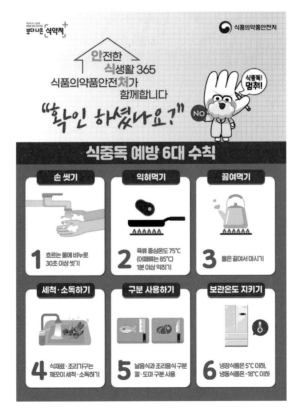

 그림 9-6 식중독 예방 6대 수칙

출처: 식품안전나라(https://www.foodsafetykorea.go.kr).

아동안전동영상

식품의약품안전처-안 지키면 배 아파요!
씻어요 · 익혀요 · 끓여요

(2) 나트륨 · 당류 줄이기

① 덜 짜게 먹기

나트륨은 모든 동물에게 필요한 다량 무기질의 하나로 체내 삼투압 조절을 통한 신체 평형 유지, 신경자극 전달, 근육수축, 영양소의 흡수와 수송 등 다양한 역할을 한다. 천연식품 중에도 함유되어 있으나 소금으로 필요 이상의 많은 양을 섭취하고 있다. 1일 나트륨 섭취 권고량은 2,000mg인데, 과다 섭취 시에서는 뇌졸중, 고혈압, 위장병, 골다공증 등의 문제를 초래할 수 있다. 나트륨은 매우 적은 양으로도 체내작용을 하는 데 충분하므로 나트륨 섭취를 줄일 수 있도록 영유아 시기부터 싱겁게 먹는 식습관을 기를 필요가 있다.

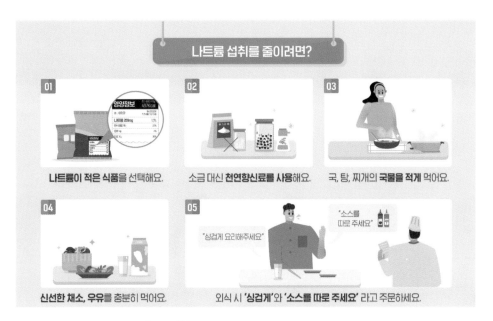

그림 9-7 나트륨 섭취를 줄이는 방법
출처: 식품안전나라(https://www.foodsafetykorea.go.kr).

② 덜 달게 먹기

탄수화물의 한 종류인 당류는 식품 내에 존재하는 모든 단당류(하나의 당으로 이루어진 당)와 이당류(단당류 두 개가 결합한 당)의 합으로 물에 녹아서 단맛이 나는 물질을 말한다. 당류는 1g당 4kcal의 에너지를 내는 체내 에너지 공급원으로 특히 뇌는 포도당을 에너지원으로 사용한다. 가공식품을 통한 당류의 1일 적정 섭취량은 50g으로 많은 양의 당을 섭취할 경우 지방으로 전환된다. 당류를 과잉 섭취하면 비만, 고혈압, 당뇨병 등 만성질환의 발생위험이 증가할 수 있다. 당류는 중요한 에너지원이지만 가공식품의 첨가당(가공 및 조리 시 첨가되는 당과 시럽 등)을 통해 과다하게 섭취되고 있다. 많은 양의 당류는 비만의 주된 원인으로 영유아는 당류가 많은 가공식품을 줄여 덜 달게 먹는 식습관을 형성할 필요가 있다.

그림 9-8 당류 섭취를 줄이는 방법

출처: 식품안전나라(https://www.foodsafetykorea.go.kr).

아동안전동영상

 식품의약품안전처-코코몽이랑 식약처랑 잘 먹고 튼튼하게! 덜 달게 먹기 편

(3) 영양표시 확인하기

영양성분 표시제도는 가공식품에 들어 있는 영양성분 등에 관한 정보를 일정한 기준에 따라 표시하도록 관리하는 제도로, 제품의 영양정보를 제공하여 소비자가 건강한 식사에 필요한 식품을 확인하고 잘 선택할 수 있도록 도움으로써 국민 건강 증진에 기여하기 위한 것이다(식품의약품안전처, 2020). 제품의 영양적 성질을 표시하는 영양표시 방법은 크게 영양성분 표시와 영양성분 강조표시로 구분할 수 있다. 영양성분 표시는 제품에 함유된 영양성분의 함량을 일정한 규격의 서식도안에 표시하는 것이고, 영양성분 강조표시는 제품에 함유된 영양성분의 함량이 일정한 기준보다 적

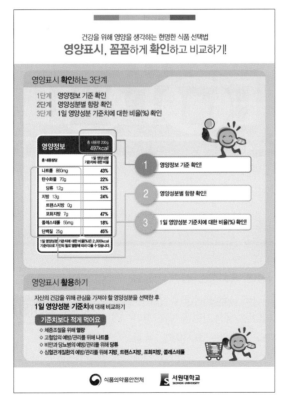

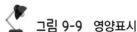

그림 9-9 영양표시

출처: 식품안전나라(https://www.foodsafetykorea.go.kr).

거나 많을 경우 '저'·'무'·'고'·'함유' 등의 용어와 함께 해당 영양성분을 강조하여 표시하는 것이다. 이러한 영양표시의 확인을 통해 영양정보를 확인할 수 있고, 제품들 간 영양성분을 비교해 영유아는 자신에게 적합한 제품을 선택할 수 있고 스스로 영양섭취를 관리할 수 있다.

아동안전동영상

식품의약품안전처-영양 표시 읽고 나에게 맞는 식품 선택하기!

더 알아보기

식품 소비기한 표시제

소비기한은 식품에 표시하는 섭취 가능한 기간을 의미한다. 기존 유통이 가능한 기간으로 상품에 표시되었던 유통기한을 대신하여 2023년 1월 1일부터 시행하는 표시이다. 유통기한이 식품을 판매할 수 있는 시한인 것에 비해, 소비기한은 해당 상품을 먹어도 소비자의 건강이나 안전에 이상이 없을 것으로 인정되는 최종 시한을 의미한다(식품의약품안전처, 2022).

출처: 식품의약품안전처(2022).

더 알아보기

식품 알레르기

식품 알레르기란 특정 식품을 섭취하면 면역시스템이 과다 작용하여 우리 몸이 일으키는 반응으로, 두드러기 · 홍반 · 가려움증, 복통 · 구토, 기침 · 재채기 · 호흡곤란 등 다양한 증상이 나타날 수 있다.

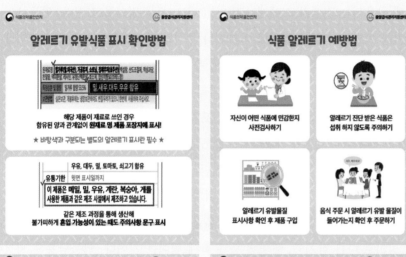

출처: 식품안전나라(https://www.foodsafetykorea.go.kr).

3. 약물안전

1) 약물안전의 개념

약물은 의약품을 투여받은 사람의 생리상태 또는 병적 상태를 치료하거나 검사하기 위해 사용되는 것이라고 세계보건기구(WHO)에서 정의하고 있다. 약물에는 병이나 상처를 치료하기 위해 먹거나 바르거나 주사하는 의약품, 일반 화학 공업에서 사용하는 산, 알칼리, 본드, 신나 등의 물질, 우리의 일상생활에 해를 끼치는 동물이나 식물을 제거하기 위하여 사용하는 농약, 파리약, 모기약 등, 물건에 윤기를 내기 위하여 바르는 구두약, 그리고 술, 담배 등이 포함된다(신태용, 2004). 이러한 약물을 잘못 사용하는 것을 약물오용과 약물남용으로 구분할 수 있다.

약물오용은 의학적 목적에서 사용하지만, 적절한 용도로 사용하지 않는 것을 말한다. 처방된 약을 잘못 이해하거나, 처방되지 않은 약을 사용하는 경우이다. 예를 들어, 부모들이 약 효과가 없는 것 같아서 용량이나 횟수를 늘려 먹이거나 감기약을 먹일 때 임의로 다른 감기약, 해열제 등과 함께 먹이는 것이다. 약물남용은 치료를 목적으로 하지 않고, 다른 목적을 위해 부적절하게 사용하는 것이다. 예를 들면, 접착제나 본드, 부탄가스, 신경안정제 등을 일시적으로 기분을 좋게 하기 위해 사용하는 경우이다.

2) 약물안전교육의 필요성

영유아는 발달 특성상 주변을 탐색하면서 발견한 것은 무엇이든지 입으로 가져가는 특성이 있다. 또한 체구가 작고 피부나 소화기를 통한 화학물질 흡수율이 성인보다 빠르고 높아 그 후유증이 더욱 심각하다. 또한 약물을 접할 수 있는 연령이 점차 낮아지고 있으나, 영유아는 신체발달이 완전하지 못하고 위험에 대한 인식능력이 떨어진다. 따라서 성인에 비해 독성 화학물질을 구별하거나 잘 다루지 못해 약물오남용의 환경적 위험에 노출되어 있다.

영유아의 약물오남용 사고를 예방하기 위해서는 무엇보다 주변 환경을 안전하게 마련해 주어야 한다. 이를 위해 성인들에게 영유아의 약물 중독사고에 대한 경각심을 고취시키고 사고 발생 시 응급상황에 대처하기 위한 안전교육이 필요하다. 영유아에게도 약물을 구별하고 주의하도록 지도하여 영유아 스스로가 자신의 안전을 보호할 수 있는 능력과 기술을 갖도록 교육할 필요가 있다.

약물안전은 약물의 오용과 남용으로 인한 직간접적인 피해를 예방하고 보호하기 위한 것으로, 약물안전교육은 약물의 오남용에서 오는 부정적인 결과를 인식하고, 약물 피해를 예방하며 약물을 안전하게 관리할 수 있는 태도와 능력을 기르는 것이다(권혜진 외, 2014).

3) 약물 안전사고의 현황

한국소비자보호원에서 소비자위해감시시스템(CISS)을 통해 5년간(2018~2022년) 접수된 어린이 안전사고를 분석한 '어린이 안전사고 동향분석 결과 보고'(한국소비자원, 2023)에 따르면, 영유아 중독사고 현황은 다음과 같다. 약물 등의 삼킴 또는 오용/남용으로 인해 접수된 중독사고는 총 178건으로 2021년을 제외하고 매년 감소하다 2022년 14건으로 전년 대비 63.2% 감소하였다. 발달 단계별로는 1~3세가 111건으로 전체의 60% 이상을 차지하였고, 7~14세, 0세, 4~6세 순으로 나타났다.

표 9-7 연도별 중독사고 현황(2018~2022년)

구분	2018년	2019년	2020년	2021년	2022년	합계
중독사고	55	41	30	38	14	178

출처: 한국소비자원(2023).

표 9-8 발달 단계별 중독사고 현황(2018~2022년)

구분	0세	1~3세	4~6세	7~14세	합계
건수	16	111	15	36	178
비율	9.0	62.4	8.4	20.2	100.0

출처: 한국소비자원(2023).

영유아가 '의약품'에 의해 중독증상이 발생한 경우가 76건(42.7%)으로 가장 많았고, '의약외품' 19건(10.7%), '가정용 청소 · 세탁용품' 16건(9.0%) 순으로 나타났다. 영유아는 호기심이 많아 새로운 물건을 탐색하기 위해 손에 잡히는 물건을 무조건 입으로 가져가는 경향이 있다. 따라서 영유아에게 치명적인 위해를 입힐 수 있는 의약품, 청소용품 등을 영유아의 손에 닿지 않는 곳에 두어야 하며 보관하는 곳에는 잠금장치를 설치해야 한다.

표 9-9 중독사고 주요 위해품목(2018~2022년)

위해품목	의약품	의약외품	가정용 청소 · 세탁용품	가정용 난방 · 환기용품	주방용구 및 용품	방향용 화장품	인체 세정용 화장품	의료용구	분식	배터리 등
건수	76	19	16	11	6	5	4	4	3	3
비율	42.7	10.7	9.0	6.2	3.4	2.8	2.2	2.2	1.7	1.7

출처: 한국소비자원(2023).

4) 약물안전교육의 내용

(1) 의약품

의약품이란 질병을 진단 · 치료 · 경감 · 처치 또는 예방할 목적으로 사용하는 물품으로(「약사법」 제2조 제4항) 일반의약품과 전문의약품으로 구분할 수 있다. 일반의약품은 병의원에서 발급하는 처방전 없이 약국에서 구입 가능하며, 비교적 이상반응이 적은 의약품으로, 일반적으로 식품의약품안전처의 허가사항대로 복용한다면 안전한 것으로 알려져 있다. 전문의약품은 반드시 의사의 처방에 의해서만 구입 · 사용할 수 있는 의약품으로 오남용 시 상대적으로 일반의약품에 비해 정신적, 신체적 폐해가 크거나 용법/용량에 주의를 기울여야 하는 의약품을 말한다.

1.
2세 미만의 영유아가 **감기**에 걸리면 **반드시 의사의 진료**를 받도록 하세요.

2.
어린이에게 약을 먹이기 전에 **무슨 약인지.어린이 보호포장**이 되어 있는지. 그리고 **사용상의 주의사항**을 먼저 확인하세요.

3.
정해진 용량과 용법에 따라 어린이에게 약을 주고, 어린이가 **혼자서 약을 먹게 하지 마세요.**

4.
항생제의 경우 **정해진 치료기간**을 **지켜서 복용**하세요.

5.
어린이에게 약을 사탕이라고 하거나, 어린이가 보는 앞에서 상시 복용하는 약을 복용하지 마세요. 호기심이 많은 어린이는 어른의 복용을 **흉내내거나 간식거리로 착각**할 수 있습니다.

6.
의사 또는 약사와 상의 없이 다른 약을 함께 주지 마세요.

7.
어린이가 약을 먹는 동안 **평소에 없던 증상**이 나타나면 **의사나 약사와 상의**하세요.

8.
영양제, 의약품은 반드시 **의약품 보관함**에 **넣어 보관**하고 어린이 손에 닿지 않도록 하세요. 특히 약을 다른 용기에 옮겨 보관하지 않아야 하며, 식탁이나 TV 받침대 위에 약을 놓아두지 마세요.

9.
유통기한이 지난 약은 안전하게 가까운 **약국의 폐의약품 수거함**에 버리세요. 특히 물약은 알약, 가루약 보다 더 쉽게 변질되므로 유통기한을 꼭 확인하세요.

그림 9-10 약물복용 안전수칙

출처: 의약품안전나라(http://www.mfds.go.kr).

(2) 화학물질

영유아는 유해 화학물질을 스스로 구분할 수 있는 능력이 없고, 호기심이 강해 마시거나 냄새를 맡는 경우가 많아 생활 주변의 화학물질에 의한 중독, 소화기관 화상, 피부 손상 등 안전사고에 취약한 실정이다. 생활 주변에서 흔히 볼 수 있는 락스, 세제, 유리세정제, 방향제, 살충제 등도 영유아가 오용할 수 있는 위험물질이다. 화학물질에 의한 중독사고를 예방하기 위한 지침은 다음과 같다.

- 화학물질(세제, 살충제, 접착제, 화장품 등)은 아이의 손이 닿지 않는 곳에 보관한다.
- 사용한 후에는 반드시 용기를 완전히 닫아 둔다.
- 독성이 있는 가정 내 물질들은 원래의 용기에 보관하고 절대로 다른 용도의 용기(예:음료수병)에 옮겨 두지 않는다.
- 어린이보호포장 용기에 들어 있는 제품을 사용한다. 어린이보호포장이란 성인이 개봉하기는 어렵지 않지만 5세 미만의 어린이가 일정시간 내 내용물을 꺼내기 어렵게 설계·고안된 포장 및 용기를 말한다. 대상품목은 방향제와 세정제, 접착제, 광택제, 얼룩제거제, 부동액, 워셔액 등 7개가 있고, 가정용 화학제품 외 의약품에도 적용되고 있다.

아동안전동영상

 환경부-슬기로운 생활화학제품 생활

더 알아보기

 어린이 중독사고 예방을 위한 안전수칙

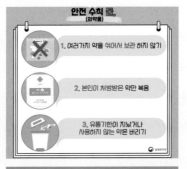

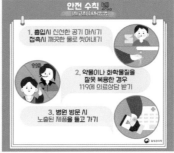

출처: 질병관리청(https://www.kdca.go.kr).

안전교육 앱

브러쉬몬스터–양치할 땐 브러쉬몬스터

Kitten Planet

Google Play

대한소아치과학회에서 공식 추천하는 어린이 치아관리 앱이다. 증강현실 기술을 사용해 올바른 칫솔질 방법을 알려 주고 즐거운 양치질 시간을 통해 양치습관을 만들 수 있다.

내손안–식품안전정보 필수앱

식품의약품안전처 통합식품안전정보망

Google Play

식약처 식품안전정보포털에서 제공하는 전국 식품 업체와 제품 정보를 모바일기기를 사용해 한눈에 확인할 수 있다.

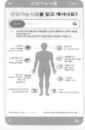

 **핑크퐁 아기상어와 손 씻기**
The Pinkfong Company
Google Play

핑크퐁 아기상어와 함께 영상으로 쉽게 손 씻기 방법을 배우고 미니게임을 통해 청결한 생활습관을 배울 수 있다.

안전교육 그림책

보건위생안전 그림책

치카치카 군단과 충치 왕국
(이소을 글 · 그림,
상상박스, 2011)

나나의 딸기 맛 치약
(킴 풉즈 아케손 글,
시리 멜키오르 그림,
키즈엠, 2013)

감기책
(천미진 글, 이지은 그림,
키즈엠, 2015)

왜 손을 씻을까요?
(케이티 데이니스 글,
마르타 알바레즈 미구엔스 그림,
어스본코리아, 2017)

양치를 잘할 거야
(김형규 글, 조승연 그림,
주니어김영사, 2020)

병균아 저리가!
(이윤희 글, 신보미 그림,
하마, 2022)

토끼 약국으로 오세요
(김정은 글 · 그림,
어린이집안전공제회 · 풀빛, 2022)

심술쟁이 감기 마녀
(박지수 글 · 그림,
어린이집안전공제회 · 풀빛, 2022)

안전교육 교재교구

손씻기 순서

손씻기 교육세트

양치질 순서

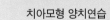

치아모형 양치연습

어린이건강보험증

약국놀이

참고문헌

권덕수, 김애란, 김지영, 우민정, 한진원(2020). 아동안전관리(3판). 경기: 정민사.

권혜진, 김혜라, 전숙영, 정윤주, 채진영, 한유진(2014). 아동안전관리. 서울: 창지사.

식품안전처(2016). 의약외품 구강용품 홍보리플릿.

식품의약품안전처(2013). 식품안전기본지식. 식품의약품안전처. http://www.mfds.go.kr

식품의약품안전처(2020). 한눈에 보는 영양표시 가이드라인.

식품의약품안전처 보도자료(2022). "유통기한에서 소비기한으로? 어떻게 바뀌나요?"

신태용(2004). 약물 오남용. 서울: 신일상사.

이윤경, 문혁준, 권희경, 김명애, 김혜금, 김혜연, 서소정, 안효진, 정지나, 조혜정, 천희영
　　(2013). 아동안전관리. 서울: 창지사.

정미라, 배소연, 이영미(2007). 영유아를 위한 건강 및 영양교육. 서울: 학지사.

질병관리청(2023). 2023 법정감염병 진단 · 신고 기준.

한국소비자원(2023). 어린이 안전사고 동향분석 결과 보고.

감염병 누리집 https://npt.kdca.go.kr

리틀빅키즈 https://littlebigkids.kr/

식품안전나라 https://www.foodsafetykorea.go.kr

어린이집안전공제회 https://www.csia.or.kr

예방접종도우미 https://nip.kdca.go.kr

의약품안전나라 https://nedrug.mfds.go.kr

질병관리청 https://www.kdca.go.kr

키드키즈몰 http://mall.kidkids.net/

식품의약품안전처-안 지키면 배 아파요! 씻어요 · 익혀요 · 끓여요
　　https://youtu.be/hBCZXPPHLGY

식품의약품안전처-영양 표시 읽고 나에게 맞는 식품 선택하기!
　　https://youtu.be/Wh5S1oPFdsU

식품의약품안전처-우리 아이의 건강한 치아를 위해! [슬기로운 식약탐구생활]
　　https://youtu.be/lUH-pxmGP6k

식품의약품안전처-코코몽이랑 식약처랑 잘 먹고 튼튼하게! 덜 달게 먹기 편
      https://youtu.be/5U3Iaj4Cvjc
질병관리청-손 씻기 실험영상 올바른 손 씻기 6단계에는 다 이유가 있습니다
      https://youtu.be/8kSw3pIrSQI
환경부-슬기로운 생활화학제품 생활
      https://youtu.be/pv808qTPnJU

🐝 본문에 실린 그림책

감기책. 천미진 글, 이지은 그림, 키즈엠, 2015.

나나의 딸기 맛 치약. 킴 풉즈 아케손 글, 시리 멜키오르 그림, 키즈엠, 2013.

병균아 저리가! 이윤희 글, 신보미 그림, 하마, 2022.

심술쟁이 감기 마녀. 박지수 글·그림, 어린이집안전공제회·풀빛, 2022.

양치를 잘할 거야. 김형규 글, 조승연 그림, 주니어김영사, 2020.

왜 손을 씻을까요? 케이티 데이니스 글, 마르타 알바레즈 미구엔스 그림, 어스본코리아, 2017.

치카치카 군단과 충치 왕국. 이소을 글·그림, 상상박스, 2011.

토끼 약국으로 오세요. 김정은 글·그림, 어린이집안전공제회·풀빛, 2022.

제3부 영유아 안전교육활동

제10장

영유아 안전교육활동의 목표 및 계획

영유아 안전교육활동을 실행하기 위해서는 목표를 설정하고, 영유아의 발달수준에 적합한 활동내용을 구성하여 교육하여야 한다. 영유아 안전교육활동의 내용에 따라 적절한 교육방법을 선택하여야 교육의 효과를 높일 수 있다. 교육방법에는 설명 및 시연하기, 토의하기, 문제 해결하기, 역할놀이, 모델링, 시뮬레이션의 방법이 있다.

1. 영유아 안전교육활동의 목표

어린이집안전공제회 통계자료(2014)에 따르면, 어린이집 영유아 사망·부상 사고는 2010년 3,839건에서 점차 급격히 증가하여 2014년에는 약 5배 증가한 18,238건이 발생하였고, 이후에도 매년 증가하는 추세이다. 이러한 안전사고의 대부분은 경미한 수준으로 우리가 관심을 기울인다면 미연에 방지할 수 있는 경우가 많다. 또한 1999년 씨랜드 화재 이후 영유아 안전교육에 대한 필요성이 제기되어 어린이 안전 관련 각종 법과 제도를 보완, 정비하는 사회적 공감대가 확산되었다.

영유아의 경우 호기심이 많고 활동적인 놀이를 좋아하는 반면, 신체 기능이 미숙하고 운동 능력이 발달하는 과정에 있어 주변의 잠재된 위험을 감지하지 못하고, 위험한 상황에 대처할 수 있는 능력이 부족하여 높은 사고의 위험성을 가지고 있다. 따라서 안전교육을 통해 영유아가 사고의 위험성이 높은 행동에 노출되기 이전에 이러한 행동을 미연에 방지해야 한다. 특히 학령전기에 형성되는 안전지식이나 태도는 평생 동안 효과를 가지므로 이들을 대상으로 안전교육을 실시하는 것은 중요한 의미가 있다.

안전교육활동이란 영유아가 스스로 위험으로부터 자신을 보호할 수 있도록 안전에 대한 지식과 기술, 태도를 배움으로써 건강하고 안전한 생활을 할 수 있도록 도와주는 활동이다(한국산업안전공단, 1996).

어린이집에서 이루어지는 안전교육활동의 목표는 다음과 같다(양진희, 2005).

첫째, 영유아가 안전에 대한 중요성을 깨닫고 안전사고의 위험 상황을 신속하게 식별하는 능력을 습득하는 데 있다. 둘째, 영유아가 자신과 타인의 생명을 존중하는 태도를 형성하는 데 있다. 생명은 하나뿐이므로 한 번의 실수로 돌이킬 수 없는 상황이 발생할 수 있음을 인식하고 생명 존중의 정신을 확립해야 한다. 셋째, 영유아가 안전에 대한 지식을 습득하는 데 있다. 안전사고에 대처하기 위해서는 기본이 되는 규칙을 알고 문제 상황에 처했을 때 스스로 문제 해결을 할 수 있어야 한다. 이러한 지식 없이는 안전사고에 대처할 수 없으므로 영유아가 안전한 생활을 할 수 있는 올바른 방법에 대한 지식을 획득하여 실생활에 적용할 수 있도록 도와야 한다. 넷째, 영유아 스스로 안전사고로부터 자신을 보호하는 능력을 습득하는 데 있다. 안전에 대한 올바른 지식을 가지고, 사고의 위험성을 예측하고, 자신을 보호하는 행동양식을 형성하는 것은 평생을 위한 준비로 생의 초기부터 이러한 위험 상황에 대한 대처 능력을 체험하도록 해야 한다. 다섯째, 영유아가 능동적으로 안전을 위한 수칙을 준수하고 습관을 형성하는 데 있다.

2. 영유아 안전교육활동의 계획

1) 영유아 안전교육활동의 지도 원리

영유아 안전교육활동을 지도할 때는 다음과 같은 사항을 고려해야 한다.

첫째, 영유아가 일상생활 속에서 쉽게 경험할 수 있는 친숙한 상황을 토대로 해야 한다. 영유아가 안전에 대한 지식을 체득하기 위해서는 일상생활 속에서 쉽게 접할 수 있는 상황과 관련된 활동을 경험하는 것이 효과적이다. 상황에 근거한 안전교육은 일상생활 중에서 안전과 관계되는 특별한 상황이 발생한 경우 그 상황을 이용하여 필요한 내용에 대해 안전교육을 실시하는 것이다(한명옥, 2016).

둘째, 영유아의 흥미와 관심을 유발하기 위해 쉽고 재미있는 방법을 활용해야 한다. 다양한 교재교구를 활용하여 영유아의 호기심을 유발할 수 있도록 활동을 구성할 필요가 있다.

셋째, 안전교육활동을 구성할 때는 안전이 포함된 기본생활영역과 함께 다른 영역들을 통합하여 활동을 구성해야 한다. 통합적인 접근 방법은 영유아에게 분리된 교과영역으로 가르치는 것이 아니라, 주제에 관련된 상황을 통해서 여러 가지 영역을 통합적으로 가르침으로써 영유아가 안전에 대한 지식, 기술, 태도를 더 효과적으로 학습할 수 있도록 돕는다.

넷째, 영유아의 연령과 특성을 고려하여 발달 수준에 맞는 내용으로 구성해야 한다. 연령별로 비슷한 주제를 다루지만, 수준을 구분하여 활동 내용을 구성해야 하며, 영아의 경우 설명하는 방식보다 모델링 방법을 사용하는 것이 효과적이다.

다섯째, 지속적이고 반복적인 활동으로 구성해야 한다. 영유아가 1년 동안 다양한 안전교육을 접하고, 연령이 증가함에 따라 같은 맥락이나 발달에 맞는 활동을 지속적이고 반복적으로 학습함으로써 안전을 위한 수칙을 습관화할 수 있다.

여섯째, 영유아가 참여할 수 있는 구체적인 활동을 구성해야 한다. 안전에 관련된 지식을 주입식으로 전개하기보다는 영유아가 직접 활동에 참여하고 자신의 의견을 제시할 수 있는 활동으로 구성해야 한다.

2) 영유아 안전교육활동의 내용

안전교육 시 교사는 영유아의 연령을 고려하여 안전교육 내용을 선정해야 한다. 영유아는 연령에 따라 현저하게 다른 발달 특성을 보이므로 각 연령에 적합한 안전교육 내용을 선정하여 교육활동을 구성하는 것은 매우 중요하다(Coopen, 1986).

1세 영아는 급속한 신체발달로 인해 걷기 시작하면서 주변 환경에 대한 호기심이 증가하여 주변을 적극적으로 탐색한다. 이러한 탐색 행동의 증가로 인해 주양육자는 이들의 독립성을 격려하면서도 주변의 위험으로부터 영아를 보호하기 위해 지속적인 관찰과 감독이 필요하다. 특히 이 시기 영아들은 주변 환경에 대한 탐색 과정에서 입으로 물건을 넣으려는 행동을 빈번하게 보여 이로 인한 질식사고가 나타날 수 있다. 또한 스스로 자신의 신체를 조절하는 운동 능력이 발달하는 과정에 있기 때문에 추락사고도 일어날 수 있다. 따라서 1세 영아는 위험한 물건과 장소를 구분하여 안전하게 탐색할 수 있도록 안전교육활동을 구성하는 것이 필요하다.

2세 영아는 신장과 체중이 급격히 증가하면서 신체협응력이 증가하고, 언어 능력이 발달한다. 타인과의 상호작용을 즐겨하는 시기이기에 대인 간 사고가 일어나기 쉽다. 이 시기에는 질식사고와 추락사고뿐만 아니라 놀이사고와 교통사고와 같은 다양한 유형의 안전사고가 발생할 수 있다. 따라서 2세 영아에게는 놀이 상황에서 발생할 수 있는 안전사고를 예방할 수 있도록 놀이안전에 대한 교육뿐만 아니라 다양한 안전사고에 대한 기본적인 지식을 전달해 주어야 한다.

3세 유아는 이전 시기에 비해 신체 조절 능력이 발달하지만 민첩성이 떨어져 갑작스러운 사고에 대처하기에는 어려움이 있다. 따라서 주변의 위험한 요소를 사전에 제거하여 대비하는 것에 중점을 두어 교육이 이루어져야 한다. 이 시기에는 안전에 대한 기본 지식과 기능을 획득할 수 있도록 안전사고의 원인을 이해하고 대처하는 방법에 대한 교육이 이루어져야 한다.

4세 유아는 신체운동 기능의 발달로 활동 범위가 확대되면서 각종 안전사고의 가능성이 커진다. 특히 또래와의 상호작용이 활발해짐에 따라 놀이 상황에서 발생하는 다툼으로 인한 사고를 예방하기 위해 놀이규칙에 관한 내용을 포함해야 한다. 이 시기에는 기존에 획득한 기본 지식을 바탕으로 상황에 대한 적극적인 대처 능력을 기르고 이를 실천하는 데 중점을 두어야 한다.

5세 유아는 대인관계가 차츰 확장되면서 가정과 사회에서 규칙을 준수하는 것의 중요성을 배우고, 사회제도에서 안전하게 생활하기 위한 안전규칙을 학습해야 한다. 스스로 안전한 생활을 하기 위해 필요한 지식과 대처 능력을 익혀 상황에 맞게 행동함으로써 안전사고를 예방하고 올바르게 대처할 수 있도록 구체적으로 교육이 이루어져야 한다.

표 10-1 연간 안전교육계획안(영아반)

영역	내용
교통안전	신호등에 대해 알아보기
	신호등 만들기와 체험하기
	횡단보도 건너기
	위험한 상황 알기
	비오는 날 예방수칙
	안전벨트 착용
약물 오·남용	바른 약 복용 방법
	유해 물질 알아보기
	다양한 약의 종류
	좋은 음식과 나쁜 음식
실종·유괴 예방	실종·유괴에 대한 기본 지식
	공공장소에서의 실종·유괴 예방
	미아 예방수칙
	실종·유괴 대처 방법
재난안전	지진 대피 방법
	태풍 발생 시 대처 방법
성폭력 예방	신체의 느낌 알기
	사건 발생 시 대처 방법
소방안전	화재 시 대피 방법
	몸에 붙은 불 처치 요령과 화상에 대해 알기
놀이안전	실외 놀잇감의 안전한 이용 방법
	놀잇감 이용 방법과 규칙
보건위생	바르게 손 씻기
	깨끗하게 이 닦기

출처: ○○어린이집(2023).

표 10-2 연간 안전교육계획안(유아반)

영역	내용
교통안전	교통안전 표지판 알기
	신호등과 횡단보도 건너는 방법 알기
	비오는 날 안전보행
	대중교통 안전하게 이용하기
	안전벨트 착용하기
	위험한 곳(상황) 피하기
약물 오 · 남용	몸에 해로운 음식 성분 알기
	위험한 액체류에 대해 알기
	약의 종류와 사용 방법 이해하기
	약의 올바른 복용에 대해 알기
실종 · 유괴 예방	실종 상황과 안전수칙 알아보기
	유괴 상황과 예방 알아보기
	실종 · 유괴 상황 시 대처 방법 연습하기
	실종 · 유괴 상황에 대한 내용 정리
재난안전	번개의 위험성과 안전수칙
	지진과 지진 발생 시 대피요령
성폭력 예방	몸의 중요성 알기
	생식기 보호와 성폭력 알기
소방안전	불의 위험성과 화재 발생 시 대처 방법 알기
놀이안전	안전한 실내외 놀이 방법 알기

출처: ○○어린이집(2023).

3) 영유아 안전교육활동의 교수 방법

영유아 안전교육은 영유아교육의 다른 영역과 마찬가지로 영유아가 스스로의 경험을 통하여 필요한 지식이나 기술, 태도 등을 형성할 수 있도록 발달에 적합한 자료와 교수 방법으로 실시되어야 한다(권윤지, 김희진, 이연선, 2017; 권혜진 외, 2014).

(1) 설명 및 시연하기

설명 및 시연하기 방법은 직접적인 안전교육의 교수 방법으로, 교사가 영유아에게 직접 설명하거나, 시범을 보여 영유아의 행동을 변화시키는 데 중점을 두고 이루어진다. 이 방법은 새로운 주제나 단원을 도입하는 데 효과적이며 영유아의 생활 주변에서 다루어지지 않는 사실을 전달하거나, 이해하기 어려운 사항을 보충하는 데 유용하다(곽은복, 2000). 위기 상황에 대처하기 위해 소집단으로 토의하고, 비슷한 상황을 설정하여 시연해 보는 방법을 사용할 수 있다. 시연하기는 특히 안전 태도 및 기술을 훈련시키는 데 큰 효과가 있다. 그러나 영유아가 스스로 사고하여 문제를 해결하는 기회를 제공하지는 못한다는 단점이 있다.

그림 10-1 설명하기

(2) 이야기 나누기와 토의하기

이야기 나누기와 토의하기는 특정 주제에 대해 서로의 의견을 교환하여 문제를 해결해 나가는 공동학습 방법이다. 토의할 때는 교사가 이미 제시한 것을 반복하는 것이 아니라 영유아가 주어진 주제에 대해 스스로 사고하고 자신의 의견을 표현할 수 있도록 해야 한다. 이 방법은 영유아가 다른 사람으로부터 새로운 정보를 획득하고 배우는 기회를 제공하며, 개인마다 다양한 의견을 가짐을 이해할 수 있는 장점이 있다. 이러한 토의 중심의 교수 방법을 5세 유아에게 적용해서 교통 안전교육활동을 실시한 결과, 교통안전 지식 습득과 실천력 향상에 효과가 있었다(김영실, 윤진주, 유수정, 2009). 그러나 토의는 언어를 사용한 집단에서의 의사소통이므로 주제에 대해 관심이 없는 영유아의 경우 토의에 참여하지 않을 수 있고, 언어적으로 발달이 늦은 영유아는 자신의 의견을 표현하는 데 어려움이 있다는 단점이 있다.

그림 10-2 토의하기

(3) 문제 해결하기

문제 해결하기는 영유아의 논리적 추론 능력을 자극해 안전 문제 해결 능력과 사고력을 길러 주는 방법으로 주어진 문제 상황을 해석하고 일반화하는 탐구식 교수

그림 10-3 문제 해결하기

방법이다. 일상생활에서 부딪치는 여러 가지 위험 상황에 대한 분석을 통해 적극적인 대처 방법이나 자발적인 문제 해결력을 기를 수 있다. 그러나 일정 수준의 인지능력이 뒷받침되어야 문제 해결 과정에 참여할 수 있다는 단점이 있다.

(4) 역할놀이

역할놀이는 영유아가 흥미 있어 하는 주제를 중심으로 가상적인 상황에서 역할을 경험해 보는 것으로 자신과 타인의 행동과 태도를 이해할 수 있는 경험을 통해 자신의 행동과 태도를 재조정할 수 있다. 역할놀이를 통한 교수 방법은 영유아에게 다양한 역할을 수행하게 하여 구체적인 문제 상황을 경험할 수 있도록 기회를 마련해 준다.

영유아는 역할놀이를 통해 위험 상황에 대한 인과관계를 배워 나감으로써 안전기술을 습득할 수 있다(권혜진, 김혜라, 최인숙, 2018). 특히 영유아기는 역할놀이가 가장 활발하게 이루어지는 시기이므로 안전교육활동의 교수 방법으로 역할놀이를 적용하는 것은 의미 있는 일이다. 교사가 영유아에게 친숙한 놀이에 안전과 관련된 내용을 접목시켜 가정에서 발생할 수 있는 위험 요인을 강조하여 놀이를 확장시킬 수 있다.

그림 10-4 역할놀이 1

그림 10-5 역할놀이 2

(5) 모델링

모델링은 영유아가 모델의 행동을 관찰하게 하여 안전한 태도를 학습하는 간접적인 안전교육 방법이다. 이러한 모델링 방법은 영유아가 모델의 행동에 뒤따르는 결과를 확인함으로써 영유아의 태도를 형성하는 데 도움을 준다. 그러나 영유아가 교사의 시범을 단순히 모방하기만 할 수도 있으므로 교사는 좋은 본보기가 되어 영유아가 자연스럽게 안전한 태도와 행동을 습득할 수 있도록 도와주어야 한다.

(6) 시뮬레이션

시뮬레이션은 실제 상황에서는 경험해 볼 수 없는 상황을 실제와 가장 유사한 상황에서 직접 경험할 수 있게 함으로써 실제 그러한 상황에 처했을 때 대처할 수 있는 능력을 획득할 수 있도록 돕는 방법이다. 시뮬레이션은 실제 현장에서 갑작스레 발생한 돌발 사태에 유연하게 대처할 수 있다. 이러한 시뮬레이션을 통한 안전교육이 효과가 있음을 확인하여 최근에는 시민안전체험관이 서울에 개관하였고, 지방

그림 10-6 모델링 1

그림 10-7 모델링 2

그림 10-8 시뮬레이션 1

그림 10-9 시뮬레이션 2

에서도 시민안전체험관이 증가하고 있다. 시민안전체험관에서는 지진, 풍수해, 연기피난, 소화기 등 외부에서는 실제로 체험하기 어려운 다양한 안전교육관이 설치되어 있어 가상 상황을 경험할 수 있다. 이에 앞서 교통안전체험교육을 위해 지역별로 교통안전공원이 마련되어 보행 체험, 주행 체험, 안전띠 체험교육 등이 진행되고 있다.

더 알아보기

광나루 안전체험관

서울특별시에서 운영하는 광나루 안전체험관에서는 재난안전체험, 일반응급처치, 전문응급처치, 온라인 재난체험, 진로체험과 더불어 새싹어린이 안전체험을 제공한다. 재난안전체험의 경우 지진체험, 멀티풍수해체험, 선박탈출체험, 실내건물탈출체험 등 다양한 재난상황에서의 대피 및 대응방법을 체험할 수 있다.

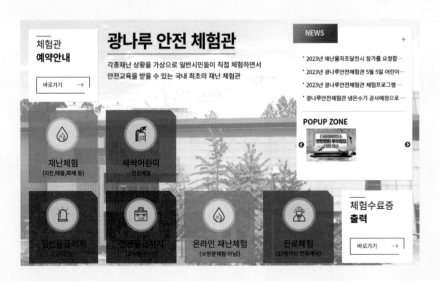

출처: 광나루 안전체험관 홈페이지(https://fire.seoul.go.kr/gwangnaru/main/main.do).

더 알아보기

키즈오토파크

어린이교통안전체험관 키즈오토파크 서울은 어린이들의 교통사고를 줄이기 위해 한국생활안전연합과 현대자동차그룹, 서울시가 2009년도에 설립하였다. 키즈오토파크에서 어린이들은 직접 보고, 만지고, 작동하는 다양한 체험 활동을 통해 스스로 교통안전을 체험하며, 위험한 상황에 대처할 수 있다. 교통안전체험교육으로 입체영상교육, 보행체험교육, 주행체험교육, 안전띠체험교육이 있으며, 초등체험교육을 수료한 초등학교 1~4학년을 대상으로 어린이 교통안전 면허시험도 실시하고 있다. 체험 시설에는 오토가상체험관, 오토부스, 보행교육장과 주행교육장이 있다.

체험교육

입체영상교육
보행 중에 일어날 수 있는 사고를 3D 영상으로 간접체험하며 어린이들의 보행 행동의 위험 요소와 위험한 행동의 결과를 알아본다.

보행체험교육
신호등이 있는 횡단보도와 신호등이 없는 횡단보도를 안전하게 건너는 방법과 골목길에서 안전하게 걸어 다니는 방법 및 어린이들이 조심해야 하는 자동차 주변의 위험 요소를 알아본다.

주행체험교육
어린이들의 신체에 맞는 체험차(전기자동차)를 운전하면서 운전자의 입장을 체험함으로써 운전자와 자동차의 특성에 대해 이해하고 안전한 보행 행동을 알아본다.

안전띠체험교육
실제 자동차로 만들어진 체험기구에 탑승하여 안전띠의 효과를 체험함으로써 안전띠와 카시트의 중요성을 알아본다.

체험시설

오토가상체험관

길을 다닐 때 생길 수 있는 위험을 입체영상을 통해 간접 체험하는 곳이다.

오토부스

자동차를 안전하게 타는 방법을 체험하는 곳이다.

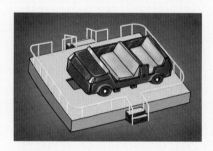

보행교육장(1)

안전하게 길을 다니는 방법을 체험하는 곳이다.

보행교육장(2)

골목길을 다니는 방법과 자동차 주변의 안전한 장소를 체험하는 곳이다.

주행교육장

운전자가 되어 보행 시 안전하게 다니는 방법을 체험하는 곳이다.

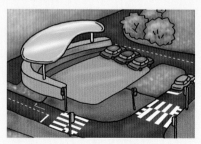

출처: 키즈오토파크 서울(http://kidsautopark.org/Seoul).

참고문헌

곽은복(2000). 유아안전교육 프로그램의 구성 및 효과에 관한 연구. 중앙대학교 대학원 박사
학위청구논문.

권윤지, 김희진, 이연선(2017). 유아 안전교육에 대한 유치원 안전업무 담당자의 인식 분석:
'학교 안전교육 7대 표준안'을 중심으로. 학습자중심교과교육연구, 17(2), 1-28.

권혜진, 김혜라, 전숙영, 정윤주, 채진영, 한유진(2014). 아동안전관리. 서울: 창지사.

권혜진, 김혜라, 최인숙(2018). 아동안전관리. 서울: 한국방송통신대학교출판문화원.

김영실, 윤진주, 유수정(2009). 유아 교통안전 교육에서 토의 중심과 시범 중심 교수법이 유
아의 교통안전 지식 및 실천에 미치는 효과. 열린유아교육연구, 14(6), 397-419.

양진희(2005). 상황중심 안전교육 프로그램이 유아의 안전지식 및 안전문제해결사고에 미치
는 효과. 아동학회지, 26(6), 367-383.

어린이집안전공제회(2014). 어린이집안전공제회 통계자료집.

중앙보육정보센터(2008). 보육시설 안전매뉴얼.

한국산업안전공단(1996). 유아교사용 안전교육지도서.

한명옥(2016). 유아 안전교육을 위한 상황중심 수업모형 개발 및 적용. 강릉원주대학교 대학
원 박사학위논문.

○○어린이집(2023). 안전교육계획안.

Coopen, N. M. (1986). Cognitive characteristics as predictor of children's understanding of
safety and prevention. *Journal of Pediatric Psychology*, *11*, 189-202.

광나루 안전체험관 https://fire.seoul.go.kr/gwangnaru/main/main.do
키즈오토파크 서울 http://kidsautopark.org/Seoul

제11장

영유아 안전교육활동의 실행 및 평가

영유아 안전교육활동은 시설 및 놀이안전, 교통안전, 화재안전, 재난안전, 대인관계안전, 보건
위생안전으로 구분하여 영아와 유아를 대상으로 활동을 구성하여 실행할 수 있다. 이러한 실행 이
후에는 활동에 대한 평가를 통해 활동을 수정·보완해 보다 나은 안전교육활동을 구성하여 영유
아가 안전사고 예방을 위한 지식을 습득하도록 돕는다.

1. 영유아 안전교육활동의 실행

영유아 안전교육활동의 실행은 제4차 어린이집 표준보육과정(보건복지부, 2020)과 2019 개정 누리과정(교육부·보건복지부, 2019)을 토대로 0~1세, 2세의 영아와 3~5세 유아를 위해 계획된 안전교육활동을 실제 어린이집 현장에서 적용하는 과정을 의미한다.

시설 및 놀이안전, 교통안전, 화재안전, 대인관계안전, 재난안전, 보건위생안전의 교육내용별로 영아와 유아를 대상으로 한 안전교육활동을 구성하여 실제 활동을 진행하였다.

영유아 안전교육활동 계획안의 구체적인 내용은 활동명, 놀이 흐름 따라가기, 활동과정, 영역 내용 연계, 놀이지원 실제로 구성되어 있다. 제목인 활동명에는 해당 안전교육 주제의 특성을 나타내는 표현을 사용하였으며, 놀이 흐름에는 안전교육의 종류를 표기하고 누가, 언제, 어디서 이 활동을 할 수 있는지를 기입하였다. 활동과정에는 실제 활동을 진행하는 장면을 사진 자료로 제시하였다. 영역 내용 연계는 제4차 어린이집 표준보육과정과 2019 개정 누리과정의 영역으로 표시하였다. 놀이지원의 실제는 놀이자료, 공간/일과, 상호작용, 발달 고려로 구분된다. 놀이자료는 해당 활동을 실행하는 데 필요한 자료를 지원한 내용을 제시하였고, 공간/일과는 해당 활동과 관련해서 이루어진 공간이나 일과 지원의 내용을 작성하였다. 상호작용은 교사의 언어적, 비언어적인 상호작용 내용을 구체적으로 제시하였고, 마지막으로 발달 고려에는 활동 대상인 영유아의 발달을 고려한 지원내용을 제시하였다.

1) 시설 및 놀이안전

● 활동명: 실외놀이터에서 안전하게 놀이를 해요!

• 놀이 흐름 따라가기

구분	누가	언제	어디서
시설 및 놀이안전 활동	2세	대집단/자유놀이시간	실외놀이터

• 활동과정

실외놀이터에서는 어떤 놀이를 할 수 있지요?
그네, 미끄럼틀, 시소 등의 놀이기구들이 있어요.
놀이기구를 어떻게 사용하는 걸까요?

실외놀이터에서 안전하게 놀이를 해 보아요.
안전하게 차례를 지키며 놀이하기로
우리 약속해요!

• 영역 내용 연계

0~2세
표준보육과정

 기본생활 안전하게 생활하기 > 일상에서 안전하게 놀이하고 생활한다.

신체운동 신체활동 즐기기 > 실내외 신체활동을 즐긴다.

• 놀이지원의 실제

놀이자료	• 영아의 이해를 돕기 위해 놀이터에서 일어날 수 있는 사고에 대해 알아볼 때 실외 놀이터에서의 안전에 대한 그림자료를 만들어 제공하였다.
공간/일과	• 다양한 놀이기구를 충분히 경험하면서 실외놀이를 할 수 있도록 자유놀이시간을 연장하였다.
상호작용	• 실외놀이터에서 위험한 상황이 발생하면 영아가 생각해 보고 대처해 볼 수 있도록 기회를 제공하였다. 영아가 위험요소에 주의를 기울이도록 상황과 이유를 구체적으로 설명하였다. • 실외놀이터 상황을 유심히 관찰하고 도움이 필요한 영아에게 놀이기구를 안전하게 타거나 내릴 수 있도록 도움을 주었다.
발달 고려	• 실외놀이터에서 일어날 수 있는 상황에 대해 자세히 이야기를 나눔으로써 안전사고의 위험성을 인식하도록 하였다. • 실외놀이터에서의 약속을 반복해서 알려 주어 영아가 기억할 수 있도록 지원하였다.

● 활동명: 실외 놀이기구를 안전하게 사용해요

• 놀이 흐름 따라가기

구분	누가	언제	어디서
시설 및 놀이안전 활동	4세	대집단/자유놀이시간	실외놀이터

• 활동과정

실외놀이터 옆,
우리가 잘 보이는 위치에
놀이기구 사용수칙이
적혀 있다는 것을 알고
있었나요?
다 같이 큰 소리로
한 번 읽어 볼까요?

놀이기구를 이용할 때는
두 손으로 꼭 잡고
사용방법을 지키며
이용해요.

놀이기구를 이용할 때,
한 명씩 차례를 지켜
이용해요.

• 영역 내용 연계

<table>
<tr><td rowspan="3">3~5세
누리과정</td><td></td><td>안전하게 생활하기 > 일상에서 안전하게 놀이하고 생활한다.</td></tr>
<tr><td>신체운동
건강</td><td>신체활동 즐기기 > 기초적인 이동운동, 제자리 운동, 도구를 이용한 운동을 한다.</td></tr>
<tr><td>사회관계</td><td>더불어 생활하기 > 약속과 규칙의 필요성을 알고 지킨다.</td></tr>
</table>

• 놀이지원의 실제

놀이자료	• 실외놀이터 옆에 부착된 놀이기구 사용수칙을 활용하였다. 읽기에 어려움이 있는 유아가 많은 경우 그림자료를 만들어 이야기 나누기를 할 수 있다.
공간/일과	• 유아가 실외놀이터에서 신체를 움직이는 경험을 할 수 있도록 자유놀이시간을 충분히 제공하였다.
상호작용	• 실외놀이를 시작하기 전 실외놀이터에서 안전하게 놀이할 수 있는 방법에 대해 이야기를 나누고, 실외놀이 종료 이후 실외놀이터에서 놀이할 때 불편한 점은 없었는지 이야기를 나누었다. "실외놀이터에서 안전하게 놀이하려면 어떻게 해야 될까요?" "질서를 지켜 놀이하니까 훨씬 더 재미있게 놀 수 있었죠?"
발달 고려	• 실외놀이터 이용수칙을 잘 실천할 수 있도록 반복적으로 알려 주었다. • 간단한 스트레칭 및 준비운동을 하고 실외놀이터를 이용하도록 하였다.

2) 교통안전

● 활동명: 신호등을 보고 길을 건너요!

• 놀이 흐름 따라가기

구분	누가	언제	어디서
교통안전 활동	2세	대집단/자유놀이시간	쌓기/역할 공간

• 활동과정

어린이집에 오는 길에 신호등을
보았던 친구 있어요?

빨간색 신호등 안에 있는 사람은
무엇을 하고 있는 것 같아요?
　그냥 서 있어요.
초록색 신호등 안에 있는 사람은
무엇을 하고 있는 것 같아요?
　움직이고 있어요.

신호등의 표시를 보고
횡단보도를 차례대로
건너 볼까요?

• 영역 내용 연계

<table>
<tr>
<td rowspan="3">0~2세
표준보육과정</td>
<td>기본생활</td>
<td>안전하게 생활하기 > 일상에서 안전하게 놀이하고 생활한다.</td>
</tr>
<tr>
<td>의사소통</td>
<td>듣기와 말하기 > 상대방의 이야기를 듣고 말한다.</td>
</tr>
<tr>
<td>자연탐구</td>
<td>탐구과정 즐기기 > 주변 세계와 자연에 대해 호기심을 가진다.</td>
</tr>
</table>

• 놀이지원의 실제

놀이자료	• 영아의 이해를 돕기 위해 실제와 유사한 신호등과 횡단보도 자료를 만들어 제공하였다.
공간/일과	• 영아의 요구를 반영하여 횡단보도를 건너는 놀이를 할 수 있는 공간을 교실에 마련해 주었다.
상호작용	• 영아가 횡단보도에서 길을 건너는 것과 관련해서 스스로 자신의 경험이나 생각을 이야기할 수 있는 기회를 주었다.
발달 고려	• 영아 스스로 신호등의 표시를 보고 횡단보도를 건널 수 있도록 지원하였다.

● **활동명: 교통사고, 문제없어!**

• 놀이 흐름 따라가기

구분	누가	언제	어디서
교통안전 활동	5세	대집단/자유놀이시간	언어 공간

• 활동과정

차 뒤에서 놀면 왜 위험할까요?
이런 위험한 상황이 생기지 않게
하려면 어떻게 해야 할까요?

그림에서 위험한 친구들을
찾아서 동그라미를
그려 주세요.

- 영역 내용 연계

<table>
<tr><td rowspan="2">3~5세
누리과정</td><td></td><td>안전하게 생활하기 > 교통안전규칙을 지킨다.</td></tr>
<tr><td></td><td>탐구과정 즐기기 > 주변 세계와 자연에 대해 지속적으로 호기심을 가진다.</td></tr>
</table>

- 놀이지원의 실제

<table>
<tr><td rowspan="2">놀이자료</td><td>• 유아의 흥미를 유발하기 위해 숨은 그림 찾기 활동 자료와 다양한 색의 쓰기도구를 제공하였다.</td></tr>
<tr><td></td></tr>
<tr><td>공간/일과</td><td>• 유아가 스스로 숨은 그림을 찾을 수 있도록 충분한 시간을 제공하였다.</td></tr>
<tr><td>상호작용</td><td>• 주변에서 일어날 수 있는 교통사고에 대해 충분히 설명하고, 교통사고 유형에 따른 예방법도 생각해 볼 수 있는 기회를 제공하였다.</td></tr>
<tr><td>발달 고려</td><td>• 교통사고의 위험성에 대해 알려 주고, 알고 있는 것을 잘 실천하는 것이 중요함을 알려 주었다.</td></tr>
</table>

3) 화재안전

● 활동명: 불이 났을 때, 자세를 낮춰요!

• 놀이 흐름 따라가기

구분	누가	언제	어디서
화재안전 활동	2세	대집단/자유놀이시간	전체 공간

• 활동과정

어떻게 검은 연기를 피해야 한다고 했어요?
자세를 낮추고 입과 코를 손으로 막고
선생님이나 부모님을 따라 얼른 밖으로 나가야
한다고 했지요.

친구들도 입과 코를
손으로 막아 볼까요?

사이렌이 울리고 검은 연기가
나오고 있어요. 코와 입을 막고,
자세를 낮추고 밖으로
나가요.

• 영역 내용 연계

0~2세
표준보육과정

기본생활 안전하게 생활하기 > 위험한 상황에 대처하는 방법을 경험한다.

신체운동 신체활동 즐기기 > 실내외 신체활동을 즐긴다.

• 놀이지원의 실제

놀이자료	• 영아의 이해를 돕기 위해 낮은 자세를 보여 주는 그림자료를 만들어 제공하였다. 검은 천으로 연기를 표현하고 사이렌 소리를 들려주어 소방대피훈련에 익숙해질 수 있도록 놀이자료를 준비하였다.
공간/일과	• 영아가 안전하게 신체활동을 할 수 있도록 보육실 내 충분한 공간을 마련하였다.
상호작용	• 검은 천을 무섭게 느끼는 영아의 경우 교사가 함께 대피연습을 지원하고, 영아가 연기를 피하는 바른 자세를 하도록 격려하였다. "선생님과 함께 해 볼까?"
발달 고려	• 영아가 검은 천 아래를 지나갈 때 넘어지지 않도록 높이를 조절해 주었고, 서로 부딪히거나 다치지 않도록 주의깊게 관찰하였다. • 선생님이 없는 곳에서 실제로 불이 났을 때는 반드시 보호자와 함께 대피해야 함을 알려 주었다.

● 활동명: 옷에 불이 붙었어요

• 놀이 흐름 따라가기

구분	누가	언제	어디서
화재안전 활동	4세	대집단/자유놀이시간	전체 공간

• 활동과정

방법 1. 멈춘다

방법 2. 얼굴을 감싼다

방법 3. 바닥에 엎드린다

방법 4. 뒹군다

• 영역 내용 연계

<table>
<tr><td rowspan="2">3~5세
누리과정</td><td>
신체운동
건강</td><td>안전하게 생활하기 > 안전사고, 화재, 재난, 학대, 유괴 등에 대처하는 방법을 경험한다.</td></tr>
<tr><td>
의사소통</td><td>듣기와 말하기 > 자신의 경험, 느낌, 생각을 말한다.</td></tr>
</table>

• 놀이지원의 실제

<table>
<tr><td rowspan="2">놀이자료</td><td>• 불의 위험성을 알려 줄 수 있는 화재 사진 자료와 대처 방법 활동 자료를 준비하고, 옷에 불이 붙은 상황을 연출할 수 있도록 불꽃 모양으로 자른 부직포, 갈색 허리띠 등을 제공하였다.</td></tr>
<tr><td></td></tr>
<tr><td>공간/일과</td><td>• 신체활동 시 움직이다가 부딪혀 안전사고가 발생하지 않도록 책상을 치워 충분한 공간을 제공하였다.</td></tr>
<tr><td>상호작용</td><td>• 옷에 불이 붙었을 때 대처 방법을 숙지할 수 있도록 유아에게 개별적으로 안내하였다. 불꽃이 떨어질 수 있도록 몸을 움직이는지를 관찰하여 옷에서 불꽃 모양을 떼어 내는 것을 성공하는 경우 긍정적으로 격려하였다.</td></tr>
<tr><td>발달 고려</td><td>• 유아가 재연하는 상황이 위험한 상황임을 알려 주고, 진지하게 참여하도록 지원하였다.</td></tr>
</table>

4) 재난안전

● 활동명: 땅이 흔들려요

• 놀이 흐름 따라가기

구분	누가	언제	어디서
재난안전 활동	2세	대집단/자유놀이시간	전체 공간

• 활동과정

어? 이게 무슨 소리일까요?
천둥소리일까요?
지진이 일어났을 때 나는 소리예요.

땅이 흔들흔들하는 것을
지진이라고 해요.
지진이 났을 때에는 불이
나기도 해요.
그리고 땅이 갈라지기도
하고 집이 무너져서
다칠 수도 있어요.

지진이 일어났을 때에는 어떻게 해야 할까요?
돌아다니지 말고 책상 밑에 들어가 숨어 있어요.
잠시 숨었다가 흔들리지 않으면 딱딱한 걸
머리 위에 올리고 밖으로 나가요.

• 영역 내용 연계

0~2세
표준보육과정

 기본생활   안전하게 생활하기 > 위험한 상황에 대처하는 방법을 경험한다.

신체운동   신체활동 즐기기 > 대소근육을 조절한다.

• 놀이지원의 실제

놀이자료	• 지진 대피 방법과 지진으로 인한 피해상황을 보여 줄 수 있는 그림자료와 영아가 숨을 수 있는 책상이나 이불을 준비하였다.

집안에 있을 땐 탁자 밑으로 들어가 몸을 보호해요.

공간/일과	• 낮은 영아반 책상 아래에 들어가는 것은 어려우므로 영아가 숨을 수 있는 공간들을 알아보고 지진 발생 시 활용할 수 있도록 하였다.
상호작용	• 지진에 대해 잘 이해하지 못하는 영아가 있는지 관찰하고, 그림자료를 보며 지진의 피해상황과 위험성에 대해 개별적으로 설명해 주었다.
발달 고려	• 지진 소리를 무서워하는 영아가 있는 경우에는 볼륨을 줄여 듣도록 하였다.

● 활동명: 지진에 대해 알아요

• 놀이 흐름 따라가기

구분	누가	언제	어디서
재난안전 활동	5세	대집단/자유놀이시간	전체 공간

• 활동과정

지진이 일어나면 어떻게 될까요?
이 친구는 지진이 나서 어떻게 행동하고 있나요?

자, 이제 진짜 지진이 나면 어떻게 대피해야 하는지 연습해 볼까요?
어? 땅이 흔들려요. 친구들 조심해요. 우리 안전한 곳으로 대피하자.

• 영역 내용 연계

3~5세
누리과정

 신체운동
건강
안전하게 생활하기 > 안전사고, 화재, 재난, 학대, 유괴 등에 대처하는 방법을 경험한다.

 의사소통
듣기와 말하기 > 자신의 경험, 느낌, 생각을 말한다.

• 놀이지원의 실제

놀이자료	• 유아에게 지진의 위험성을 알려 주기 위해 '지진이야기' 영상자료와 '땅이 흔들려요' 그림자료를 준비하였다.  
공간/일과	• 지진대피훈련 시 유아들이 서로 다치지 않도록 충분한 공간을 확보하였다.
상호작용	• 지진대피훈련을 해 보고 유아들이 무엇을 느꼈는지 이야기를 나누었다. "무거운 물건, 위험한 물건이 떨어졌을 때 머리와 몸을 안전하게 보호할 수 있었나요?" "책상 밑으로 들어가니 기분이 어땠나요?"
발달 고려	• 영상자료를 시청한 후 유아들이 내용을 이해하였는지 이야기 나누기를 통해 확인하였다.

5) 대인관계안전

● 활동명: 내 몸은 소중해요

• 놀이 흐름 따라가기

구분	누가	언제	어디서
대인관계안전 활동	2세	대집단/자유놀이시간	쌓기/역할 공간

• 활동과정

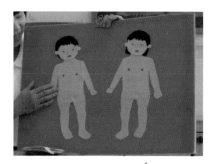

우리의 몸은 중요한 부분이 많고 소중해요.
소중한 곳을 가리기 위해서는 옷을 입어야 해요.

선생님과 이야기해서
들은 것과 친구들이 생각하기에
중요한 우리 몸에 이 스티커를
붙여 볼까요?

• 영역 내용 연계

0~2세
표준보육과정

 안전하게 생활하기 > 위험한 상황에 대처하는 방법을 경험한다.

 나를 알고 존중하기 > 나와 다른 사람을 구별한다.

• 놀이지원의 실제

놀이자료	• 영아가 자신의 신체에 대해 알 수 있도록 활동판(남아와 여아의 신체 모습, 신체를 가릴 수 있는 옷)과 활동지(남아와 여아의 신체모습 활동지, 스티커)를 충분히 준비하였다.
공간/일과	• 스티커를 떼는 것이 어려운 영아에게 교사가 다가가 도움을 줄 수 있도록 영아의 자리를 배치하였다.
상호작용	• '머리, 어깨, 무릎, 발' 노래와 율동을 하며 영아가 자신의 몸을 인식하고 흥미를 가지도록 하였다. • 주의집중이 짧은 영아들을 위하여 활동시간이 길어지지 않도록 유의하였다.
발달 고려	• 자아에 대한 인식이 발달하면서 자신의 몸에 대한 관심이 많아지는 시기이므로 자신의 몸을 소중히 여겨야 한다는 것과 함께 자신의 몸을 다른 사람이 함부로 만질 때 느끼는 부끄러운 감정이 자연스럽다는 것을 알려 준다.

● 활동명: 낯선 사람을 따라가지 않아요

• 놀이 흐름 따라가기

구분	누가	언제	어디서
대인관계안전 활동	4세	대집단/자유놀이시간	언어 공간

• 활동과정

우리 함께 '유괴예방송'
노래를 불러 볼까요?
왜 아는 사람도 따라가면 안 되는 거죠?

동화에서는 어떤 상황에 까만 마음
어른을 만났다고 하였나요?
그렇다면 그런 위험한 상황에서
우리는 어떻게 해야 할까요?
용감하게 큰 목소리로 "안 돼요, 싫어요,
도와주세요."를 외쳐요.

우리가 동화에서처럼 이런 위험한
상황에서 용감하게 행동할 수 있을까요?
친구들과 역할 가면을 쓰고 잘
대처하는 방법을 연습해 보자.

• 영역 내용 연계

	신체운동건강	안전하게 생활하기 > 일상에서 안전하게 놀이하고 생활한다.
3~5세 누리과정	사회관계	나를 알고 존중하기 > 나를 알고 소중히 여긴다.
	의사소통	듣기와 말하기 > 말이나 이야기를 관심 있게 듣는다.

• 놀이지원의 실제

놀이자료	• 유괴예방송 가사판과 음원, 위험한 상황과 대처 방법을 알려 줄 수 있는 『까만 마음 어른을 만났어요』 동화책, 상황극에 도움이 되는 다양한 역할 가면을 제공하였다. 
공간/일과	• 유아들이 상황극을 할 수 있는 공간을 확보해 주었다.
상호작용	• 상황극을 하고 나서 어떤 기분이 들었는지 질문하고 유아의 이야기를 주의깊게 들어주었다. 유아들이 위험한 상황에서 "안 돼요, 싫어요, 도와주세요."를 큰 목소리로 외칠 수 있도록 반복해서 연습하도록 지원하였다.
발달 고려	• 다양한 유괴상황에 대해 알려 주어 '낯선 사람'뿐만 아니라 '아는 사람'도 위험할 수 있음을 강조하면서 상황극 경험을 제공하였다.

6) 보건위생안전

● 활동명: 아플 땐 어떻게 해요?

• 놀이 흐름 따라가기

구분	누가	언제	어디서
보건위생안전 활동	2세	대집단/자유놀이시간	역할 공간

• 활동과정

이 친구는 어디가 아픈 것 같아요?
친구들도 이것을 사용해 본 적이 있나요?

물약은 어떻게 먹나요?

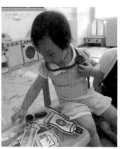

친구는 배가 아파서
병원에 왔대요.
의사선생님이
진찰해 주세요.

• 영역 내용 연계

0~2세
표준보육과정

 안전하게 생활하기 > 위험한 상황에 대처하는 방법을 경험한다.

 생활 속에서 탐구하기 > 주변 공간과 모양을 탐색한다.

• 놀이지원의 실제

놀이자료	• 다양한 그림자료(연고, 안약, 주사, 물약)와 역할극 자료(청진기, 주사기 그림, 물약 통, 안약 그림, 연고 그림, 양약 그림, 각종 병원놀이 도구)를 마련해 역할놀이를 할 수 있도록 하였다.
공간/일과	• 역할극 자료는 눈에 더 잘 띄도록 실물 크기보다 크게 준비하였다.
상호작용	• 간단한 손유희로 주의집중을 하거나 수수께끼를 풀면서 호기심을 유발하였다.
발달 고려	• 영아는 호기심이 많고 입으로 탐색을 하기 때문에 실제 약을 사용하는 대신 그림 자료만을 사용해 이야기를 나누었다.

● 활동명: 어린이집에는 여러 종류의 약이 있어요

• 놀이 흐름 따라가기

구분	누가	언제	어디서
보건위생안전 활동	5세	대집단/자유놀이시간	전체 공간

• 활동과정

친구들이 놀다가 다쳐서 상처가 나거나 갑자기 열이 나면 어떻게 해야 할까요?
약을 준비해 두어야 해요.

집에서 이 약을 바른 적이 있나요?
언제 이 약을 사용해 보았나요?

• 영역 내용 연계

<table>
<tr>
<td rowspan="2">3~5세
누리과정</td>
<td> 신체운동
건강</td>
<td>안전하게 생활하기 > 안전사고, 화재, 재난, 학대, 유괴 등에 대처
하는 방법을 경험한다.</td>
</tr>
<tr>
<td> 사회관계</td>
<td>나를 알고 존중하기 > 나를 알고 소중히 여긴다.</td>
</tr>
</table>

• 놀이지원의 실제

<table>
<tr>
<td rowspan="1">놀이자료</td>
<td>• 여러 종류의 약이 담겨 있는 어린이집 약상자와 약의 종류에 대한 설명이 있는
실물 그림자료를 제공하였다.

</td>
</tr>
<tr>
<td>공간/일과</td>
<td>• 소집단 혹은 개별로 상비약을 살펴보는 시간을 충분히 가지도록 지원하였다.</td>
</tr>
<tr>
<td>상호작용</td>
<td>• 약을 잘못 사용한 경험이 있는지 개인적인 경험을 이야기하도록 하고, 내용을 정
리하거나 추가적인 설명을 하면서 유아들이 관련 경험을 충분히 이야기할 수 있
도록 지원하였다. 또한 약을 올바르게 사용할 수 있도록 주의할 점을 강조하였다.
"아프지 않은데 약을 함부로 먹지 않아야겠죠?"</td>
</tr>
<tr>
<td>발달 고려</td>
<td>• 구급약품을 탐색하는 동안 유아들이 호기심으로 약을 바르거나 먹지 않도록 주의
하여 관찰하였다.</td>
</tr>
</table>

2. 영유아 안전교육활동의 평가

안전교육활동의 평가는 영유아가 안전한 습관을 체득하여 안전하게 행동할 수 있는 능력을 기르기 위해 이루어진다. 이러한 평가를 기존에 이루어진 활동에 반영하여 보다 나은 안전교육활동을 구성함으로써 영유아가 안전사고 예방을 위한 지식을 습득하여 안전한 생활의 기초를 형성하는 데 목적이 있다.

안전교육활동의 평가 시에는 활동의 계획과 실행 측면을 중심으로 다음과 같은 사항을 고려해야 한다. 먼저 활동 계획 측면에서는, 첫째, 영유아의 일상생활 속에서 쉽게 경험할 수 있는, 친숙한 상황들을 토대로 활동을 구성하였는가? 둘째, 영유아의 흥미와 관심을 유발하기 위해 쉽고 재미있는 방법을 활용하였는가? 셋째, 기본생활영역과 함께 신체운동(신체운동 · 건강), 의사소통, 사회관계, 자연탐구, 예술경험영역을 통합하여 활동을 구성하였는가? 넷째, 영유아의 연령과 특성을 고려하여 발달수준에 맞는 내용으로 구성하였는가? 다섯째, 영유아가 참여할 수 있는 구체적인 활동을 구성하였는가? 여섯째, 영유아의 발달 단계에 기초해 안전교육활동을 계획하였는가? 일곱째, 안전교육활동의 내용이 연간, 월간, 주간 계획안에 균형 있게 배분되었는가?

활동 실행의 측면에서는, 첫째, 장기간에 걸쳐 지속적이고 반복적으로 실시하였는가? 둘째, 안전교육활동이 일관성 있게 지속적으로 실시되었는가? 셋째, 다양한 활동자료 및 교재교구를 사용하여 활동이 실시되었는가? 넷째, 적절한 교수방법을 사용하여 활동을 실시하였는가?

안전교육활동을 평가할 때는 행동관찰표를 통해 일상생활에서의 영유아 행동을 표준보육과정에서 제시하고 있는 기준과 비교해 평가할 수 있다.

표 11-1 2세 영아의 안전교육활동 효과 평가를 위한 행동관찰표

연령	문항	전혀 그렇지 않다	다소 그렇지 않다	보통 이다	다소 그렇다	매우 그렇다
놀이 규칙	1. 놀이에 규칙이 있음을 안다.					
	2. 규칙에 따라 놀이한다.					
	3. 놀이기구와 놀이감을 안전하고 올바르게 사용한다.					
위험 상황	1. 시설물로 인한 위험을 안다.					
	2. 화재의 위험을 알고 조심한다.					
	3. 위험물질(약품류, 세제류)을 알고 만지거나 먹지 않는다.					
탈것	1. 탈것의 위험을 안다.					
	2. 탈것을 조심한다.					
	3. 신호등의 의미를 안다.					
	4. 신호등의 신호에 맞춰 성인과 함께 횡단보도를 건넌다.					
종합 평가						

출처: 서울시 육아종합지원센터(http://seoul.childcare.go.kr/).

더 알아보기

중앙육아종합지원센터의 아동학대 예방교육

중앙육아종합지원센터는 어린이집 보육교직원이 아동학대 신고의무자로서 아동학대 예방 및 신고 의무의 역할을 할 수 있도록 아동학대 예방교육 사업을 지원한다. 또한 보육교직원 교육의 참여 증대와 중복 교육 부담을 감소하고자 아동학대 예방교육을 보육교직원 보수교육과 연계하여 진행하고 있다. 이를 통해 보육교직원의 아동권리존중 및 아동학대 예방 역할 인식을 강화함으로써 안심보육 환경 조성 및 보육 서비스의 질 향상을 지원하고자 한다.

```
                        아동학대 예방교육
   ┌──────────────┬──────────────┬──────────────┐

 아동학대 예방교육   보육교직원 아동학대   보육교직원 안전교육   아동학대 예방
   강사진 양성      예방 집합교육      집합교육 시행      온라인 교육 운영
                               (보수교육 연계)

 전문성 강화를 통한   전국 육아종합지원센터  보건복지부 주최     중앙육아종합지원센터
 교육 및 교재 개발    주관 아동학대 예방교육  전국 육아종합지원센터   E-러닝
                 다양하게 진행       주관
```

 집합교육

구분	총계	2018년	2019년	2020년	2021년	2022년
횟수	1,396회	255회	246회	325회	278회	292회
보육교직원 수	183,088명	47,375명	45,501명	25,302명	31,851명	33,059명
참여센터	-	96개소	97개소	106개소	113개소	118개소

온라인교육

구분	총계	2018년	2019년	2020년	2021년	2022년
이수자	243,996명	29,223명	39,279명	58,704명	30,109명	86,681명

출처: 중앙육아종합지원센터(https://central.childcare.go.kr).

참고문헌

교육부, 보건복지부(2019). 2019 개정 누리과정 해설서.
보건복지부(2020). 제4차 어린이집표준보육과정-고시. 보건복지부 고시 제2020-75호.

서울시 육아종합지원센터 http://seoul.childcare.go.kr
중앙육아종합지원센터 http://central.childcare.go.kr

제4부

영유아 안전사고의 관리

제12장

영유아 안전사고의 사전예방

　영유아 안전사고를 예방하기 위해서는 안전사고 예방 전략들을 알아 두어야 한다. 영유아의 발달수준에 따른 안전사고에 유의하여 안전사고를 사전에 예방하는 것이 가장 중요하며, 영유아가 처할 수 있는 안전사고의 다양한 상황을 확인하여 안전사고의 상황별 예방법도 숙지할 필요가 있다. 이 장에서는 영유아 안전사고의 관련 이론에 근거하여 안전사고 예방 전략과 연령별·상황별 영유아 안전사고 예방법에 대해 살펴보고자 한다.

1. 영유아 안전사고의 관련 이론

영유아 안전사고의 관련 이론으로는 도미노 이론, 지렛대 이론 등이 있다.

1) 도미노 이론

도미노 이론은 사회환경이 인간의 불안전 행동과 결합하여 사고가 발생되고, 이로 인해 상해 및 재산상의 손실이 동반된다는 이론이다(Heinrich, 1980). 이는 안전 요인들을 철저히 분석하여 사고 요인을 줄이면 사고를 예방할 수 있고, 재해도 예방할 수 있다는 입장이다. 사고 요인을 줄이기 위해서는 사고 발생 요인들을 분석하여 사고 발생 요소들을 가능한 없애거나 줄이는 노력을 기울여야 한다.

2) 지렛대 이론

숙주, 원인, 환경의 세 가지 요소로 구성된 생태학적 모형에서 세 요소 중 하나에 변화가 오면 다른 요소의 상황에도 변화가 발생한다(김일옥, 이정은, 2010). 숙주는 사고를 당하는 영유아를, 원인은 자동차나 유해식품 등을, 환경은 매개체 역할을 하는 사회적 환경과 물리적 환경을 지칭한다. 이 모형에서 환경이 숙주와 원인 사이의 지렛대 역할을 하기 때문에 지렛대 이론이라고 한다. 환경이 숙주와 원인 사이의 균형을 이루고 있으면 평형 상태로 건강하고 사고가 발생하지 않는 상태이지만, 환경의 변화로 평형이 깨지면 사고가 발생할 수 있다.

2. 영유아 안전사고의 예방 전략

발달 과정에 있는 영유아의 경우 스스로 자기를 보호하는 능력이 부족하여 안전 사고의 발생 빈도가 높고, 안전사고 발생 시 대처하는 능력도 부족하기 때문에 영유 아의 안전사고를 예방하기 위해서는 다음과 같은 사항들을 고려해야 한다.

먼저 영유아가 노출되어 있는 위험 요인들을 확인해야 한다. 영유아는 놀이 공간 이나 어린이집과 같은 교육기관에서 사고의 위험에 항상 노출되어 있고, 영유아가 가지고 놀이하는 놀잇감, 식료품, 위생용품과 같은 물품들, 그리고 차량 등과 관련된 사고의 위험에 항상 노출되어 있다. 어떤 장소와 물품이 영유아에게 위험 요인인지 를 확인하고, 이러한 위험 요인에 노출되는 빈도를 파악하는 것이 중요하다. 위험 요 인에 대한 확인과 함께 고려해야 하는 것이 바로 이러한 위험 요인에 대한 분석이다. 언제, 무엇을, 어떻게, 어디서, 누가와 같은 의문들을 제기하고 이에 대한 해답을 구 하는 과정에서 위험 요인에 대한 분석이 이루어져야 한다.

안전사고를 예방하기 위해 사고와 관련된 자료들을 수집하는 것 역시 중요한 사항 이다. 빈도와 유형 및 변화 추이가 제시되어 있는 자료들을 수집하여 안전사고의 발 생 원인을 파악하는 것이 필요하다. 이러한 자료 수집을 바탕으로 안전사고에 대한 예방 대책을 수립할 때는 목표를 설정하고, 이에 따른 계획을 세우고, 계획에 따라 실행을 한 후 평가하는 일련의 과정이 요구된다.

미국의 학교안전정책에서는 안전사고 예방을 위해 네 가지 기본 원리를 제시하고 있다(곽은복, 2008). 첫째, 위험이나 사고의 요소를 인식하고, 둘째, 가능한 한 빨리 위험 요소를 제거하고, 셋째, 위험 요소를 제거할 수 없으면 항상 그것을 주의, 경계 하고, 넷째, 새로운 위험 요소를 첨가하지 않아야 한다. 이러한 측면에서 보았을 때 안전사고를 예방하기 위해서는 원인이 되는 위험 요소를 파악하는 것이 가장 중요하 지만, 이러한 위험 요소를 제거하고 지속적으로 주의하는 등 안전한 환경을 만들기 위한 관리가 중요함을 알 수 있다. 안전사고를 예방하기 위해서는 사전에 위험 요소에 관심을 기울이고 지속적으로 관리하는 것이 필요하다.

더 알아보기

어린이집에서의 비상시 대처 방안

모든 보육교직원은 업무분장표를 작성하며 개별 업무를 인지하고, 비상대응 계획을 수립한다. 모든 보육교직원이 자신의 역할과 대처방안을 숙지하여 비상시 사태에 대응해야 한다.

◎ 보육교직원 업무분장(예시)

담당	일반 업무 내용	환경정리 구역	비상시 업무 내용
원장	• 원의 전반적인 교육 및 운영 계획/견학 및 행사계획 • 업무분장, 감독, 근무평정 등 업무관리 • 시설설비 및 재정 관리/운영 및 교육 정보 수집	전체 청소 구역 관리	
교사 공통	• 보육활동 진행 및 준비/보육일지 작성 • 각 보육실의 환경 구성 및 청결 관리/학부모 상담 • 영유아에 대한 관찰 일지 및 보고서 작성	담당 교실 관리	
○○○	• 영아반의 전반적인 교육내용 관리 • 연간보육계획안, 주간보육계획안, 일일보육계획안 작성 • 원아 관리 및 관찰지도/소모성 교재 점검 및 신청	계단 청소	
○○○	• 입학상담 및 자원봉사자 담당/위생 소독 • 식단표 작성 및 주문 담당/화분 관리	화장실 청소, 화장실 수건 관리	
○○○	• 시청각 기자재관리 (O.H.P, 빔프로젝터, 비디오 카메라 등) • 안전관리(소화기 점검), 비상 대피 훈련 담당	외부 청소	

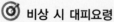

비상 시 대피요령

- 침착하게 대처한다.
- 총지휘자에게 보고한다.
- 119 등 필요한 기관에 도움을 요청한다.
- 비상대피로를 확보한다.
- 교직원은 비상시 역할 분담에 따라 행동한다.
- 원아를 신속하게 인솔해서 안전지역으로 대피한다.
- 남은 원아가 있는지 반드시 확인한다.
- 필요한 응급조치를 취한다.
- 보호자에게 연락한다.
- 영유아들을 안정시킨다.

출처: 보건복지부, 한국보육진흥원(2017).

더 알아보기

어린이집에서의 안전사고 예방 전략

사고를 방지하기 위한 몇 가지 행동과학적 사고 예방 전략들 중에서 어린이집에서 사용할 수 있는 전략은 설득이다. 설득은 사고의 위험에 처한 사람들의 자기 방어 능력을 증대시키기 위해 행동을 바꾸도록 설득하는 것을 말한다. 설득의 일환으로 어린이집에서 가장 많이 사용하는 방법은 안전교육을 실시하는 것이다. 안전교육은 위험을 초래하는 행동이 어떤 것인지를 알려 주고 이를 바람직한 방향으로 유도하는 것을 목적으로 한다. 또한 행동적 접근을 통해 영유아를 설득할 수 있는데, 영유아가 학습할 필요가 있거나 빈도를 증진시킬 필요가 있는 행동은 반복적으로 강조하고 지속적으로 이야기하는 방법이다. 만약 제거할 필요가 있거나 빈도를 줄여야 하는 행동의 경우에는 그러한 행동을 할 수 있는 상황을 줄여서 행동을 줄일 수 있다. 이는 횡단보도에서의 사고가 빈번하게 일어나는 경우 길을 돌아서 가더라도 횡단보도를 건너지 않고 다닐 수 있도록 하는 방법이다.

출처: 김일옥, 이정은(2010).

1) 연령별 영유아 안전사고 예방법

(1) 0세 영아

이 시기에는 혼자 앉거나 기기 시작하면서 다양한 안전사고에 노출될 수 있다. 특히 머리 부분의 신체발달이 먼저 이루어져 넘어지는 일이 많으므로 머리 보호에 주의를 기울여야 한다. 또한 이 시기 영아는 안전사고에 대한 개념이 없으므로 예방에 주안점을 두어야 한다. 기어다니면서 물체를 집어서 입으로 가져가는 일이 많으므로 주변에 입에 넣을 만한 작은 물건들은 치워 두는 것이 필요하다. 또한 계단이나 의자에서 떨어지기 쉬우므로 바닥에 충격을 완화해 줄 수 있는 안전매트 등을 설치해 둔다. 전기다리미와 같은 뜨거운 물체를 만져 손을 데이는 경우도 있으므로, 이런 위험한 물건들은 영아의 손이 닿지 않는 곳으로 치워 두는 것이 중요하다.

그림 12-1 입에 넣을 만한 작은 장난감 교구

그림 12-2 바닥매트가 깔린 영아반 교실

(2) 1~2세 영아

이 시기에는 걷기가 가능한 영아들의 활동 반경이 넓어지고, 호기심이 많아지면서 여러 가지 물건을 탐색하는 시기이므로, 안전사고의 빈도가 높은 편이다. 특히 양육자의 부주의로 인해서 안전사고가 생기지 않도록 항상 영아에게서 눈을 떼지 않아야 한다. 걷기가 숙달되지 않은 영아는 쉽게 넘어질 수 있으므로, 양말을 신을 때는 끈

끈이가 부착되어 미끄러지지 않도록 하는 것이 좋고, 가능한 한 실내에서는 맨발로 다니는 것이 안전사고를 예방하는 하나의 방법이다. 창문이나 문을 열고 닫는 과정에서 손가락이나 발가락이 끼이는 경우가 있으므로, 문이 천천히 닫히는 안전장치를 설치해 둔다.

 그림 12-3 교실에서 맨발로 놀이하는 영아

그림 12-4 안전장치가 설치된 문

(3) 3∼5세 유아

이 시기에는 신체발달이 이루어지고, 위험한 상황에 대한 학습으로 판단 능력도 생겨, 이전 시기에 비해서는 질식사고와 같은 안전사고는 줄어든다. 그러나 아직 완전한 대처 능력이 없어 유아를 집에 혼자 두는 경우 큰 사고가 발생할 수 있으므로, 항상 성인의 관리하에 두어야 한다. 칼이나 가위 같은 도구들을 사용하는 데 능숙해지는 시기이나, 이것 역시 유아용이 아닌 일반 성인들이 사용하는 공구들은 유아에게 위험한 사고를 초래할 수 있으므로 주의해야 한다. 이전 시기에 비해 유연하고 폭넓은 사고가 가능하므로 예방적인 교육의 차원에서 안전교육활동을 실시할 수 있는 시기이다.

 그림 12-5 안전가위를 사용하는 유아 그림 12-6 영유아의 손이 닿지 않는 서랍장에 넣어 둔 성인용 가위

2) 상황별 영유아 안전사고 예방법

(1) 무단 횡단 사고

영유아에게 무단 횡단을 하면 위험하다는 것을 알려 주고, 실제 생활에서 부모가 무단 횡단하는 모습을 보여 주지 않아야 한다. 도로를 안전하게 건너는 방법을 실제 생활에서 보여 주며 이해시켜야 한다. 조금 돌아가더라도 횡단보도 혹은 안전한 육교를 이용하여 길을 건너는 것을 습관화할 수 있도록 해야 한다.

(2) 횡단보도 사고

신호등이 있는 횡단보도에서는 녹색불이 들어오면 바로 뛰어나가지 말고, 손을 들고 좌우를 살핀 뒤 차가 오지 않는 것을 확인하고 천천히 길을 건너도록 한다. 영유아의 경우 녹색불이 들어오면 횡단보도로 바로 뛰어들다가 사고를 당할 수 있으므로, 갑자기 찻길로 뛰어들지 않도록 주의해야 한다.

신호등이 없는 횡단보도에서는 달리는 차가 영유아를 확인할 수 있도록 항상 손을 높이 들어 건너고자 하는 의사를 표시하도록 해야 한다. 또한 차가 완전히 멈춘 후에 길을 건너도록 하고, 가능하면 신호등이 없는 횡단보도를 사용하지 않고 다닐 수 있는 길을 이용하는 것이 횡단보도 사고를 예방하는 하나의 방법이다.

 그림 12-7 횡단보도가 없는 도로에서의 무단 횡단

 그림 12-8 육교를 이용한 도로 횡단

(3) 자동차사고

주·정차된 차량 사이에서 영유아가 뛰어나오다가 사고를 당하는 경우가 있어, 차량 사이에서 갑자기 뛰어나오거나 차의 바로 앞이나 뒤로 돌아 횡단하지 않도록 해야 한다. 영유아에게 이런 상황에서 운전자가 볼 수 없음을 인지시키고 가능하면 차량 사이를 다니지 않도록 하고, 천천히 좌우를 살피도록 해야 한다.

주차된 차량 뒤나 아래에 들어가서 놀다가 사고를 당하는 경우도 있다. 영유아에게 멈춰 있는 차량이 갑자기 움직일 수 있음을 알려 주고, 운전자가 차량의 뒤나 아래를 볼 수 없음을 알려 주어 차량 뒤에서 놀이를 하다가 사고를 당하는 일이 없도록 해야 한다.

그림 12-9 신호등이 있는 횡단보도에서 길 건너기

그림 12-10 신호등이 없는 횡단보도에서 손 들고 길 건너기

(4) 찻길사고

찻길 근처에서 놀이를 하다가 공이나 물건을 주우러 찻길로 달려 나가다 사고를 당하는 경우가 종종 있다. 영유아는 본인이 관심을 가지는 공이나 물건에만 주의를 집중할 뿐 찻길에 차량이 온다는 것을 인식하지 못하므로, 차가 다니는 길 근처에서는 놀이하지 않도록 해야 한다.

찻길에서 롤러블레이드나 자전거 등을 타는 것도 위험한 행위임을 영유아에게 알려 주어야 한다. 차가 다니지 않는 안전한 공원이나 공터에서만 이러한 놀이를 할 수 있음을 알려 주고, 안전장비를 반드시 갖추도록 한다.

 그림 12-11 정차된 차량의 출발로 인해 차에 부딪힌 유아

그림 12-12 주차된 차량 뒤에서 놀이하는 유아

 그림 12-13 찻길에 공을 주우러 달려 나가는 유아

 그림 12-14 찻길에서 세발자전거를 타고 있는 유아

(5) 눈·비 올 때

비가 오는 날에는 운전자의 시야가 넓지 않으므로 비옷이나 장화 등을 운전자의 눈에 잘 띄는 노란색으로 준비하는 것이 좋다. 우산을 쓰는 경우에는 영유아가 우산으로 인해 앞을 잘 보지 못하는 경우가 있으므로 영유아가 앞을 잘 볼 수 있는 투명한 우산을 쓸 수 있도록 한다.

눈이 올 때에는 미끄러지지 않는 신발을 신고, 장갑을 끼어 갑작스러운 상황에 대처할 수 있도록 한다.

더 알아보기
투명우산 나눔활동

'투명우산 나눔활동'은 어린이들이 비 오는 날 시야를 확보하여 교통사고 및 안전사고를 예방하기 위해 진행하는 캠페인활동으로, 현대모비스, 한국어린이안전재단, 도로교통공단이 함께한다.

지난 2010년부터 어린이 교통안전을 위해 투명우산과 함께 교통안전알림장, 교통안전탐구생활, '꼭지켜요' 교통안전 영상 등을 제작하고 배포하였으며 어린이 교통안전 투명우산 나눔식, 투명우산 후기공모전을 진행하는 등 어린이들이 안전한 교통환경에서 자라날 수 있도록 노력하고 있다.

현재 국내 어린이 교통사고 사망 수치는 낮아지고 있으나 여전히 OECD 회원국 중 어린이 보행 중 교통사고 사망자 수치는 상위권을 차지하고 있다. 따라서 우리 어린이들이 투명하고 안전한 세상에서 꿈을 펼쳐 나갈 수 있도록 많은 관심과 참여가 필요하다.

그 일환으로 미래의 교통문화 주역인 어린이들에게 교통안전 투명우산을 나누어 주고 교통사고 대처능력 향상을 위해 교통안전체험교육을 실시하고 있다.

출처: 한국어린이안전재단(http://www.childtu.or.kr).

 그림 12-15 투명한 우산을 들고 길을 건너는 유아

 그림 12-16 미끄러지지 않는 신발을 신고 장갑을 낀 채 눈길을 걷는 유아

(6) 중독사고

중독사고는 가정에서 사용하는 의약품이나 화장품, 각종 화학제품을 부주의하게 관리하여 영유아가 잘못 먹고 마시는 경우에 일어날 수 있다. 이러한 중독사고를 사전에 예방하기 위해서는 가정에서 사용하는 약품을 영유아의 눈에 띄지 않고 만질 수 없는 곳에 보관하고, 의약품을 영유아에게 투약하는 경우 제품설명서를 확인하여 연령과 체중에 맞게 약을 먹여야 한다.

집 안팎에서 사용하는 페인트나 놀이터에 칠해진 페인트, 장난감에 사용된 페인트 등에서 기준치를 넘는 납이 녹아 있는 경우 영유아에게 흡수되어 성장발육에 영향을 미칠 수 있다. 집 안에 납 성분이 포함된 페인트를 사용하지 않아야 하며, 영유아의 놀잇감과 우유병 등을 자주 씻어서 납의 오염을 줄일 수 있도록 해야 한다.

(7) 질식사고

작은 장난감이나 미니컵 젤리와 같은 단단한 음식물에 의해 기도가 막혀 질식하거나, 창문 블라인드나 커튼의 끈, 침대에 달아 놓은 모빌의 줄, 포장 등을 위한 비닐봉지 등에 의해 질식하는 경우가 발생할 수 있다. 영유아가 음식을 먹을 때나 놀이를 할 때에는 항상 관찰하여, 작고 둥글거나 딱딱한 것을 먹지 못하도록 해야 한다. 또한 영유아 겉옷의 모자나 목 둘레의 끈을 제거하고, 창문 블라인드나 커튼의 줄은 잘 고정해 두어 영유아가 손댈 수 없도록 해야 한다.

(8) 익사사고

익사사고는 주로 수영장과 같은 물놀이 장소에서 주로 일어나지만, 욕실의 욕조, 물통, 변기 등에서도 일어날 수 있다.

놀이가 허락된 장소에서, 성인의 지도와 감독이 있는 곳에서만 물놀이를 하도록 한다. 물에 들어가기 전 손, 발을 적시고 물에 들어가도록 하고 수영 전 반드시 준비 운동을 하도록 한다. 껌을 씹거나 음식을 먹으면서 물놀이를 하면 질식의 위험이 있음을 알려 주어 주의하도록 한다.

수영장이나 욕조에서 영유아에게 잠시도 눈을 떼지 말아야 한다. 변기 뚜껑은 항상 닫아 두고, 물이 담긴 용기는 사용 후 바로 내용물을 비우도록 한다. 잠깐의 방심이 익사사고로 연결될 수 있으므로 영유아 혼자서는 물놀이를 하지 않도록 해야 한다.

(9) 화재사고

화재를 일으킬 수 있는 물건은 영유아의 손이 닿지 않는 곳에 두어야 하고, 성냥이나 라이터, 가스불은 위험한 것이므로 성인이 다루어야 함을 알려 준다. 전기제품을 사용할 때에도 하나의 콘센트에 너무 많은 전자제품을 연결하여 사용하는 것은 사고의 위험이 있으므로 주의하도록 한다. 또한 사용하지 않는 제품의 경우 전원을 끄도록 한다.

참고문헌

곽은복(2008). 교사를 위한 아동안전교육. 서울: 창지사.

김일옥, 이정은(2010). 아동안전관리. 경기: 양서원.

보건복지부, 한국보육진흥원(2017). 보육제도 주요사항 안내.

Heinrich, H. W. (1980). *Industrial accident prevention* (5th ed.). NY: McGraw Hill Book.

한국어린이안전재단 http://www.childtu.or.kr

제13장

영유아 안전사고 발생 시 대처 방법

　　영유아에게 안전사고가 발생한 경우 응급처치의 기본 원칙을 숙지하여 신속히 대처할 수 있어야 하며, 어린이집에서 발생할 수 있는 발열, 출혈, 화상, 염좌 등의 다양한 안전사고에 대한 응급처치 방법을 알아야 한다. 안전사고 처리와 관련한 응급처치동의서를 비롯한 필수서류는 학부모의 동의를 받아 어린이집에 비치해 두고, 안전사고 발생 시 어린이집안전공제회의 처리 절차에 따라 대처하여 영유아에게 보험금이 지급될 수 있도록 해야 한다. 이 장에서는 영유아의 안전사고 발생 시 응급처치의 기본 원칙과 상황별 응급처치, 안전사고 처리의 기본 원칙과 처리 절차에 대해 살펴보고자 한다.

1. 응급처치

1) 응급처치의 기본 원칙

응급처치는 다친 사람이나 급성질환자에게 사고 현장에서 즉시 취하는 조치를 말한다. 이는 위급한 상황으로부터 자신을 보호하고 뜻하지 않은 환자가 발생했을 때 전문적인 의료서비스를 받기 전까지 적절한 처치와 보호를 해 줌으로써 환자의 고통을 덜어 주고 더 나아가서 생명을 구할 수 있게 하는 지식과 기능이다(윤선화, 정윤경, 이경선, 2007).

어린이집에서 응급 상황이 발생했을 때에는 즉시 119에 신고하여 구급대의 응급처치를 받고 병원으로 이송해야 한다. 이 과정에서 구급대가 도착하기 전에 영유아에게 적절한 응급처치를 하는 것이 필요하므로, 모든 교사는 응급 상황에 신속히 대

더 알아보기

응급처치의 기본원칙

- 응급처치를 하는 사람 자신부터 안전을 확보해야 함. 구조자가 위험한 상태에서 환자에게 달려드는 것은 양쪽 다 해로운 일임
- 언제나 신속, 침착하고 질서 있게 대처해야 함
- 여러 환자가 있는 경우 긴급한 환자부터 처치해야 함
- 이송이 필요한 상태라면 지체 없이 119에 신고하여 도움을 받아야 함
- 음식물을 줄 때는 신중을 기함. 특히 무의식 환자에게 음식물을 제공하는 것은 기도를 막아 숨을 못 쉬게 할 수 있으므로 절대 금지해야 하며, 심각한 손상, 심한 출혈 등 수술이 필요한 환자에게 음식물 제공은 수술 시작 시간을 지연시킬 수 있음
- 부상자 운반 시 제대로 고정하지 않고 이송하는 행동은 상태를 악화시킬 수 있음

출처: 보건복지부, 어린이집안전공제회, 중앙육아종합지원센터(2017).

처할 수 있는 능력을 가질 수 있도록 해야 한다. 응급처치 방법에 대한 안내가 필요한 경우 119에 전화하면 응급처치 도움을 받을 수 있다.

응급 상황에 대처하기 위해서는 응급 상황에 대한 준비가 사전에 이루어져야 한다. 응급처치를 위한 기본 도구인 구급상자를 준비하여 관리해야 하는데, 일정한 장소에 두어 응급 상황 시 쉽게 사용할 수 있도록 해야 한다. 영유아의 손이 닿지 않는 곳에 두며, 정기적으로 내용물을 점검, 보충하고 약품의 유통기한에 대한 확인도 함께 이루어져야 한다.

표 13-1 구급상자 구성

의료기구/용품	외용약	주의사항
붕대, 거즈, 소독솜, 삼각붕대, 탄력붕대, 칼, 가위, 핀셋, 반창고, 일회용 장갑, 일회용 반창고, 부목류	과산화수소수, 베타딘, 항생제, 외용연고, 근육용 마시지 연고, 화상용 바셀린 거즈, 생리식염수, 벌레 물린 데 바르는 연고	어린이집에서의 의약품 사용은 반드시 전문의사의 진료와 처방에 의해 이루어지도록 해야 한다.

출처: 중앙육아종합지원센터(2016).

2) 상황별 응급처치

(1) 발열

발열은 대개 감염을 수반하고, 정상 이상의 체온은 급성질환의 가능성을 보여 주는 가장 중요한 징후의 하나이다. 발열로 인해 발작이 일어날 수 있으므로, 영유아가 저체온증이 되지 않도록 하면서 냉각시키는 것이 중요하다.

영유아의 체온이 39℃ 이상인 경우, 통증을 완화시키는 해열진통제를 용량에 맞게 주고, 영유아의 옷을 벗긴다. 만약 옷 벗기를 부끄러워하면 얇은 옷으로 갈아입힌다. 미온수에 적신 수건으로 영유아를 덮어 주어 빨리 냉각시킨다. 영유아가 의식이 있는 경우 안정시키기 위해 입으로 물을 주거나 얼음을 물고 있게 한다.

만약 해열제를 준 후 1~2시간 후에도 영유아의 체온이 40℃ 이상이면 미지근한
물이 있는 욕조에 들어가게 하여 젖은 수건으로 영유아의 몸을 살살 문질러 준다.

해열제를 준다.

옷을 벗긴다.

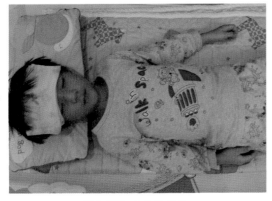

물수건을 이마에 댄다.

물을 마시게 한다.

(2) 출혈

출혈이란 외상으로 인한 손상이나 심혈관계 질환 등과 같은 여러 가지 원인에 의해 혈관이 찢어지거나 파열되어 신체의 외부에서 피가 나는 외출혈과 신체의 내부에서 피가 나는 상태인 내출혈로 구분할 수 있다.

개방성 상처에서 피가 나는 외출혈은 동맥에서 선홍색의 피가 빠른 속도로 흘러나오는 동맥출혈과 정맥에서 암적색의 피가 흘러나오는 정맥출혈, 그리고 모세혈관에서 조금씩 피가 나오는 모세혈관출혈로 구분된다. 가장 흔히 볼 수 있는 것이 모세혈관출혈이다.

외출혈 시 가장 보편화된 지혈 방법은 출혈되는 상처 부위를 직접 압박하는 직접압박 방법이다. 출혈되는 상처 위에 깨끗한 거즈를 덮고 꼭 눌러 지혈한다. 출혈이 멈춘 후에는 상처 부위를 소독거즈로 덮어 주고, 거즈 근처로 압박붕대를 감는다. 출혈이 멈추지 않으면 더 세게 압박한다.

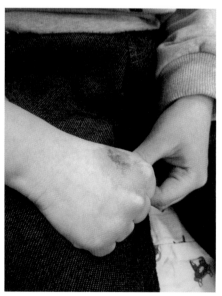

상처를 확인한다.

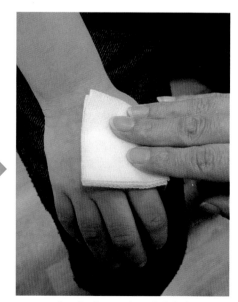

깨끗한 거즈를 덮고 지혈한다.

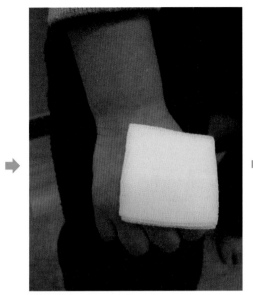

상처 부위를 소독거즈로 덮는다.

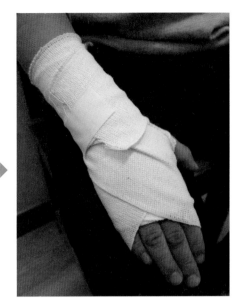

거즈 근처를 압박붕대로 감아 준다.

코피는 대부분 건조한 공기, 코 파기, 코의 상처 때문에 초래된다. 이런 경우 영유아가 앉은 상태에서 머리를 앞으로 숙여 혈액이 목 뒤로 흘러가지 않도록 한다. 콧잔등을 눌러 지혈하고, 코 위에 얼음주머니로 냉찜질을 해 주면 지혈에 도움이 된다.

머리를 앞으로 숙인다.

콧잔등을 눌러 지혈한다.

코 위를 냉찜질한다.

아동안전동영상

닥터프렌즈-[코피] 코피 난 적 있으신 분 보세요!!
(어떨 때 병원에 가야 할까??)

(3) 화상

화상은 물질과의 마찰 또는 뜨거운 액체나 증기 등으로 인해 신체조직이 손상된 상태를 말한다. 불, 물, 기름 등에 의해 화상을 입으며, 영유아에게 많이 발생한다. 화상은 1도, 2도, 3도로 증상을 구분할 수 있는데, 1도 화상은 표피층이 손상되어 피

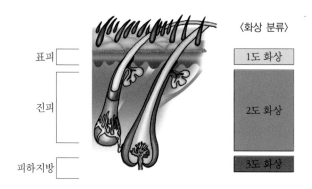

 **그림 13-1 화상의 분류**
출처: 소방방재청(2012).

부가 빨개지고 물집이 없는 상태, 2도 화상은 내피층까지 손상을 입어 물집이 생기는 상태로 통증이 심하다. 3도 화상은 피부층은 물론이고 피하지방과 근육층까지 손상된 심한 화상으로 피부가 하얗게 보이거나 검게 탄 경우로 신경이 손상된 경우에는 손상 부위를 눌러도 통증을 느끼지 못하기도 한다.

응급처치 방법은 먼저 차가운 물로 10분 정도 식혀 준 뒤, 소독된 거즈로 상처 부위를 넓게 덮어 주는 것이다. 화상 부위의 옷은 억지로 제거하지 말고, 화상 부위에 연고 등을 함부로 바르지 않는다.

| 차가운 물에 손을 담근다. | 소독된 거즈로 상처 부위를 덮어 준다. |

(4) 염좌·골절·탈구

염좌는 관절 주위의 인대나 근육이 손상된 상태로 흔히 삐었다고 하는 것이다. 골절은 뼈가 부러지거나 금이 간 상태를 말한다. 증상은 손상 부위에 심한 통증이 있고, 멍이 들거나 부을 수 있으며, 관절 부위를 움직이기가 어렵다.

응급처치 방법은 RICES로, 쉬고 안 움직이고(Rest) 찜질하고(Ice) 압박하고 드레싱하고(Compression) 올려 주고(Elevation) 부목을 고정시켜 주면 된다(Splint).

탈구는 관절에서 원래 있던 뼈가 빠져나가는 것으로 어깨, 팔꿈치, 손가락, 턱 등에 발생할 수 있다. 영아의 경우 보호자가 영아의 팔을 잡아당겨 어깨탈구가 흔히 발생한다. 탈구가 된 경우에는 움직이지 않도록 주의하여 병원으로 데려간다.

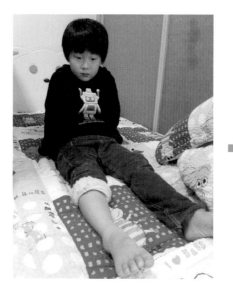

편한 자세로 쉬게 한다.

손상된 부위를 높은 위치로 올려 냉찜질을 한다.

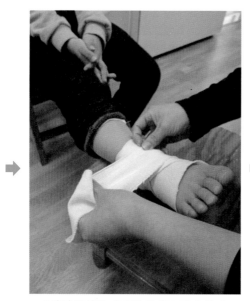

손상된 부위를 단단히 붕대로 감아 준다.

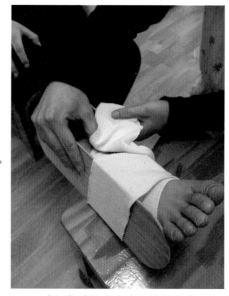

필요한 경우 손상된 부위 주변에
부목을 댄다.

(5) 상처가 났을 때

긁힌 상처(찰과상)는 피부나 점막이 심하게 마찰되거나 긁힘으로써 생기는 상처이다. 출혈은 적으나 병균 등에 감염될 우려가 있으므로, 흙이나 오염물을 씻어 내고 상처를 씻어 준다. 상처를 소독하고 거즈나 반창고를 붙인다.

찔린 상처(자창)는 유리조각이나 가시에 가볍게 찔린 경우에는 손상 부위를 흐르는 물에 씻고 소독한 핀셋으로 제거한 후, 소독약으로 소독하고 반창고를 붙인다. 못이나 펜과 같은 물체가 피부에 박혀 출혈이 심한 경우 상처 주위를 지혈하고, 물체를 뽑지 말고 그대로 병원에 가는 것이 좋다.

멍이 든 상처(타박상)는 팔다리에 상처가 없는 가벼운 타박상인 경우에는 환부를 찬 물수건이나 얼음으로 찜질하면 통증이 경감된다. 피부에 상처가 있는 경우에는 상처 부위를 흐르는 물로 잘 씻고 소독하고, 거즈 등으로 처치한 후 습포 처리한다.

 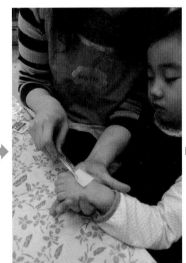 

흐르는 물에 씻는다.   소독약으로 소독한다.   거즈나 반창고를 붙인다.

(6) 치아 손상

치아가 빠진 경우에는 영유아의 입을 세척하고 이가 빠진 부위에 거즈를 대서 지혈한다. 빠진 치아가 영구치인 경우에는 우유나 식염수에 담궈 치과로 가져간다. 치아가 부러진 경우에는 거즈로 상처 부위의 혈액을 닦아 낸다. 부러진 치아 부위의 얼굴에 얼음주머니를 대어 부기를 가라앉히고 치과에 간다.

입에 거즈를 물고 지혈한다.

(7) 이물질

눈에 이물질이 들어간 경우에는 대부분의 이물질이 눈물과 함께 씻겨 나가므로, 눈을 비비거나 무리하게 이물질을 제거하여 눈에 손상을 입히지 않도록 주의해야 한다. 눈을 열어 젖혀 이물질을 확인한다. 영유아가 협조적일 경우 깨끗한 물로 눈을 씻어 내거나, 아래 눈꺼풀을 아래로 누르고 이물질을 찾아 젖은 면봉으로 닦아 낸다. 이물질이 밖으로 나가도록 눈을 깜빡거리게 한다. 이물질을 제거할 수 없을 경우 깨

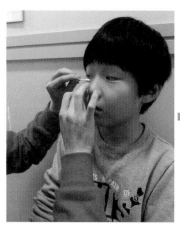

이물질을 찾아 면봉으로
닦아 낸다.

이물질이 밖으로 나가도록
영유아가 눈을 깜빡거리게 한다.

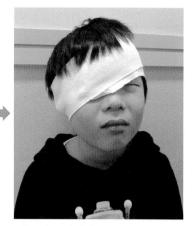

이물질을 제거할 수 없는 경우에는
붕대로 눈을 가려 병원에 간다.

끗한 붕대로 눈을 가려 병원에 가도록 한다.

귀에 이물이 들어간 경우에는 살아 있는 벌레인지, 물건인지를 확인한다. 벌레인 경우에는 손전등을 비추어 벌레가 나오도록 한다. 물건인 경우에는 베이비 오일을 한두 방울 귓속에 떨어뜨린 후 귀를 아래쪽으로 향하게 하여 이물질이 밖으로 나오게 한다.

코에 이물질이 있는 경우는 영유아가 콧구멍으로 이물을 밀어 넣은 경우가 대부분이다. 먼저 코를 푸는 방법으로 이물이 들어가 있지 않은 콧구멍을 손으로 누르고 코를 푸는 동작을 해 이물을 불어 낸다. 너무 세게 하면 고막이 찢어질 수 있으므로 주의한다. 이물질이 빠지지 않으면 억지로 빼내려고 하지 말고 이비인후과의 치료를 받는다.

목에 이물질이 들어간 경우에는 기침을 하거나 입술이 창백해지는 등 호흡이 곤란하여 질식하는 경우도 있다. 이런 경우 하임리히법을 실시하여 이물을 뱉어 내도록 한다. 유아의 등 뒤에 서서 한 손으로 주먹을 쥐고 유아의 배꼽과 명치 사이에 댄다. 다른 한 손으로 주먹 쥔 손을 감싼다. 주먹으로 유아의 배를 누르면서 빨리 위로 밀어낸다. 이물질이 빠지면 유아를 눕히고 기도를 확보한다. 영아의 경우에는 양쪽 견갑골 사이를 손바닥으로 친다.

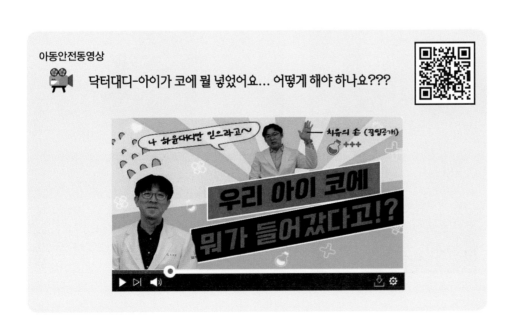

유아의 뒤에 서서 한 손으로 주먹을 쥐고
배꼽과 명치 사이에 댄다.

다른 한 손으로 주먹을 쥔 손을 감싼다.

양손으로 유아의 배를 누르면서 들어올린다.

영아의 경우에는 의자에 앉아 영아의 견갑골
사이를 손바닥으로 친다.

아동안전동영상

질병관리청-[생명을 살리는 심폐소생술]
9. 목이 막힌 환자를 도와요

아동안전동영상

질병관리청-[생명을 살리는 심폐소생술]
10. 목이 막힌 영아 환자를 도와요

(8) 동물이나 벌레에 물린 경우

개나 고양이에게 물렸을 경우에는 피가 나면 지혈을 하고, 비눗물로 씻고 소독된 거즈로 덮어 병원에 데려간다.

뱀에 물렸을 경우에는 물린 부위를 물에 씻고, 심장보다 낮게 한 뒤, 상처 부위 위쪽을 넓은 천으로 가볍게 묶어 준다. 그다음 신속하게 병원으로 이송한다.

벌에 쏘였을 때는 소독된 핀셋으로 벌침을 제거하고, 미지근한 비눗물로 상처 부위를 씻는다. 상처 부위가 작을 때는 냉찜질을 해 주고, 부종이 심할 때는 물린 부위를 높게 한 후 안정시킨다.

아동안전동영상
 닥터대디-벌에 쏘였어요 어떻게 하죠!!

3) 심폐소생술

심폐소생술이란 갑작스러운 심장마비나 사고로 인해 폐와 심장의 활동이 멈추게 되었을 때 인공호흡으로 혈액을 순환시켜 조직으로 산소를 공급함으로써 뇌의 손상 또는 사망을 지연시키고자 현장에서 신속하게 실시하는 기술을 뜻한다(소방방재청, 2012).

심폐소생술을 하기에 앞서 현장의 안전을 확인하고 신체 부위에 가볍게 자극을 주어 의식이 있는지 여부를 확인한다. 반응이 없는 경우에 머리와 목을 지지하여 영유아를 바르게 눕힌 후 심폐소생술을 실시한다.

첫째, 기도를 열어 준다. 입안의 이물질 여부를 확인하여 이물질이 확실하게 보이는 경우 손가락으로 이물질을 쓸어 낸다. 영유아는 성인에 비해 기도가 쉽게 폐쇄되므로 기도 확보 및 유지에 주의를 기울인다.

둘째, 흉부의 압박 위치를 찾는다. 영아의 경우에는 흉골 중앙 바로 아래의 두 손가락을 위치하여 눌러 준다. 유아의 경우에는 명치를 피해서 한 손으로 눌러 준다.

셋째, 흉부를 압박한다. 흉곽의 최소 1/3 깊이, 분당 최소 100회 속도로 30회 흉부를 압박한다. 이때 하나, 둘, 셋하고 숫자를 세어 가면서 시행하고, 압박된 가슴이 완전히 이완되도록 한다.

넷째, 기도를 유지한다. 한 손으로는 이마를, 다른 한 손으로는 턱을 들어 중립 위치를 유지하도록 한다. 외상이 없는 경우에는 턱을 들어올리거나 머리를 기울여 기도를 확보한다.

다섯째, 인공호흡을 실시한다. 영아의 경우에는 처치자의 입으로 영아의 입과 코를 동시에 막아서 숨을 2회 불어 넣는다. 유아의 경우에는 엄지와 검지로 코를 막고 입을 밀착시켜 인공호흡을 2회 실시한다.

여섯째, 압박 대 호흡을 반복시행한다. 처치자는 대상자가 회복되었거나 119 구급대가 도착할 때까지 흉부압박과 인공호흡을 30:2의 비율로 반복해서 시행한다. 처치자가 2인인 경우에는 흉부압박과 호흡의 비율을 15:2로 실시하도록 한다.

더 알아보기

영유아 심폐소생술

기도 열기

입안의 이물질 여부를 확인, 이물질이 확실히 보이면 손가락으로 제거

압박 위치

두 손가락(한 손바닥)을 흉골 중앙 바로 아래에 위치시킴
※ 명치를 누르지 않도록 주의

압박 강도(영아)

영아의 경우 두 손가락으로 누름

압박 강도(유아)

유아의 경우 한 손으로 누름

압박 깊이

흉곽의 최소 1/3 깊이로 분당 최소 100회 속도로 압박

흉부 압박

가슴 압박 30회 실시

기도 유지

머리는 중립 위치를 유지

인공 호흡

영아의 경우 입과 코에 인공 호흡 2회 불어 넣기

압박 대 호흡 반복(30:2)

회복되거나 119가 올 때까지 가슴 압박과 인공호흡 반복함
※ 2인의 경우는 15:2로 시행

아동안전동영상

질병관리청-[생명을 살리는 심폐소생술]
8. 영아 환자에게는 이렇게 합니다

아동안전동영상

질병관리청-[생명을 살리는 심폐소생술]
11. 심폐소생술과 자동심장충격기(AED)의 적용

더 알아보기

생존사슬

심정지 환자를 소생시키기 위해서는 다음 다섯 개의 응급처치가 연속적으로 시행되어야 하며, 이 과정을 일명 '생존사슬'이라고 한다.

첫 번째 사슬: 심장정지 인지 · 구조요청
목격자가 심장정지 발생을 신속히 인지하여 구조 요청을 하면 심장정지 치료가 빨리 시작됨으로써 심장정지 생존율이 향상된다. 구조 요청은 목격자가 심장정지를 인지한 후 가장 먼저 해야 하는 행위이다. 목격자가 주변 사람에게 구조를 요청하고 119에 전화를 함으로써 응급의료체계가 활성화된다.

두 번째 사슬: 목격자 심폐소생술
병원 밖 심장정지 구조 과정에서 목격자는 구조 요청 후 즉시 심폐소생술을 시작해야 한다. 목격자에 의한 심폐소생술이 시행된 경우에는 시행되지 않은 경우보다 심장정지 환자의 생존율이 약 4배까지 높아진다.

세 번째 사슬: 제세동
심정지 환자가 발생한 현장 주변에 비치되어 있는 자동심장충격기(자동제세동기)나 119 구급차에 비치된 자동심장충격기(자동제세동기)를 이용하여 현장에서 심장충격(제세동) 처치를 신속하게 실시해야 한다.

네 번째 사슬: 전문소생술
심정지 환자가 의료기관에 도착한 뒤에는 의료진에 의한 효과적인 전문소생술이 시행되어야 한다.

다섯 번째 사슬: 소생 후 치료
심정지 환자의 심장박동이 회복된 뒤에는 전문 의료기관에서 목표체온치료, 관상동맥 중재술, 경련의 진단 및 치료 등의 통합적인 심정지 후 치료가 시행되어야 한다.

출처: 질병관리청, 대한심폐소생협회(2020); 대한심폐소생협회(http://www.kacpr.org).

2. 안전사고 처리

1) 안전사고 처리의 기본 원칙

어린이집에서 영유아가 안전사고를 당한 경우에는 응급조치를 한 후, 학기 초 학부모에게 받았던 응급처치동의서를 토대로 학부모에게 연락을 하여야 한다. 가능한 한 학부모와 연락을 통해 학부모가 원하는 병원으로 이송하는 것이 가장 좋은 방법이나, 연락이 되지 않는 경우에는 응급처치동의서에 기입한 의료기관으로 가도록 한다. 상황이 위급한 경우에는 119에 연락하여 종합병원으로 이송하도록 하는 것이 좋다.

과거 어린이집에서 안전사고가 발생한 경우 어린이집 이미지에 나쁜 영향을 줄 수 있다는 이유로, 안전사고에 대한 보고를 하지 않고 조용히 안전사고 처리를 하는 경우가 있었다. 그러나 최근에는 어린이집에서 안전사고가 일어난 경우 24시간 이내에 사고보고서를 작성하여 보육통합정보시스템에 보고를 하도록 되어 있고, 2011년부터 어린이집은 어린이집안전공제회에 의무적으로 가입하도록 되어 있기 때문에, 안전사고 처리를 위해서는 안전사고 보고가 반드시 이루어져야 한다. 어린이집에서 이루어진 안전사고 보고는 사고의 원인과 유형을 분석하여 예방대책을 수립함으로써 이러한 사고의 유발을 방지하기 위해서 수합되었는데, 최근 안전사고의 위험에 대한 사회 전반의 분위기를 반영하여 2013년부터는 어린이집의 안전사고 이력이 공개되었고, 2015년 12월부터 어린이집정보공개포털에서 사고 발생 현황을 비롯한 어린이집의 주요 정보를 공개하는 통합정보공시 서비스를 제공하고 있다.

표 13-2 응급처치동의서

반이름		생년월일	
성별	남 여	성명	

○○○에게 응급상황 발생 시 다음의 절차에 따라 응급처치를 하는 것에 동의합니다.

20   .   .

부 모: ○ ○ ○(서명 또는 인)

〈응급처치 절차〉

1. 사고 발생 시 가장 먼저 부모님께 연락합니다.

(시간/기간)   (전화번호)
어머니와는 _____동안에 _____로 연락됩니다.
_____동안에 _____로 연락됩니다.
아버지와는 _____동안에 _____로 연락됩니다.
_____동안에 _____로 연락됩니다.

2. 부모님과 신속하게 연락되지 않을 경우, 부모님이 정해 주신 다음의 연락처로 연락 드립니다.

(이름)   (전화번호)
① _____는 _____로 연락할 수 있습니다.
아동과의 관계 _____
② _____는 _____로 연락할 수 있습니다.
아동과의 관계 _____

3. 필요한 경우 119 구조대에 연락할 것이며 어린이집에서 지정하는 의료기관이나, 부모님이 정하신 _____의료기관으로 응급수송할 것입니다.

4. 의료기관 수송 후에는 다음의 건강보험 관련 정보를 주어 신속하게 치료받을 수 있도록 합니다.

건강보험 종류 _____
번호 _____
기관 _____

출처: 보건복지부(2018).

더 알아보기

어린이집 정보공시

🚌 어린이집 정보공시란

어린이집 전반의 주요 정보를 객관적이고 투명하게 공개하는 제도로 이를 통해 부모들이 보다 쉽고 편리하게 어린이집 정보를 이용할 수 있도록 하는 데 그 목적을 두고 있다.

🚌 정보공시 주요 내용

「영유아보육법」 제49조의2에 명시된 어린이집 시설, 설치 · 운영자, 보육료와 그 밖에 필요경비, 영유아의 건강 · 영양 및 안전관리, 어린이집 운영에 관한 사항을 공시하고 있다.

어린이집 정보공시의 주요 내용

법률〈제49조의2〉	항목	내용
1. 어린이집의 시설, 설치 · 운영자, 보육교직원 등 기본현황	설치운영정보	어린이집 명칭, 시설 현황 등
	영유아 및 보육교직원 정보	반수, 원아수, 직위, 자격별 교직원 현황 등
2. 어린이집 보육과정에 관한 사항	어린이집 교육과정 및 운영에 관한 정보	어린이집 교육과정 편성 · 운영 등에 관한 사항
3. 보육료와 그 밖의 필요경비에 관한 사항	어린이집 원비 등	어린이집 보육료 수납현황 (학부모가 부담하는 경비 일체)
4. 어린이집 예 · 결산 등 회계에 관한 사항	예 · 결산 등 회계 사항	어린이집 회계 예 · 결산서
5. 영유아의 건강 · 영양 및 안전관리에 관한 사항	건강 · 급식 · 위생관리 및 안전관리	아동 건강검진 현황, 환경 위생 관리 현황, 사고 발생 현황, 어린이집 급식 현황, 안전점검 현황, 공제회 및 보험가입 현황 등
6. 보육여건 및 어린이집 운영에 관한 사항	보육여건 및 어린이집 운영에 관한 사항	대통령령으로 정하는 사항

출처: 어린이집정보공개포털(http://info.childcare.go.kr).

이전에 어린이집에서 개별적으로 상해보험에 가입하여 안전사고에 대해 보상을 받을 수 있도록 하였으나, 우리나라의 상해보험은 과실책임주의를 원칙으로 하고 있기 때문에 영유아의 안전사고 발생 시 원인에 따라 보험료 지급이 거부되거나, 일부 금액만이 지급되는 등 문제점이 있었다. 이러한 문제점을 해결하기 위해 무과실책임주의를 원칙으로 하는 어린이집안전공제회가 설립되었고, 2011년 6월부터 어린이집은 어린이집안전공제회에 의무적으로 가입하게 되었다.

더 알아보기

어린이집안전공제회

🚐 어린이집안전공제회란

2009년 11월 「영유아보육법」 제31조의2에 의해 어린이집에서 발생하는 사고에 대해 신속·적정하게 보상하고 체계적인 예방사업을 추진하기 위해 설립

🚐 어린이집안전공제회 설립의 법적 근거

「영유아보육법」 제31조의2: 어린이집 상호 간의 협동조직을 통하여 어린이집의 안전사고를 예방하고 어린이집 안전사고로 인하여 생명·신체 또는 재산상의 피해를 입은 영유아 및 보육교직원 등에 대한 보상을 하기 위하여 보건복지부 장관의 허가를 받아 어린이집 안전공제사업을 할 수 있다.

🚐 어린이집안전공제회 당연가입 및 보상범위 확대

「영유아보육법」 제31조의2 제3항 및 제4항
제3항 어린이집의 원장은 공제회의 가입자가 된다.
제4항 공제회에 가입한 어린이집의 원장은 공제사업의 수행에 필요한 출자금과 다음 각 호의 공제료 등을 공제회에 납부해야 한다. 다만, 제2호와 제3호의 공제료는 어린이집의 원장이 선택하여 납부할 수 있다.
　① 영유아의 생명·신체 피해를 보상하기 위한 공제료
　② 보육교직원 등의 생명·신체 피해를 보상하기 위한 공제료
　③ 어린이집의 재산상의 피해를 보상하기 위한 공제료

어린이집안전공제회 사업추진방향

비전	영유아의 안전한 성장과 보육교직원의 행복 동반자	
미션	어린이집 안전사고 예방과 적정한 보상을 통한 안심보육환경 조성	
핵심가치	신뢰 (trust)	안전 (safety)	공익 (mutual benefit)
전략목표	안전 전문 기관으로 서의 역량 강화	공제 서비스 확대	보육교직원 복리 증진
전략과제	다양한 안전 예방 콘텐츠 개발	맞춤형 공제상품 제공 및 보상 서비스 확대	보육교직원 대상 복리후생 사업 강화

출처: 어린이집안전공제회(http://www.csia.or.kr).

2) 안전사고의 처리 절차

(1) 자체해결에 의한 처리 방법

자체해결 방법은 가해 영유아와 피해 영유아가 있는 경우에 당사자끼리 자체적으로 해결하는 방법이다. 피해 영유아가 가해 영유아나 어린이집 측에 대한 배상을 포기하고 스스로 비용을 부담하거나, 가해 영유아가 일정금액을 지급하고 서로 합의하

는 경우, 혹은 보육교직원들이 비용을 감당하는 경우 등이다. 이러한 자체해결 방법
은 안전사고로 인한 피해가 경미한 경우에 주로 사용되는데, 이후 사고로 인한 후유
증이 발생한다거나 생각 외로 많은 비용이 들어가는 경우에는 또 다른 문제를 야기
할 수 있다.

(2) 상해보험에 의한 처리 방법

어린이집은 의무적으로 상해보험에 가입하도록 되어 있어 안전사고 발생 시 상해
보험을 통한 보상을 받을 수 있다. 상해보험은 사보험회사에서 판매하는 것으로 가
입할 때 약관을 자세히 확인하여 안전사고 발생 시 충분히 배상을 받을 수 있도록 한
다. 어린이집을 이용하는 영유아는 의무적으로 상해 및 배상 보험에 가입하도록 되
어 있으나 사보험은 영유아돌연사증후군 등 보장에서 제외되는 것이 많아 보상에 한
계가 있다.

(3) 어린이집안전공제회에 의한 처리 방법

1. 사고 발생	사고 발생
2. 사고보고	보육통합정보시스템 내 어린이집지원시스템 접속 후 사고보고서 작성 안전공제회(좌측 메뉴)-사고보고
3. 청구서류 확인	사고보고 시 팝업으로 안내된 사고별 청구서류 확인 영유아　　　　　보육교직원
4. 청구서류 제출	팩스, E-mail, 우편을 통해 제출
5. 공제급여 산정	결정통지(※ 이의가 있는 경우 보상심사위원회 심사 청구)
6. 공제회 지급	공제급여 수령
7. 종결	완료

그림 13-2 어린이집 안전사고 처리 절차

출처: 어린이집안전공제회(http://www.csia.or.kr).

어린이집안전공제회 공제증권

■ 공제가입자정보

주 소	
원 명	
계약자	

137-073

■ 공제계약 일반

공제가입기간	2012.03.24 00:00 ~ 2013.02.28 24:00
납 입 총 액	

☞ 설계번호가 "단"으로 시작하는 상품은 해당 지자체와 어린이집안전공제회의의 단체계약 체결에 따라 단체가입된 상품입니다.

■ 공제 보상범위(설계번호가 미기재된 상품은 미가입 상품입니다)

설계번호	상품	보장내용	
	영유아(방과후) 상해 및 배상책임	상해담보	치료비 100%, 365일 한도
		배상책임	대인 4억원/인, 20억원/사고, 대물 500만원 한도 *돌연사증후군 4천만원 정액 보상 *음식물배상책임담보 포함
개-12-직-01792	돌연사증후군특약	돌연사증후군 사고 시 8천만원 정액 보상 (영유아배상책임담보 4천만원 포함)	
개-12-직-01793	화재(건물)	사고발생시 건물의 감정가액을 한도로 보상	
개-12-직-01794	화재(내부집기)	가입시 설정한 금액을 한도로 보상 (가입금액: 140,000,000원)	
개-12-직-01795	놀이터배상책임	대인 8천만원, 대물 2백만원 보장	
개-12-직-01796	가스사고배상책임	대인 8천만원, 대물 3억원 보장	
-	보육교직원상해	치료비 90%(500만원 한도), 사망·장해시 1.5억 한도	

※ 보상기간은 상품별 납입일 24시부터입니다.
※ 공제증권상의 보장내용은 이 계약의 보장에 대한 거래적인 안내이며 이 공제에 관한 사항은 해당약관과 관계 법령에 따릅니다.
※ 다수계약이 있는 경우 최초가입 증권의 가입시간으로 가입기간이 표시되며, 상품별 가입기간은 모보험증서상에서 확인가능합니다.

어린이집안전공제회는 공제가입자와 해당 공제 약관에 의하여 공제계약을 체결하고 그 증권으로 이 증권을 드립니다.

어린이집안전공제회 이사장

그림 13-3 어린이집안전공제회 공제증권

표 13-3 영유아 사고보고서

사고보고서

어린이집명 (유형)	( ) *전담지정종류 포함		인가일	최초: 년 월 일 변경: 년 월 일
주 소			연락처	
어린이집 현황	정원( )명, 현원( )명, 보육교직원( )명			
반별 현황	0세반( )명 1세반( )명 2세반( )명 3세반( )명 4세반( )명 5세반( )명 시간제( )명 방과후( )명 시간연장( )명 24시간( )명			
사고아동명		성별	남 여	생년월일	년 월 일
사고일자	년 월 일	목격자명		사고시간	오전/오후
사고 당시 원장 및 담임교사 근무상황				
부모연락사항				
연락시간	오전/오후	119 신고 여부		□ 안 함 □ 신고함(오전/오후 시)
사고 발생 장소	□ 수송 중 □ 견학 중 □ 실외놀이장 □ 실내놀이실 □ 화장실 □ 복도 □ 주방 □ 대근육활동실(유희실) □ 교사실 □ 식당 □ 계단 □ 기타( )			
사고 당시 활동내용	□ 목욕 및 배변시간 □ 교실활동 □ 계단 오르내리기 □ 실내자유놀이 □ 점심/간식/수유시간 □ 실외자유놀이 □ 계획된 실외놀이 □ 놀이시설 설비 □ 물놀이 □ 견학 □ 낮잠 □ 기타( )			
상해를 입은 시설 설비	□ 오르기 시설 □ 평균대 □ 크롤(기어 나가는 시설) □ 장애 설비 □ 현관문/교실문 □ 실외고정물 □ 회전대 □ 놀이집 □ 시소 □ 미끄럼틀 □ 그네 □ 바퀴 달린 탈것 □ 바퀴 달린 장난감 □ 잘 모르겠음 □ 기타( )			

상해의 유형	☐ 화상	☐ 쇼크/질식	☐ 추락/강타	☐ 물체에 끼임	
	☐ 찢어짐	☐ 뼈가 부러지거나 탈구		☐ 압박, 눌림	
	☐ 베임	☐ 찰과상(벗겨짐)	☐ 뻼	☐ 물림	☐ 찔림
	☐ 식중독	☐ 기타 중독	☐ 호흡곤란	☐ 기타( )	

상해를 입은 다른 아동이 있는가?	☐ 예	☐ 아니요

사고원인	☐ 바닥으로 떨어짐: 떨어진 높이 약 m
	바닥의 형태:
	☐ 뛰거나 발을 헛디뎌 넘어짐　　☐ 다른 유아에게 물림
	☐ 다른 유아에게 맞거나 밀림　　☐ 바퀴 달린 탈것(인라인 스케이트 등)
	☐ 물체에 의해 다침　　☐ 음식물에 의한 질식
	☐ 곤충에 물리거나 쏘임　　☐ 동물에게 물림
	☐ 열, 추위에 노출　　☐ 기타( )

다친 부위 (좌, 우 표시)	☐ 머리	☐ 눈(좌, 우)	☐ 귀(좌, 우)	☐ 코	☐ 입
	☐ 목	☐ 가슴	☐ 등	☐ 엉덩이(좌, 우)	
	☐ 생식기	☐ 팔(좌, 우)	☐ 손(좌, 우)	☐ 다리(좌, 우)	
	☐ 발(좌, 우)				

사고 관련 특이사항	

보육기관에서 행해진 응급처치(상술 예: 압박붕대, 세척, 붕대, 위로 등)

상해 · 배상보험 가입 현황

☐ 상해 ☐ 배상 ☐ 기타(   ) 보험금 최고한도 인당(   )만 원 건당(   )만 원

응급처치자		의료기관 진료여부	☐ 안 함	☐ 함
의료기관 진료를 한 경우	☐ 외래 진료를 받음(예: 진료실, 응급실) ☐ 입원(시간/일)			
기타 사후처리 상황(경찰조사, 피해합의 등)				
사고아동 보호(치료)를 위한 추후 계획				
재발방지를 위한 조치사항				
직원 서명	(인)	날짜: . .	오전/오후	
부모 서명	(인)	날짜: . .	오전/오후	

출처: 보건복지부(2023).

어린이집에서 발생하는 안전사고를 예방하기 위해 설립된 어린이집안전공제회는 무과실책임원칙으로 시행되고 있어, 보상 범위가 넓고 신속한 장점이 있다. 어린이집은 2011년부터 관련 법령에 의해 안전공제회 가입 의무시설이 됨에 따라 안전사고 보상에 대한 어린이집의 부담이 줄어들었다. 어린이집안전공제회에 의한 보상을 받기 위해서는, 안전사고 발생 후 보육통합정보시스템에 접속하여 사고보고서를 작성하면 공제회 보상 담당자가 전화를 통해 상황을 확인한다. 필요한 경우 현장조사를 통해 현장을 확인한 후 관련 서류를 제출하면 지급심사를 통해 보험금 지급이 이루어진다.

(4) 소송에 의한 처리 방법

자체해결 방법이나 상해보험, 어린이집안전공제회에 의해서도 적절한 해결이 이루어지지 않는 경우에 피해 영유아의 부모가 교사, 원장, 국가를 상대로 손해배상 청구소송을 제기할 수도 있다. 이러한 소송에 의한 처리 방법은 법원에서 사고의 책임 소재를 다투게 되므로 명확하게 책임 소재를 확인할 수 있다. 그러나 소송의 기간이 1년 이상 걸린다는 점, 법정에서 부모와 교사, 원장 등이 서로 얼굴을 붉히며 다투어야 한다는 점에서 정신적 부담과 시간적 부담을 함께 가지게 되고, 소송의 비용도 감당해야 하므로 막상 손해배상을 받더라도 금전적인 측면에서 큰 소득은 없을 수도 있다.

3) 안전사고의 책임

어린이집은 영유아에 대한 일차적인 보호의 책임을 지닌다. 그러나 안전사고가 발생했을 때 교사가 전적으로 모든 책임을 지는 것은 아니고, 다만 교육활동과 관련하여 영유아가 직면하게 될 가능성을 예견할 수 있는 상황이었거나 교사의 통상적 주의로 사고를 방지할 수 있었음에도 안전사고가 발생한 경우에는 개인적인 책임을 진다(박은혜, 2006).

표 13-4 영유아 사고에 대한 책임 한계 안내문

영유아 사고에 대한 책임 한계 안내문

1. 작성하신 투약 의뢰서에 따라 투약한 결과에 대한 책임은 어린이집에서 지지 않습니다.
2. 감염병에 감염되었을 경우, 나을 때까지 등원을 하지 않으며 등원 시에는 의사 소견서를 반드시 어린이집에 제출합니다.
3. 부모에게 인계된 후 일어난 사고에 대해서는 본 어린이집에서는 책임을 지지 않습니다. 단, 교사 인솔하에 이루어진 사고에 대해서는 어린이집에서 책임을 집니다.
4. 인솔자가 없는 경우에 학원이나 이웃집에 혼자 보내 달라는 요청 시 일어난 사고에 대해서는 어린이집에서 책임을 지지 않습니다.
5. 귀가 후 학원에서 다친 사고는 어린이집에서 책임을 지지 않습니다.
6. 어린이집 활동 중에 일어나는 사고는 가입한 어린이집안전공제회 약관에 따라 치료 및 배상을 합니다.

반	이름	비고
	보호자 성명	(인)

위의 규칙에 동의합니다.

○○ 어린이집

출처: 중앙보육정보센터(2009).

어린이집에서 보육하는 영유아의 경우에는 발달 특성상 초등학생에 비해 신체 능력과 대처 능력이 떨어지는 특성을 지니고, 어린이집이 상대적으로 긴 시간 동안 생활하는 곳이므로 안전사고 발생 가능성이 높다. 따라서 교사는 이러한 영유아의 발달 특성과 신체 능력을 감안하여 안전사고의 위험성을 예측하고 안전사고가 발생하지 않도록 최선의 노력을 다해야 한다.

그러나 어린이집에서 발생한 안전사고의 경우에도 그 원인이 어린이집에 있지 않은 경우에 대해서는 책임의 한계를 사전에 분명하게 명시하여 안전사고 발생 시에 어린이집이나 교사가 부당하게 책임을 떠안지 않도록 학기 초에 학부모에게 동의를 받아 둘 필요가 있다.

더 알아보기

안전사고의 법적인 책임

안전사고로 인한 배상책임은 「민법」의 적용을 받는다. 「민법」에 따르면 안전사고에 대한 원장과 교사의 법적 배상책임은 일반불법행위와 특수불법행위로 구분된다(오석규, 2014).

① 「민법」상의 일반불법행위에 대한 책임: 「민법」상의 일반불법행위는 고의, 과실로 인한 위법행위와 더불어 그 결과 손해가 발생한 경우에 해당된다. 영유아교육기관 안에서 고의 또는 과실로 인하여 안전사고가 발생하고 그 때문에 상해를 입은 사람이 있다면 가해자는 기본적으로 민사상 그 피해에 대한 손해를 배상할 책임을 진다. 교사의 부주의나 과실에 의한 안전사고와 같이 과실이 분명하게 드러나는 사고로, 교사에게 업무상 과실책임이 있다.

② 「민법」상의 특수불법행위에 대한 책임: 영유아교육기관 안전사고의 대부분이 영유아 자신의 부주의나 영유아 간의 다툼으로 인한 것으로 보고되고 있는데, 이러한 안전사고는 교사나 원장의 고의 또는 과실에 의해 발생한 것이 아니다. 이렇게 교사나 원장의 고의 또는 과실에 의해 발생하지 아니한 손해에 대해서 배상책임이 인정되는 경우를 특수불법행위라고 한다. 영유아의 부주의나 영유아 간의

다툼으로 인한 안전사고의 경우 과실이나 책임 소재를 가리는 것에 많은 어려움이 있고 책임 소재가 확인이 된다고 하더라도 책임능력이 없는 영유아들이기 때문에 이들에 대한 감독과 관리의 책임이 있는 교사와 원장의 행위는 특수불법행위로 간주되어 법적 책임을 진다. 「민법」에 규정된 특수불법행위 중 영유아교육기관의 원장 및 교사와 관련 있는 부분은 '책임무능력자의 감독자 책임'과 '사용자의 책임' 등이다.

- 책임무능력자의 감독자 책임: 책임능력이 없는 미성년의 경우 친권자인 부모에게 책임이 있지만 영유아교육기관에서 생활하는 동안은 교사가 법적 의무감독자인 부모를 대리하는 자이기 때문에 영유아교육기관의 원장과 교사가 책임을 진다. 책임무능력자가 그의 위법행위에 대한 배상책임을 부담하지 않는 경우 그 책임무능력자를 감독하는 자가 감독을 게을리하지 않았음을 입증하지 못하면 책임무능력자가 제3자에게 가한 손해를 배상할 책임이 있다고 명시하고 있다(김혜금, 2008).
- 사용자의 책임: 안전사고가 발생한 경우 자체 해결이나 안전공제제도, 상해보험을 통한 배상으로도 해결이 안 되면 부모는 영유아교육기관을 상대로 소송을 제기하게 된다. 영유아교육기관의 설치·경영자는 교사의 잘못으로 발생한 사고의 경우 해당 교사의 사용자로서 배상책임을 지고, 시설의 설치·관리상의 하자로 사고가 발생한 경우에는 해당 시설의 설치·관리 및 소유자로서의 책임을 지게 된다.

출처: 권혜진, 김혜라, 최인숙(2018).

참고문헌

권혜진, 김혜라, 최인숙(2018). 아동안전관리. 서울: 한국방송통신대학교출판문화원.

김혜금(2008). 보육시설 안전실태와 배상책임 법적 근거 및 판례분석을 통한 안전사고 예방
    과 보상에 대한 고찰. 유아교육논총, 17(2), 109-126.

박은혜(2006). 유치원 안전사고 처리와 판례를 통해 본 교사의 법적 책임에 관한 고찰. 유아
    교육연구, 26(6), 83-102.

보건복지부(2023). 2023년 보육사업안내.

보건복지부, 어린이집안전공제회, 중앙육아종합지원센터(2017). 2017 어린이집 보육교직원 안
    전교육.

소방방재청(2012). 응급처치 요령.

오석규(2014). 학교안전사고의 법적 책임에 대한 소고. 교육정책포럼, 254, 20-24.

윤선화, 정윤경, 이성선(2007). 유치원 안전사고 대비 응급처치 매뉴얼. 경남: 경상남도유아교육
    원.

중앙육아종합지원센터(2016). 2016 어린이집설치운영길라잡이.

질병관리청, 대한심폐소생협회(2020). 2020년 한국심폐소생술 가이드라인.

대한심폐소생협회 http://www.kacpr.org

서울시 육아종합지원센터 http://seoul.childcare.go.kr

어린이집안전공제회 http://www.csia.or.kr

어린이집정보공개포털 http://info.childcare.go.kr

닥터대디-벌에 쏘였어요 어떻게 하죠!!
    https://youtu.be/1pGVTDFNpdY

닥터대디-아이가 코에 뭘 넣었어요… 어떻게 해야 하나요???
    https://youtu.be/GUjEOJh9hQ4

닥터프렌즈-[코피] 코피 난 적 있으신 분 보세요!!(어떨 때 병원에 가야 할까??)
    https://youtu.be/uT-y_elXAIw

질병관리청-[생명을 살리는 심폐소생술] 8. 영아 환자에게는 이렇게 합니다.
    https://youtu.be/Ph00dGUNIbc

질병관리청-[생명을 살리는 심폐소생술] 9. 목이 막힌 환자를 도와요.

　　　https://youtu.be/dsiTtEImNmg

질병관리청-[생명을 살리는 심폐소생술] 10. 목이 막힌 영아 환자를 도와요.

　　　https://youtu.be/TtO-aXX2n-w

질병관리청-[생명을 살리는 심폐소생술] 11. 심폐소생술과 자동심장충격기(AED)의 적용

　　　https://youtu.be/kfVkY_hMKwM

찾아보기

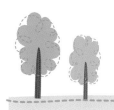

저자 소개

성미영(Sung, Miyoung)
서울대학교 대학원 아동학 박사
서울법원어린이집 원장
서울시 서초구청 · 강북구청 보육정책위원
현 동덕여자대학교 사회과학부 아동학전공 교수

정현심(Jung, Hyunsim)
서울대학교 대학원 아동학 박사
SK하이닉스어린이집 원장
서울대학교 어린이보육지원센터 느티나무어린이집 원장
현 한국방송통신대학교 생활과학부 강의교수

안전교육 앱을 활용한
아동안전관리
Safety Education for Children

2023년 9월 20일 1판 1쇄 인쇄
2023년 9월 30일 1판 1쇄 발행

지은이 • 성미영 · 정현심
펴낸이 • 김진환
펴낸곳 • (주) **학 지사**

　　　　　04031 서울특별시 마포구 양화로 15길 20 마인드월드빌딩
대표전화 • 02)330-5114　　　팩스 • 02)324-2345
등록번호 • 제313-2006-000265호

홈페이지 • http://www.hakjisa.co.kr
인스타그램 • https://www.instagram.com/hakjisabook

ISBN 978-89-997-2975-1 93370

정가 22,000원

출판미디어기업 **학 지사**
간호보건의학출판 **학지사메디컬** www.hakjisamd.co.kr
심리검사연구소 **인싸이트** www.inpsyt.co.kr
학술논문서비스 **뉴논문** www.newnonmun.com
교육연수원 **카운피아** www.counpia.com